KB125845

탄부일기

광산보안 직종 명장 김정동, 1992. 10월

탄부일기

炭夫日記

1956-1993

대한민국 명장

광산보안 직종

김정동 지음

눈빛

김정동(金貞東, 프란치스코)은 1938년 경상북도 봉화에서 출생하였고, 1957년 강원도 태백시의 태백공업고등학교 광산과를 졸업하였다. 1956년 고교 재학 중 대한석탄공사 산하의 장성광업소에 채탄 보조공으로 입사하여 채탄 기능공을 하였고, 이어서 함백 본사, 나전·은성광업소에서 안전관리자와 안전감독자로 종사한 후 1993년 정년퇴직하였다. 붕락사고를 근절하는 '진경사계단식장벽탄법'을 창안하였고, 사고발생을 예지하는 '안전캘린더'를 창안하여 광산사고를 감소시켰다. 1992년 대한민국 명장(광업자원분야 보안)에 선정되었다. 대통령 표창(1992년)과 자랑스러운 서울시민상(1994년) 외에 다수의 표창을 수상하였다.

탄부일기
1956-1993
김정동 지음

초판 1쇄 발행일 —— 2019년 6월 3일

발행인 —— 이규상

편집인 —— 안미숙

발행처 —— 눈빛출판사

　　　　서울시 마포구 월드컵북로 361, 이안상암2단지 2206호

　　　　전화 336-2167 팩스 324-8273

등록번호 —— 제1-839호

등록일 —— 1988년 11월 16일

기획·진행 —— 김성현

편집 —— 성윤미·이솔

출력·인쇄 —— 예림인쇄

제책 —— 일진제책

값 15,000원

copyright ⓒ 2019, 김정동

ISBN 978-89-7409-987-9 03040

프롤로그

20세기 후반기 석탄생산은 국가 기간산업으로 한때 국민연료의 대부분을 담당했으며, 경제 발전의 초석이 되었다. 나는 1956년 탄광의 막장에 탄부로 취업하여 증산정책과 감산파동을 겪으며 석탄광산합리화에 이르기까지 생산현장에 종사하다 1993년에 퇴사하였다.

광산에서 갱내 작업에 종사하는 사람들을 광부 또는 막장꾼이라고 하며, 이들은 제한된 공간에서 분진을 마시며, 위험에 노출되어, 중노동을 하는 가장 낮고, 보잘것없는 사람들이라는 평가를 받아 왔다. 그중에도 석탄을 직접 채탄하는 작업에 종사하는 탄부(炭夫)를 기피한다. 누구에게나 생명보다 더 소중한 것은 없고, 잘살고자 하는 소망이 있으며, 삶의 근원은 생업이다. 탄부의 생업은 석탄을 캐는(채탄) 일이다.

이 책은 석탄산업 전선에서 탄부들이 어떠한 환경에서 일을 하고, 소망을 이루어 가며, 생업의 주인으로 노고를 아끼지 않아 왔는지를 회고한 글이다.

나는 18세에 고등학생 신분으로 국영기업체인 대한석탄공사 산하 장성광업소의 금천갱에 탄부인 채탄 보조공으로 취업하여 기능공과 반장으로

5

일하다 이어서 철암갱에서 계장과 부갱장으로 18년간 종사하고, 간부가 되어 함백광업소, 본사 안전감독부, 나전광업소와 은성광업소, 다시 함백광업소에서 19년 도합 37년을 종사했다.

보직을 받고 간 광산마다 난제와 적폐가 나를 기다리고 있었다. 함백광업소 방제갱장은 광차 추락 등으로 6명의 사망자가 발생한 사고의 인책인사 후임으로, 본사 안전감독부 안전감독기사는 연이은 대형사고 이후에 감독 기능이 보강되는 요원으로, 나전광업소 부소장은 막장 붕괴 등으로 6명의 사망자가 발생한 인책인사 후임으로 발령받아 일했었다. 부소장을 맡았던 은성광업소는 개광 이래 만성적자의 광산이었고, 안전감독실장으로 일한 함백광업소는 매년 200여 명의 사상자가 빈발하는 보안상 문제가 많은 광산이었다.

광부는 석탄을 캐내는 일을 하다가 생명을 잃거나 불구가 되는 위험한 일을 하는 직종이기 때문에 산업전사라고 한다. 사고는 한 가정을 파탄시키고, 회사경영에 큰 부담을 준다. 이러한 사고를 탄부들과 같이 인력과 물자의 지원 없이 줄이고 예방했기 때문에 더욱 값지고 보람된 일이다.

일을 하는 과정에서 부패로 이어지는 부정과 협잡, 뇌물을 금기하고, 핍박과 수모와 모함 등의 시련을 당할 때마다 나는 창안과 개혁이 혁명보다 어렵다는 말을 실감했다. 그러나 합리를 바탕으로 한 정직한 업무처리로 쌓은 신뢰로 일관되게 추진하여 기어이 정상으로 변화시켜 평화를 실현시켰다.

때로는 아프고 슬프며 껄끄러운 일들도 그 시대의 역사이기 때문에 구슬을 꿰듯 하느라 나이도 잊었다. 나는 온전하지 못한 기능인이며, 기술자이며, 산업인임을 부인하지 않는다. 다만 인간이 실현한 최고의 가치를 명작이라고 한다면 탄부의 평화를 실현한 일은 명작 중에도 명작이라고 생각한다. 지하 깊은 갱 속은 내 명작의 산실이며 고향이다.

탄을 밟고 채탄하는 진경사계단식장벽채탄법을 창안하여 붕락사고를 근절시켰다. 광산사고 발생을 예지하는 안전캘린더를 창안하여 새마음취업회에서 전 종사자가 안전요원이 되게 하고 비상근무로 사고를 예방했다. 이 두 창안은 광업사상 최초이고 산업사상 최초로 역사적인 일이라고 자부한다. 산업인으로서 사람을 위하고(人間尊重), 건전경영(健全經營)을 실현시킨 일 말고 더 큰일이 무엇이겠는가.

정년퇴직 후 20여 년이 지난 2014년 4월에 지인 금석만(琴錫萬) 사장의 도움으로 아내와 같이 함백광업소 방제·자미·이목갱 입구와 나전광업소 동·서부 전차갱, 궁대갱 입구, 그리고 장성광업소 해발 600 금천갱 입구에 가 보았다. 같은 해 10월 30일에는 대한석탄공사 퇴직 직원 모임인 석우회 회원 90여 명과 은성광업소 산업전사 추모탑에 헌화하고 석탄박물관을 관람하였다. 난제와 적폐를 변화시키느라 정의가 최선이라는 신념으로 긍지와 보람으로 내 청춘과 인생을 고스란히 바치고 나만의 세계를 그리며 즐겁게 땀 흘리며 정성을 다하던 그때의 활기찬 모습은 기억으로만 남아 있었다.

이 책을 쓰면서 이러한 일을 하도록 기회를 주신 은인(恩人)들께 깊이 감사드리며, 사고발생의 책임자로 통탄하고 참회하며 자괴감을 고백했다. 입사하여 정년퇴직할 때까지 직위별로 구분했다. 계장 직위에서 채탄계장·채탄법 개선계장·굴진계장·부소장 직위에서 나전광업소와 은성광업소로 세분하였다. 이 책의 통계와 자료는 회의와 보고서 및 관련공문과 대한석탄공사 사보와 50년사 및 업무개선 사례집에 근거하였다.

차례

탄광 지하 갱도, 2007(사진 박병문 제공)

탄부는 어떤 일을 하는가

석탄의 생성과 이용

지표에 무성하던 식물이 지각 변동으로 매장되어 지압으로 석탄이 된다. 우리나라에는 무연탄이 주로 생산되고 있다. 석탄은 인류문명의 발달에 따라서 온돌을 겸한 취사용과 발전용 에너지로 사용했다. 지금은 가스·전기·기름보다 사용이 불편하고, 연소하며 발생하는 가스와 분진 등 공해 문제로 생산량을 줄이고 있지만 한때 국민연료의 전부를 담당하기도 했으며, 정부의 증산정책으로 생산을 독려하기도 했다. 석탄은 지하에 매장되어 있어 생산 작업여건이 복잡하고 열악하여 위험도가 높다.

갱내와 막장

갱이란 지표에서 1미터 이상 파고 들어가면 '갱내'라고 하고, '갱도'는 굴을 파고 들어간 굴속 길을 말한다. 갱도의 종류는 '암석갱도'와 '탄갱'으로 구분한다. 암석갱도는 암석을 파고 들어간 갱도이며, 탄갱은 탄층 내의 갱도다. 갱도는 규격과 경사, 용도와 형태, 지주의 재질 등에 따라서 구분하여 말한다. 경사에 따라서 수평갱도와 사갱·수갱·승갱도 등이 있다. 용도와 형태, 지탱하는 지보에 따라서 구분하기도 한다.

막장 작업과 보조공

'막장'이란 갱도의 마지막 끝지점의 작업장을 말하며, '개소'라고도 한다. 갱내작업은 석탄을 채굴하는 채탄작업, 암석 갱도를 뚫고 들어가는 굴진작업, 암석 갱도를 유지하는 보갱작업으로 구분하며, 작업별로 기능공과 보조공이 있다. 광산의 갱내에 종사하는 사람을 '광부'라고 하며 '막장사람' 또는 '막장꾼'이라고도 한다. 광부 중에도 가장 기피하는 일은 석탄을 채굴하는 탄부(炭夫)로, 검은 탄가루에 얼굴이 검어져 정결하지 못하기 때문이다. 기능공은 배치받은 막장과 개소의 작업을 담당하는 책임자다. 보조공은 기능공의 작업을 보조하는 일을 한다. 이들을 '직접부'라고 하며, 갱내작업을 지원하는 운반작업 조차공과 축전차와 전차의 운전공, 조수 그리고 배관공·보선공을 '간접부'라 한다.

대한석탄공사는 정부관리 기업체로 당시에는 본사와 9개 광업소와 기술연구소·훈련원·임무소 등 사무소가 있었다. 최고경영책임자는 사장이며, 사장·부사장·감사·이사는 정부가 임명하고, 임기는 2-3년이며 연임도 한다. 간부급의 인사권은 사장에게 있다. 광업소 소장은 경영대리자이며 소장을 보좌하는 안전감독실장과 부소장이 있다. 부소장은 광업소의 규모에 따라서 생산·사무·기술 부소장이 있으며, 작은 광업소의 경우는 한 사람이 맡아 한다.

광업소에 종사하는 사람들을 관리직과 기능직으로 대별하며, 관리직은 직종에 따라서 생산직과 기술직·사무직이 있다. 생산직의 채광직의 경우 소장·생산 부소장·갱장·부갱장·주임·계장·반장의 직위가 있고, 기능직은 기능공과 보조공이 있다.

채탄작업은 채준·보수·붕락(caving)·유탄으로 구분한다. 채준작업은 채탄을 준비하는 작업으로, 채탄 막장을 목표지점까지 진행하는 작업이다. 보수작업은 탄중갱도의 변형된 지주를 수선하는 작업이다. 채준과 보수작업은 반장 단위로 5-6개소가 있다. 붕락작업은 채준으로 목표지점에 도달한 갱도를 붕괴시켜 채굴하는 위험 작업이다. 유탄 작업은 채굴된 탄을 철판(슈트)에 끌어넣어 경사 23도의 승입구로 내려 광차에 적재하는 작업을 한다.

　보조공은 갱목을 등짐으로 막장까지 운반하며, 광차를 밀어 올리고 밀어내는 수압작업과 광차에 석탄을 삽으로 싣는 수적 작업과 유탄 작업 등 가장 힘든 작업을 하며, 기능공의 작업을 보조한다.

1. 채탄 보조공 시절

> 1956년 3월 31일부터 1957년 10월 26일까지, 18세에서 20세까지, 575일간 탄부로 채탄 보조공 일을 했다.

1. 막장으로 가는 길

1956년 탄광에 취업하여 고학을 하기로 했다. 당시 광산에서는 인력이 부족하여 학생도 광부로 취업을 시켜줬으니 나도 고학을 할 수 있을 것으로 믿었다. 갱내 작업에 종사하는 친척 김한수 아저씨께 말씀을 드려서 김호진 어른에게 부탁하니 갱내 작업은 위험하며 중노동을 감당할 수 없고, 감당한다 해도 사고를 당해 죽기라도 하면 고향 사람들과 나의 부모님을 볼 면목이 없다며 거절하였다.

탄광일이 위험하다는 것은 내 동기생의 아버지가 갱내에서 탄더미에 매몰되어 사망하였을 때 교우들과 같이 교실에서 울었었고, 하장성 공동묘지까지 운구하여 매장한 일이 있었기에 잘 알고 있었다. 사망사고가 발생하면 시보방송도 나오지 않아 전 광산촌이 침울했다. 장례를 치르려고 발인할 때는 광산의 간부들이 상가에 와서 상여 앞에 머리를 숙이고 있으면 유가족들이 "내 남편 살려 내라, 내 아들 살려 내라"며 멱살을 잡고 매달리며 울부짖는 모습과 망인의 자녀들이 관을 잡고 "아버지, 아버지" 하는 애절한 통곡소리에 온 광산촌이 울음바다가 되는 것을 목격하곤 했다. 거리에서는 광산에서 수족이 절단된 장애인들을 많이 보았기 때문에 그런 위험을 짐작하고 거절하는 말씀이라 이해했다.

그 이튿날 낮에 할머니에게 딱한 사정을 말씀드리니 어제 울먹이며 돌아가는 나를 보고 두 어른이 많이 상심하였다고 하는데 오늘 다시 말씀 드려 보라고 했다. 저녁에 어른 댁에 가니 인사도 받지 않아 다시 돌아왔다. 할머니가 부모의 승낙을 받아 오면 부탁을 해보겠다고 했다니 어른을 꼭 만나 보라고 했다. 그 이튿날 다시 가니 다행히 부탁한 사람한테 같이 가 보자고 해서 광산에서 관리자로 종사하고 있는 김태동 어른 댁에 갔다. 그는 나의 딱한 사정을 들었다고 하며 내일 2시까지 금천갱 2구로 가보라며 찾아가는 길을 자세히 적어 주었다.

다음 날인 3월 25일, 약속 시간보다 1시간 빨리 금천갱 2구 김청룡 주임을 찾아가 면접을 봤다. 학생인데 수업시간 중에 어떻게 출근할 것이냐고 물었다. 학비를 낼 수 없으니 회사에 출근하겠다고 했다. 주임은 결근하지 말고 출근을 잘하라고 당부하며 내신서를 발급해 주었다.

내신서를 노무계 입적담당 정인학 씨에게 제출하니 근로적령인 18세 미만이라고 하며 생일인 3월 27일이 지난 후에 오라고 했다. 3일 후 28일에 다시 가서 신체검사 의뢰서를 받아 들고 장성탄광 부속병원으로 갔다.

첫날은 흉부와 척추 X선 촬영을 하고 수족사지 외형 검사를 받았다. 다음 날 검사결과 이상이 없다며 시청각과 혈압검사를 받았다. 31일에 신체검사 결과지를 받아서 입적담당에게 제출하고 취업통지서를 받았다. 그날 금천갱 2구 사무실에 취업통지서를 제출하니 야간작업인 병방 A계에 출근하라며 출근카드와 작업용 삽을 지급해 주었다. 이렇게 금천갱 2구 채탄 보조공으로 채용되었다.

왼쪽, 입사 당시 고3 때.
오른쪽. 갱 출입구.

　김한수 어른의 도움으로 작업복과 갱내 작업모·신발·잼줄(주나)·면장갑·목수건·표찰을 준비하여 밤 11시에 출근했다. 집에서 약 2킬로미터 거리인 금천갱 0편 해발 600미터 갱외사갱 권입에서 근태담당 이인복 씨에게 출근카드에 도장을 받고 표찰 하나를 주고 사갱으로 올라가는 광차에 뛰어 타고 820미터 지점에서 내려 나머지 표찰로 안전등을 받고 갱 사무소에 가서 출근카드를 제출하고 계단 아래 노천에서 기다렸다.

　밤 11시 40분경 쇠붙이를 두드리는 소리에 이곳저곳에서 사람들이 무리지어 모였다. 축대 위의 갱 사무실 문이 열리며 백열등 불빛을 등지고 사람들이 쏟아져 나왔다. 출근카드를 손에 쥔 박승락 반장이 축대 아래 모인 무리로 다가와서 안전등 불빛에 카드를 비추고 이름을 부르며 작업배치를 했다. 내 이름을 부르며 '하꼬오시'라고 했는데 무슨 말인지 몰라서 어리벙벙했다. 하꼬오시는 광차를 맨손으로 밀어서 운반하는 수압작업을 일컫는 일본말이라는 것을 나중에 알았다.

　금천갱 상부 8편 갱내에 들어서자 후끈한 기운이 온몸을 감싸고 매케한 냄새가 역겨웠다. 동발 사이로 삐져나온 천반과 좌우 벽 사이로 늘어진 하얀 곰팡이는 으스스한 느낌을 주었고, 갱도 바닥에는 시커먼 물이 흘렀다. 작업장에 도착하니 어떤 이는 사다리를 밟고 경사진 탄승으로 올라가고, 수압 운반에 배치된 작업자들은 파이프 위에 걸터앉아 있었다. 나도 따라서 앉으니 엉덩이가 차가웠다.

수압 운반 작업은 수평 운반선로 위에 광차를 인력으로 밀어서 운반하는 작업이다. 광차는 탄이나 자재 등이 실려 있으면 실차라 하고, 적재물이 실리지 않았으면 공차라 했다. 광차는 실차와 공차의 총칭이며, 탄이 적재되어 있으면 탄차라 하고, 경석이 적재되어 있으면 경석차, 자재가 실려 있으면 자재차라 했다. 탄차는 철재 U자형으로 용적은 1톤이다. 축전차가 공차를 달고 와서 복선 운반갱도에 세워 두면 수압작업자들이 한 대씩 분리하여 승 입구까지 밀고 들어가서 막장에서 유탄되어 내려온 석탄을 적재하여 다시 밀고 나와 복선에 세워 두는 작업이다. 이때 공차를 막장으로 한 사람이 한 대씩 밀어 들이기 때문에 힘이 많이 들었다.

공차에 석탄을 싣고 탄차를 밀고 나올 때는 갱도의 경사가 내리막으로 쏜살같이 달리므로 탄차와 바퀴 사이에 나무 막대기를 꽂아서 발로 밟고 바퀴가 과속으로 굴러가지 못하도록 하거나 바퀴의 구멍에 나무나 철막대를 끼워서 속도를 줄이기도 하나 이 작업도 경험이 많아야 수월하다. 탄차의 속도를 조절하지 못하면 앞에 먼저 대기해 놓은 탄차와 충돌하여 탈선되거나 석탄을 쏟게 된다.

밤샘작업을 하며 갱내에서 맞이하는 새벽엔 졸음을 참느라 절절맸다. 퇴근시간이 되자 지주 작업자들은 모두 퇴근하고 수압 운반 작업자들만 공차를 기다리고 있었다. 그날은 3월의 마지막 날인 31일이었는데, 다음날은 공휴일로 교대근무자도 없어서 늦게까지 작업했다. 평상시에도 교대근무자가 올 때까지 작업했다.

수압 운반은 수평갱도에서 하는 작업이기 때문에 지주 보조작업보다 좋아하는 사람도 있다. 지주 보조작업은 사고가 빈발하는 위험한 탄갱도에서 검은 탄먼지를 마시며 등짐을 짊어지고 힘들게 오르내리며 기능공의 비위를 맞추어야 되기 때문이라고 했다. 수압작업은 퇴근시간이 늦고 힘이 들어도 공차를 밀어 들여 탄만 실어서 밀어내면 다음 공차가 들어올 때까지 모여앉아서 잡담을 해도 좋다고 했다.

퇴근 후에 몸 씻는 일이 고통이었다. 그 당시 목욕시설은 광부들이 거주하는 동마다 한 곳씩 있었는데 수압 작업자들의 퇴근시간이 제일 늦어 목욕탕에 가면 희뿌연 검은 비누 땟물에 씻고 찬물에 다시 씻어야 했다. 지주 작업자들보다 매일 2시간 정도 퇴근이 늦어서 학교수업을 그만큼 받지 못하게 되니 힘든 지주 보조작업을 외면만 하고 있을 수 없었다.

나의 애로사항을 김한수 아저씨가 이웃에 사는 민광식 씨께 말씀드려서 5월부터는 지주 보조작업에 배치되었다. 매달 초에 반장이 기능공과 보조공을 한 조로 배치되면 한 달간 고정으로 작업했다.

등짐 운반작업 5월 초에 박승락 반장이 기능공 오구종 씨의 보조공으로 나를 배치했다. 평소 출근시간보다 30분 정도 먼저 출근하여 갱목치장에서 가볍고 곧은 갱목을 골랐다. 갱목은 주로 소나무이며, 규격은 길이는 1.8미터로 굵기는 말구의 직경이 18센티미터다. 나무의 밑동인 뿌리 부분을 두구(頭口)라 하고, 윗부분인 가지 쪽을 말구(末口)라고 하는데, 말구가 13센티미터 미만인 갱목을 골라서 막장까지 등짐 운반을 할 때 한 짐에 갱목 두 개와 성목 두 개를 묶어서 지고 운반했다.

갱도가 중압으로 찌그러져 협소한 구간에서는 고개를 숙이고 두 팔과 다리를 바닥에 붙이고 배밀이로 올라갈 때도 있었다. 각 막장에서 발파한 화약연기와 채굴된 석탄이 철판을 타고 내려올 때는 탄먼지로 앞이 보이

23도의 경사진 채탄승에서 등짐으로 갱목을 운반하는 모습.

지 않고 목구멍이 따갑고 숨이 차서 기침을 하며 땀을 흘렸다.

유탄 되는 괴탄 덩어리가 곡선에서 탄도를 벗어나 인도로 넘어와 지주에 부딪혀 갱도를 무너뜨리거나 통행하던 작업자가 다칠 때도 있었다. 이럴 때는 머리와 몸을 갱도 바닥에 붙이고 엎드려 있으면 탄덩이가 짊어진 갱목 위를 스쳐 굴러갈 때도 있다.

보조공들은 막장에서 기능공의 작업 진도를 짐작하여 운반갱도에서 휴식하다 올라가지만 나는 쉬지 않고 갱목을 짊어지고 올라가서 기능공 일을 가리지 않고 했다. 채굴한 석탄을 철판까지 말끔히 긁어내고 자재를 정돈하여 작업이 용이하도록 해주었다.

지주의 접합부를 재단할 때는 기능공의 신호에 따라 톱으로 끊고 도끼로 파내고 다듬는다. 기능공과 좌우 각주 위에 관목을 얹어 조립하고 걸침목으로 고정시킨 다음 벽면과 천반에 성목을 끼워 넣고 성목과 지주목 사이에 막장 쪽에서 난장 쪽으로 쐐기를 박아 고정시킬 때 기능공이 요구하는 부재를 신속히 손에 쥐어 주어야 작업이 빨라져 시간이 단축되고 일찍 퇴근할 수가 있다. 그때에는 맡은 작업만 마치면 퇴근시간이 자유로웠다. 나는 작업시간을 단축하고자 열심히 보조하여 퇴근이 빨라졌다.

여름은 해가 길어서 저녁 작업을 마치고 목욕하고 나와서 조퇴하여 배우지 못한 과목의 노트를 친구들에게 빌려서 옮겨 쓰며 공부할 수 있어 많은 도움이 되었다.

8월에 조학묵 씨의 보조공으로 배치되어 작업시간을 단축하는 데 많은 도움을 주었고, 기능공이 될 때까지 같이 작업했다.

기능공들은 대부분 일주일에 하루 이틀은 결근을 한다. 조학묵 씨가 결근하면 땜질 보조공이 되어 다른 기능공의 보조작업에 배치되었다. 기능공들은 고령으로 힘이 부쳐서 작업을 하다가 자주 쉬어야 하는데 그때마다 내가 기능공의 작업을 대신해 주니 좋아했다. 보수작업은 채준작업과 시공방법은 같지만 갱도도중 작업이라 막장에 많은 작업자가 있어 갱도붕락에 신경을 써야 했다. 매주 하루 이틀 땜질 보조공으로 지주 보수작업을 보조하다 보니 기능도 눈에 띄게 늘었다.

광산에서 결근자를 줄이려고 상품을 걸고 독려했다. 상품은 주로 옷감이 귀한 때라 광목을 주었는데 한 달 만근하면 광목 한 필, 두 달 만근하면 두 필, 3개월 만근하면 덤으로 알루미늄 옷궤를 주었고, 6개월 만근하면 재봉틀을 주었다.

명절인 구정·단오·추석 때는 많은 사람들이 귀향하기 때문에 이틀간 연휴였다. 섣달 그믐날 아침 작업을 마치고 밤차로 고향에 가서 구정을 지내고 초이튿날 병방에 출근하니 기능공 이도준 씨만 출근하여 8편 1승과 2승이 관통된 240미터 지점의 보수작업에 배치되었다.

입갱한 후 이도준 씨는 먼저 보수작업 개소로 올라가고 나는 갱목을 짊어지고 절반쯤 올라가는데 호흡이 가빠지고 전신에 힘이 없어 갱목을 짊어진 채 바닥에 엎드렸다. 숨이 가쁘고 기운이 빠져 악을 쓰고 걸으려 했지만 몸이 말을 듣지 않았다. 얼마 후 막장에서 이도준 씨가 내려오며 "학생인가?" 하며 소리쳤다. 고개를 겨우 쳐드니 왜 그러느냐고 물었다. 나는 숨찬 목소리로 숨이 가쁘고 힘이 없어 움직일 수 없다고 하니 구정 연휴 때 압축공기를 공급하지 않아 갱도에 있던 가스가 밀려 내려와서 그렇다며 조금 쉬었다 나쁜 공기가 빠지면 올라가자고 했다.

수적 작업 오춘덕 계장으로부터 연층채준 막장에 밀린 탄을 적재하라는 지시를 받았다. 밀린 탄을 적재하면 노임을 더 준다고 했다. 각삽을 지급받아서 작업장에 가서 공차를 밀고 와서 탄무더기 앞에 철판을 펴서 깔고 각삽의 손잡이는 왼손으로 잡고 왼편 장다리에 붙이고 오른손은 삽의 목을 잡고 허리를 굽혀서 온힘을 다해 철판 위로 삽을 밀어 넣으니 각삽 위에 탄이 소복이 담겼다. 이때 두 팔은 삽을 잡고 다리와 허리를 펴면서 힘주어 일어서며 광차 위로 삽 위의 탄을 뿌리듯이 밀며 엎질러 쏟았다. 이러한 동작을 반복하다 보니 오른쪽 팔에 힘이 부치면 삽을 잡은 손을 바꾸어 가며 실었다.

숨이 차고 목이 말랐지만 쉬지 않고 1톤 공차 23대에 석탄을 적재하고 탄차마다 나뭇조각에 표식을 써서 꽂았다. 출갱하여 계장에게 보고하니 축전차 운전공에게 빨리 가서 끌고 나오라 했다. 계장이 수량을 직접 확인하고 "정말 수고했다"는 말을 듣고 퇴근했다.

그날밤 자고 일어나니 양어깨가 아팠으나 다시 출근하여 정상적으로 작업했다. 그 후에 받은 그날의 노임은 평소의 3배였다.

유탄 작업 채굴한 석탄을 승갱도의 바닥에 설치된 철판에 끌어넣어 탄을 내리는 작업이다. 이 작업은 최고기능보유자인 붕락 기능공과 보조공 3~4명이 한 조가 되어서 한다.

철판 위로 탄이 미끄러져 내려가며 마모되고 변형되어 철판은 원통같이 오그라든다. 매 교대마다 유탄 작업자들이 제일 먼저 철판을 펴는 작업을 한다. 철판은 직사각형으로 네 모서리 구멍에 철사로 아래위를 겹쳐 묶어 막장까지 계속 연결하여 사용한다. 이 작업을 할 때는 위쪽 막장에서 탄이 굴러오지 못하도록 탄막이를 하고 막장 방향으로 올라가며 작업한다.

　철판 보수작업은 위쪽에서 변형된 철판을 해체하여 철거하는 작업을 하고, 인도에서는 철거한 철판을 바르게 펴는 작업을 한다. 철판을 해체시킨 자리에는 탄을 긁어내고 바르게 편 철판을 설치하는 작업으로 나누어 한다. 이 작업에서 탄도에 바닥을 고르고 철판을 다시 체결하는 작업이 가장 힘들어 교대로 한다. 철판 보수작업은 탄을 내리는 탄도이기 때문에 시간을 다투는 작업이다.

　서툰 솜씨로 탄도의 바닥을 고르는 작업을 하고 있는데 이상호 계장이 와서 "이 머저리야, 비켜라!" 하고 소리치며 나를 인도 쪽으로 끌어내고 직접 철판 연결작업을 했다. 나는 계장이 작업하는 걸 지켜보고만 있었다. 퇴근시간에 동료 고학생인 전병학과 장지용이 내게 계장이 머저리라 했다는데 사실이냐고 물었다. 그게 무슨 말이냐고 물으니 머저리는 병신이라는 말이라고 하기에 "계장이 보기에 내가 병신으로 보인 모양이지"라고 대답했다. 그런 계장을 가만두면 안 되니 혼을 내 주자고 했으나 나는 내가 병신으로 보여서 들은 말인데 잊어버리자고 했다.

　채탄 보조공은 힘든 일을 하기 때문에 땀을 많이 흘리고 온몸에 탄먼지가 작업복 위에 시루떡같이 더덕더덕 겹으로 엉겨 붙는다. 갈증이 심해지면 운반갱도 측벽의 폐갱도에서 시뻘건 철분 찌꺼기 위로 흐르는 물을 벌컥벌컥 마셨다. 철분이 녹아서 산화된 폐수이지만 마시고 나면 해갈이 되고 몸에 생기가 돌아 갈증이 날 때마다 자주 마셨다.

2. 시간을 벌며 얻은 기능

광산의 작업시간은 매주 바뀐다. 학교 수업은 아침 9시부터 저녁 5시로 고정되어 있기 때문에 아침 작업인 갑방 주에는 결석을 했다. 그 다음 주 밤샘작업인 병방 주에는 지각을 했고, 그 다음 주 저녁 작업인 을방 주에는 조퇴를 했다. 고학하는 1년 동안 결석과 조퇴와 지각을 매주 반복하여 교무실에 불려가 호된 경고를 받았다. 선생님의 훈계가 끝나면 학교의 어떠한 처분이라도 달게 받겠다고 말씀드렸다. 직장에 결근하면 퇴사 조치되어 학비를 납부하지 못하니 어차피 퇴학하게 된다고 말씀드리고 성적이 낙제 점수가 되면 유급시키라고 했다. 그 당시에는 학비를 내지 못하는 학생들이 많았으나 나는 학비만은 또박또박 냈으니 학교당국이 그 점을 감안해 주리라 짐작했다. 안익재 담임선생님의 도움으로 3학년 1년을 막장과 교정을 뜀박질로 오가며 무사히 졸업할 수 있었다.

졸업하고 다른 직장에 취업도 못하고 대학에 진학하자니 학자금이 없었다. 대학 학비를 마련하려면 보조공 노임으로는 광산생활을 4–5년 더 해야 했고, 기능공을 하면 1–2년 단축할 수 있을 것 같았다.

노임은 기능공과 보조공 두 사람을 2공수로 하여 기능공이 1.1 공수, 보조공이 0.9 공수로 배분된다. 도급 작업을 한 총 금액이 2만 원이라면 기능공이 1만 1천 원(55퍼센트), 보조공이 9천 원(45퍼센트)으로 배분되어 보조공보다 기능공이 2천 원을 더 받는다. 2년이면 상당한 금액으로, 기능공을 하기로 결심했다. 기능공 조학묵 씨가 반장·계장의 승인을 받아와서 나는 임시기능공에 선임되었다. 채탄 보조공 1년 7개월(575일) 만에 최연소 기능공이 된 것이었다.

2. 채탄 기능공 시절

1957년 10월 27일부터 1959년 5월 9일까지, 20세에서 22세까지 560일간 채탄 기능공으로 일했다.

막장에 세운 명작 기능공을 그 당시 '사끼야마(先山夫)'라고 했는데 일본말이다. 1957년 10월 27일 병방에 출근해서 임시기능공에 선임되었다는 통보를 받았다. 기능공 일을 하면서 기능을 인정받아야 하는 임시기능공이다.

신고식을 해야 한다고 해서 반장과 계장 초청은 조학묵 씨가 하기로 하고 오후 3시에 금천동 서정 구멍가게로 장소를 정했다. 초대한 분들을 가게 방에 모시고 30촉 백열등 아래서 과자와 마른 오징어·꽁치통조림·김치찌개를 안주에 '드라이찡'이라는 술로 신고식을 했다. 권하는 술을 거절하지 않고 받아 마시는 바람에 나는 첫날부터 결근했다. 이때부터 술을 조심해서 마시기로 마음먹었다.

기능공은 기능에 따라서 채탄 준비를 하는 기능공, 갱도를 보수하는 기능공과 붕락작업을 하는 기능공이 있다.

붕락작업은 위험 작업으로 일본말로 '바라시'라고 했고, 그 후 '케이빙'이라 했다. 작업도구인 톱·도끼·곡괭이를 묶어서 어깨에 메거나 배낭에 넣어 짊어지고 홈노미를 들고 출근한다.

임시기능공이 되어 첫날에 채준작업에 배치되었다. 채준 막장은 암석같이 군은 괴탄 사이에 협석이 끼어 있는 최악의 조건이었다. 협석과 탄층의 경계지점에서 간신히 13공을 뚫었다.

맨손으로 괴질탄 막장에 홈노미로 구멍을 뚫느라 손가락 사이가 터져서 몹시 쓰렸다. 나는 맨손으로 뚫은 구멍에 화약을 장진하여 발파를 하고 화약연기가 빠진 뒤 막장을 확인하고 놀랐다. 발파된 막장이 신기하게도 칼로 잘라낸 것처럼 사다리 모양으로 발파되었다.

좌우의 측벽 아래에 각주를 세울 자리를 파고 갱목을 재단하게 되었다. 굵고 구부러지고 뒤틀린 나무의 접합부를 보조공에게 톱으로 절단할 위치와 각도를 손으로 가르쳐 주고 도끼로 파내도록 했다. 원체 굵은 나무라 톱과 도끼날이 망가지고 도낏자루가 부러졌다.

채탄 막장에서 석탄을 채탄하는 모습.

이 막장은 괴질탄층으로 발파로 지주가 도괴되어 재시공하여 허술하고 협소했다. 굵고 구부러진 갱목으로 규격대로 시공해 놓고 보니 갱도가 대궐같이 우뚝 솟아올라 숨통이 확 트이는 듯했다. 거기다 구부러진 지주는 사찰 입구의 일주문보다 더 멋있어 보였다.

힘들게 두 틀을 시공하느라 작업이 늦었다. 퇴근을 하려고 할 때 계장이 순회를 와서 시공된 지주를 요모조모 둘러보며 참 멋있다고 몇 번을 감탄하더니 역시 배운 사람은 다르다며 칭찬을 해주었다. 나는 이 말을 듣고 쓸모없어 버려진 굵고 구부러진 갱목을 운반해 온 보조공을 원망했던 마음이 싹 사라졌다.

내가 보기에도 명작이었다. 최악의 조건을 극복하고 최고의 명작을 만든 나는 어떤 조건의 작업도 두려워하지 않게 되었고, 어떠한 보조공이 배치되어도 자신을 갖게 되었다.

기능공의 어려운 일은 작업도구를 수선하는 일이다. 매일같이 톱을 줄로 갈고 다듬어 손질하고 도끼를 갈아 날을 세운다. 특히 톱 수선작업은 기능이 있어야 하며, 톱이 마모된 만큼 줄로 수선하는 수공이다. 곡괭이와 도끼는 대장간에 가서 수리한다.

대장간 주인은 괴탄불 밑에 풍구로 공기를 공급하며 불덩이 속에 곡괭이를 푹 질러 넣고 달구어 집게로 집어내어 작업대에 올려놓고 쇠망치를 바꾸어 가면서 두툼한 몸통에서부터 끝쪽으로 내려가면서 두드려 늘리면서 곡괭이의 끝을 날카롭게 한다. 그리고 뾰족한 끝부분은 불덩이 속과 찬물 속을 번갈아 옮겨 가며 강도를 조절한다. 곡괭이의 끝이 강하면 괴탄에 부러지기 때문이다. 홈노미도 이렇게 단조한다.

작업 중단 갱도 보수 갱도가 중압으로 찌그러져 통행할 수 없게 되어 채탄작업 전체를 중단해야 하는 사태가 발생했다. 보수기능공들은 내일에 자기가 작업할 위치를 짐작하기 때문에 힘들고 위험한 위치에 배치될 것이 예상되면 결근해서 그 위기를 모면하는 경우가 있다. 이날은 숙련기능공 세 명이 모두 결근했다. 출근한 20여 명은 작업배치를 받지 못하고 대기했고, 반장은 기능공 지원을 계장에게 요청했으나 계장은 각 반장이 상황을 파악하고 자체 해결하라 했다.

반장은 나의 보수작업 보조경력과 지주시공 능력을 알았는지 고심 끝에 그 어려운 작업에 나를 배치했다. 현장에 도착하여 상황을 살펴보고 반장에게 보조공 1명은 나를 도와 보조하고 1명은 보수작업에 필요한 자재를 운반하게 하면 좋겠다고 하니 허락했다. 이 작업의 우선순위는 막장작업을 정상으로 하도록 조치하는 일이다.

철판을 해체하고 탄도 바닥을 파서 막장 작업자들을 통과시켰다. 자재는 아래에서 밀어 올리고 위에서 받아 짊어지고 가도록 했다. 상하부 철판의 경사를 조정하여 유탄시켜 막장작업을 정상으로 하게 했다. 이러한 조건에서는 한 교대에 한 틀이나 두 틀 시공하지만 안전하게 통행시키기 위해서 세 틀을 시공하고 다른 막장 작업자보다 늦게 출갱했다. 이 보수작업으로 작업자들에게 나의 기능을 인정받게 되었다.

위험 작업에 배치 저녁 작업시간인 을방 오후 3시 40분경에 작업배치를 받으려고 갱 사무실 축대 위에 앉아 있는데, 갑자기 갱 사무실 유리 창문이 흔들리는 요란한 폭풍 소리에 놀랐다. 모두들 이게 무슨 소리냐며 어떤 이는 지진이라고 했고, 어떤 이는 하늘을 쳐다보며 비행기가 내는 소리라고 했다. 작업배치를 할 때 반장님이 나를 붕락작업에 배치했다. 붕락작업을 해보지도 않은 내게, 최고수준의 기능보유자가 해야 하는 위험 작업을 시켜 놀랐다. 붕락작업 전담 기능공 천병섭 씨가 보이지 않아 유탄 작업자에게 물으니 어제 공동에 들어갔다 떨어지는 탄에 부상을 당했다고 했다. 그제서야 내가 붕락작업에 배치된 이유를 알았다.

붕락작업 막장에 도착하여 막장을 확인하니 공동이 보이지 않고 탄으로 막혀 있었다. 이상했다. 분명히 공동이 있어야 하는데 공동이 없었다. 한참을 생각하니 공동이 붕락되어 입구가 탄으로 막힌 것을 알았다. 갱외에서 취업 회전시에 일어난 대폭풍은 이 공동이 붕괴되며 공동 안에 차 있던 공기가 밀려나와 대기와 접촉하며 폭음을 낸 현상으로 일어난 대붕락이라는 사실도 알았다.

유탄 작업을 도우며 작업했다. 반장은 신이 나서 나에게 붕락작업도 잘한다며 칭찬하며 좋아했으나 가슴이 뜨끔하며 현장에 도착하니 이미 붕락이 되어 있었다고 했다. 다만 당일에 붕락작업을 담당한 기능공이라는 이유로 붕락작업을 잘하는 주인공이 되었다. 그동안 붕락작업 기능공들이 매 교대 때마다 위험한 공동에 들어가 발파하여 공동을 확대시켜 놓은 결과가 대붕락의 원인이 되었다. 탄의 경도는 약간의 괴질이었으나 붕락되면서 부서져서 슈트 위로 물 흐르듯 내려가며 유탄되었다.

붕락작업은 기성 갱도를 붕괴시켜 채탄하는 방법인데 일차로 기성 갱도의 지주 사이의 주변에 구멍을 뚫어 화약을 장약하여 갱도를 붕괴시켜 채굴한다. 붕괴되지 않으면 붕괴될 때까지 공동에 들어가서 천공하거나 공동의 측벽 바닥에 화약뭉치를 묻어서 발파하고 탄을 긁어내는 작업을 한다. 공동이 확대될수록 매몰사고가 발생할 위험이 높다.

모든 채탄작업은 도급단가가 정해져 있으나 붕락작업 기능공에게는 무리한 작업을 하다 사고가 발생하는 것을 예방하고자 석탄 채굴량과 관계없이 고액의 일당이 정해져 있다. 공동에 출입하는 것은 생명을 내어놓는 무모한 일이나 붕락작업에서 채굴하는 석탄의 양은 전체 생산량의 70퍼센트 이상을 차지하기 때문에 기능공의 부담이 크다.

이즈음 아버지의 소천으로 병역 미필의 소년가장이 되어 동생들의 교육 문제로 진학의 꿈을 접고 기능공을 계속하게 되었다. 막장 작업자들은 오후 작업을 위한 발파를 마치고 점심을 먹으려고 도시락을 들고 계곡물이 흐르는 녹음 아래 너래반석에 둘러앉아 각자의 도시락과 간통을 올려놓고 이것저것 맛을 보며 즐거운 농담을 하곤 했다.

가스에 중독되었다 구조 점심 도시락 보자기를 풀고 있을 때 300마력 권양기 사갱 쪽에서 유경석 차장이 오기에 뛰어가서 인사드렸다. 차장은 반장을 찾았으나 어디 갔는지 몰라서 점심식사하려 간 것 같다고 하니 막장에 한번 가보자고 했다. 나는 차장을 안내하여 막장으로 들어가며 막장의 작업 내용과 배치된 인원수를 보고했다. 차장은 내가 작업하는 붕락작업 개소에 가 보자고 해서 앞장서서 안내했다.

막장에 근접하자 갑자기 호흡은 하는데 배만 벌렁벌렁하고 숨이 가빠지며 힘이 쏙 빠져 쓰러졌다. 뒤따라 오던 차장이 내 발목을 잡아당기며 "자네 왜 이러나?" 하셨다. 막장에서 약 3미터 정도 끌려 내려와서야 정상으로 호흡했다. 갑자기 숨이 가빠 쓰러졌다고 말씀드리니 구갱도에서 가스가 밀려 나와 산소가 부족해서 그런 거라며 막장 공기를 희석시키며 서서히 올라가라고 했다. 나 혼자 일하는 막장인데 차장이 오지 않았다면 가스에 중독되어 사망할 뻔했다. 차장은 나를 구하려고 온 천사 같았다.

붕락채탄 기능공으로 작업을 하는 동안 당일에 석탄량을 확보하기 위하여 채준 막장에 채굴된 석탄을 끌어내리려고 뒤집고 다녔다. 나는 막장에서 탄을 모으고 운반갱도에서는 광차를 밀었다.

각 반장별 석탄생산 실적을 갱 사무실 벽에 막대그래프로 게시했다. 정부의 석탄증산정책으로 채굴 구역이 확대되고 생산목표량이 많아지며 작업인원과 반장이 증원될 때, 1957년 5월 10일에 김청룡 주임이 나를 관리직인 채탄작업 반장으로 등용해 주었다.

3. 작업반장 시절

1959년 5월 10일부터 1966년 10월 22일까지, 22세부터 28세까지 2,720일 동안 채탄작업 반장으로 재직했다. 군복무 1년 4개월(1958. 5. 8-1962. 9. 21 휴직)을 제외하면 6년 228일이다.

　채탄작업 반장은 관리직의 최하위 직책으로, 지정한 작업구역의 담당자로 인력과 작업장 관리를 하며 안전하게 생산목표를 달성하는 직책이다. 임시반장에 등용되고 두 달 만에 유경석 차장의 추천으로 1959년 7월 1일부터 8월 31일 2개월간 기술훈련소 기술자 양성과정을 수료했다. 이때 김만곤 장성갱장이 「채탄법 소고」라는 유인물로 다이아몬드 채탄법에 대한 설명을 하였는데, 채탄에도 법이 있다는 것을 처음 알았다.

　기록과 입회로 시비를 근절 인습적인 생산방해 행태를 보안일지를 기록함으로써 근절시켰다. 하루는 병방 근무시간에 출근하여 작업배치를 마치고 입갱하여 1편 충전실을 지나서 막장으로 들어가고 있는데 맞은편에서 안전등 불빛이 흔들리고 누군가가 뛰어오고 있었다. 갱내에서 불빛이 흔들리면 비상사태가 발생했기 때문에 가슴이 덜컹 내려앉는다. 나는 뛰어들어가며 왜 그러느냐고 고함쳤다. 가까이 가서 확인하니 유탄 작업에 배치한 작업자가 숨을 헐떡이며 승 입구에 설치되어 있던 철판이 없어졌다고 했다. 인사사고가 아니므로 우선 안심하고 갱내에서는 뛰어다니지 말라고 당부했다.

현장에 도착하여 확인하니 승 입구에서 약 10미터 구간에 있던 철판이 없어졌다. 유탄 작업자 4명과 같이 철판을 찾으려고 승 입구 주변의 갱도를 샅샅이 뒤져서 채굴이 끝난 구갱도 연층의 목적 안에 은닉한 철판 12장을 찾았다. 앞교대 을방에서 다음교대 병방 작업에 지장을 주려고 고의로 저지른 행위였다. 유탄 작업자들은 퇴근 때 갱장에게 직접 보고하겠다고 했으나 큰 지장이 없었으므로 그냥 넘어갔다.

그 다음 날은 막장의 채준작업에 배치된 기능공 3명이 홈노미가 없다고 했다. 기능공과 유탄 작업자 두 사람씩 조를 짜서 갱도의 막장과 난장 방향으로 나누어 고갱도의 측벽과 배수로 바닥을 샅샅이 긁어서 찾았다. 고의로 상대방에게 작업 지장을 주어 자기의 작업 실적을 올리려는 비뚤어진 후진적 경쟁의 인습이다. 이러한 비능률적인 행위로 교대시간에 탈의실을 겸한 사무실은 매일 싸움판이 벌어지고 있었다. 방 별로 채탄반장 4명, 굴진반장 2명, 계장까지 포함하여 7명인데 교대 시간에는 14명과 보갱·보선·배관반장, 검수·자재계원까지 얽혀 고성이 오가는 싸움판이 되곤 했다. 이러한 인수인계 분위기에서 철판과 홈노미 은닉 문제를 근본적으로 개선할 수 없다고 판단되어 홈노미와 철판의 수령·반납·설치 이동한 내역을 광산 보안일지에 기록하자고 제안하여 시행했다. 그 이후는 철판과 홈노미 은닉 행위가 근절되었고, 매일 수선하여 사용하게 되어 3교대 채준작업 기능공들과 유탄 작업자들이 크게 좋아했다.

광산보안법이 시행되면서 반장급 이상은 보안계원으로 담당업무의 보안계원 자격을 취득해야 했다. 채탄반장은 갱내와 발파 과목의 자격이 있어야 하고 작업을 마치고 보안일지를 작성해야 한다. 나는 보안일지에 기타 작업한 내용과 갱도의 보안상태 그리고 철판과 홈노미 이동내역을 상세히 기록하여 인습적 행위를 근절시켜 작업자들이 좋아했다. 이 개소에 배치된 반장들은 금천갱에서 이른바 일류반장이라고 했는데 인습 행태를 보고 그 수준을 짐작하니 비웃음이 났다.

생산된 석탄의 수량을 인정하는 기준은 막장에서 채굴된 석탄을 광차에 적재한 것만 인정된다고 언급한 바 있다. 승 갱도에 채굴된 석탄이 많아도 광차에 적재되어 있지 않은 것은 수량으로 인정되지 않아 노임의 근거가 되지 않는다. 광차에 적재된 탄은 최종적으로 선탄과 검수를 받아야 인정된다. 운반계통의 형편상 당일에 생산한 석탄 중에 검수받지 못한 탄을 '잔탄'이라 하며 다음 교대에서 검수받는다.

이러한 과정에서 잔탄은 전 운반계통의 선로에 흩어져 있는데 이를 확인하고 인정하는 과정에서 항시 수량 차이로 교대시간에 시비가 된다. 그 중에 작업시간 종료 직전에 적재된 마지막 잔탄은 인수인계자가 없기 때문에 매일같이 고성을 올리며 싸운다. 그 외의 잔탄은 관계 작업자가 인수인계하기 때문에 분쟁이 없다.

나는 유탄 작업자 1명을 지정하여 출근과 동시에 입갱시켜 앞교대 잔탄을 현장 입회하여 인수받았다. 다음 교대도 잔탄 인수자를 입갱시키라고 요구하여 인습적인 시비 요소를 근절시켰다.

하루는 갑방과 을방 교대시간에 소란이 일어나자 임상규 계장이 큰소리로 생산책임량도 적은 구역에 반장들이 왜 이렇게 시끄러우냐, 하부 1편 좌 구역은 조용하지 않느냐, 그 구역이 왜 조용한지 배워서 싸우지 말라고 호령하듯 말했다. 이때 부갱장과 갱장이 밀문을 열고 이 광경을 물끄러미 바라보고 있었다.

운반 소통으로 막장을 지원하고 계장·반장을 배치하는 권한은 갱장에게
있으며 매월 변경된다. 금천갱장은 정영수 씨이며, 금천1구의 주임은 황
인술 씨로 갱 사무실은 600(해발 고도를 의미함)에 있었다. 금천2구는 820
인데 나를 채용해 준 김청룡 주임이 인사권을 대행했다. 나는 '가'방에 배
치되었고, 채탄계장은 전도건 씨, 반장은 나와 현일순·박정목 씨였다.

나는 금천갱의 상부구역인 2구 10편 '가'방의 채탄반장으로 배치되었다.
10편은 해발 1천 미터의 고지대로, 0편인 600에서 갱외 300마력 권양기를
타고 올라와 820에서 내려 금천갱 2구 갱 사무실에서 작업배치를 받고 다
시 갱외 150마력 권양기를 타고 올라가기 때문에 불편했다. 10편에 사용하
는 장비는 갱외 150마력 권양기와 축전차 1대였다. 상부인 11편과 12편은
75마력 권양기를 설치하여 생산준비를 하고 있었다. 10편의 책임량은 한
교대에 50톤으로 반장 단위로 제일 많았다.

작업인원은 24명이나 결근자를 제외하면 20여 명이 출근하여 막장에 16
명, 지원작업에 4명을 배치했다 지원 작업이란 축전차 운전공과 조수 중압
공과 사갱 조차공에 각 1명씩이다. 막장에는 붕락작업과 유탄 작업에 5명,
채준작업 3조에 6명, 승 보수작업 2조에 4명을 배치했다. 막장은 갱 입구
와 가까워서 운탄과 순회가 편리했다.

막장에는 항시 채굴된 탄이 넘쳐 작업에 지장을 받고 있어 작업배치를
마치고 각 막장의 작업장을 순회하고 공차 반입과 실차 송탄에 치중하여
채굴한 석탄을 제때 처리해 주어 작업을 능률적으로 할 수 있도록 운반작
업에 매달렸다. 탄차에 매달려 밖으로 나와서 또 공차를 타고 들어가기를
반복했다. 갱외에 나와서 하부 8편을 향해서 소리치면 계장은 알았다고 손
짓한다. 어떤 때는 갱외 150마력 권양기 조차공 윤종억 씨를 300마력 권양

기 조차공 김용재 씨에게 지원을 보내고 내가 150마력 권양기 조차작업을 대행했다. 하부편인 8편에 출탄이 먼저 되어야 공차도 먼저 받기 때문에 출탄에 온 신경을 썼다. 정액 노임을 받는 10편의 축전차 운전공 차승빈 씨는 탈선 복구작업을 잘하는 기술자로서 막장에 공차를 달고 들어가고 탄차를 달고 나와 중개 작업자 최종대 씨와 탄차를 같이 밀어주었다. 운탄 문제를 막힘없이 소통시켜 작업자들의 능률이 올라가고 노임이 많아져서 좋아했고, 생산실적은 언제나 수위였다.

담당계장이 교체되어 한진생 계장과 근무했는데 균형 잡힌 몸매에 동작이 민첩하여 광차에 뛰어 타고 내리며 동에 번쩍 서에 번쩍 하며 운반계통이 막히는 곳에는 언제든지 먼저 달려가서 탈선 복구작업을 하기 때문에 작업자들 사이에 '백 바꾸라'는 별명으로 불렸다. 탄차 고장이 많아서 탈선 복구작업을 잘하면 생산실적은 수위였다. 생산책임량이 가장 많은 구역의 담당반장이 생산실적은 매달 선두니 다른 교대 계장들이 눈독을 들였다. 하루는 정권영 계장이 같이 근무하자고 했다. 주임이 배치하면 좋다고 했다. 그러나 한진생 계장이 빼앗길 리 없었다. 그 이유는 생산실적이 항상 수위이며, 반장 중에서 나이가 비슷한 동년배로 호흡이 잘 맞고 통했기 때문이다.

복직 인사에 농간당하고 군복무를 마치고 복직하는 과정에서 인사 관계자들이 농간을 부렸다. 일고 직종으로 반장 근무를 하다가 1961년 5월 8일 군에 입대하며 휴직했다. 그해 5·16이 일어났다. 1962년 9월 21일 제대를 하고 노무과 인사담당에게 복직을 신청하니 내 직종인 일고 T/O가 없으니 노무직인 기능공으로 복직하던가 아니면 자리가 날 때까지 기다리라고 했다. 언제까지 기다려야 하느냐고 물으니 기한이 없다고 했다. 군복무를 마치고 전역했는데 즉시 복직이 안 된다니 이해되지 않았으나 기다리기로 했다. 그리고 같은 층 옆 기획과 사무실 장병하 기획계장에게 전역 복직자 몫으로 생산직 일고 T/O를 배정받아 달라고 했다.

그러다 생계 형편상 장성항 부갱장인 김태동 씨와 유한규 항장의 배려로 복직될 때까지 채탄 기능공으로 취업했다. 한 달이 지나도 소식이 없어서 기획계장을 찾아가서 어떻게 되었느냐고 물으니 아직도 복직이 되지 않았느냐며 그때 즉시 제대 복직자 T/O가 내려왔다고 했다. 노무과 인사 담당에게 알아보니 본사에서 내려온 제대 복직자 T/O를 사무직원에게 배정해 승진 발령했다는 사실을 알았다. 당시 노무계장은 선배의 부친이고 노무과장은 향인이며 사무 부소장은 족친이었다. 모두 잘 아는 분들이다. 나는 사무 부소장을 찾아가서 군제대 복직자 몫으로 내려온 T/O를 사무 직원에게 발령을 낼 수 있느냐며 원 직종으로 복직시켜 달라고 요구했다.

이튿날 오전에 노무계 인사담당이 갱장이 받아 주어야 발령을 낸다며 어느 갱으로 갈 건지 말하라고 했다. 나는 무슨 말이냐 원 소속으로 발령 하는 것이 당연한 게 아니냐며 쏘아붙였다. 그리고 생각해 보니 기왕이면 작업조건이 좋은 상부에 근무하고 싶어서 문곡 갱장을 찾아갔다. 화광동에서 계산동을 지나 계량촌 뒤 재를 넘어 문곡계곡을 따라 올라갔다. 825 갱 사무실 부근 야외에서 폐 와이어 로프를 태워 모닥불을 쬐고 있던 정권영 갱장을 만나서 문곡갱에 근무하게 해달라고 하니 고개를 좌우로 절레절레 흔들며 자리가 없다고 해서 돌아왔다.

그 이튿날 오전에 노무계에서 금천갱으로 발령났다는 연락을 받았다. 점심시간에 맞추어 금천갱 사무실에 가서 이광찬 부갱장을 만나 인사하니 연락 받았다며 오늘 병반부터 백두사갱에 가서 근무하라고 했다. 나는 입갱한 갱장이 나오면 인사하려고 기다리다 한진생 갱장을 만났다. 갱장이 부갱장에게 어느 개소에 배치했느냐고 물으니 백두사갱 병반에 배치했다고 대답했다. 갱장은 당신 정신이 있느냐 발파 조수 밑에 일고 반장을 배치하면 말이 되느냐며 발파 조수를 다른 개소에 배치하라고 지시했다.

공정한 대우로 얻은 신뢰 갱도가 붕괴되는 조짐(전조)을 초기에 조치하여 피해를 예방한 대가를 후하게 해준 것이 신뢰의 씨가 되었다. 갱도 붕괴의 조짐을 적기에 조치하면 적은 노력으로 변형 범위를 제한할 수 있으나 시기를 놓치면 피해가 커진다. 속담에 호미로 막을 걸 가래로 막는다는 말과 같다. 계속되는 지압으로 갱도를 지탱하고 있는 지주가 변형되어 갱도가 협소해지면 갱도의 규격을 정상으로 유지시키는 보수작업을 해야 한다.

보수작업은 암석 갱도는 보갱이라 하며, 채탄 갱도는 보수라고 한다. 채탄갱도는 수평이면 연층이라 하고, 올라가는 갱도는 채탄승이라 한다. 지주가 중압으로 변형될 때 변형된 지주만 적기에 보강하면 지주의 유지기간을 지연시킬 수 있으나 그러지 않으면 변형 범위가 확대되어 보수인원을 별도로 배치하여 지주 전체를 보수해야 한다. 그 외 갱도 유지와 안전한 통행을 위하여 돌출되거나 노출된 지점의 경사를 조정하며, 측벽의 공간을 성목으로 시공하고, 천반압에 휘어진 관목에 타주를 시공하며, 중압이 집중된 위치에 목적을 시공하는 등 잡다한 일들이 많다. 이러한 일들은 도급 금액이 정해져 있지 않거나 있어도 실적이 잘 나타나지 않아 기피하기 때문에 계장이 지시해야 한다.

지주 작업자들은 평상시 퇴근시간보다 작업을 일찍 마치고 각자의 작업장에서 약간의 휴식을 한다. 휴식하는 기능공에게 기타 작업을 시켜서 별도의 인력을 투입하지 않고 갱도를 안전하게 유지시키기로 하고 평소에 말수가 적고 긍정적인 양예천 씨에게 지시했다. 첫날은 통행하는 인도의 중앙에 노출되어 불편을 주는 갱목을 절단하라고 했다. 다음 날은 찢어진 각주 1본을 교체하라고 지시하니 불편한 기색이 얼굴에 나타났다. 3일째는 갱도의 측벽 허물어진 공간에 성목으로 시공하라고 했다. 그날은 아주 기분이 나쁜 표정을 하면서 왜 나한테만 잡일을 시키느냐고 항의했다. 나는 이 작은 일을 여러 사람이 나누어 하면 그 대가가 미미해서 좋아하지 않는다. 당신이 혼자 하면 소득으로 나타나 헛일이 아니라는 걸 알게 된다. 이 일을 마치면 퇴근하는 인차를 탈수 있으니 기왕에 출근하여 한 푼이라도 더 벌면 좋지 않느냐고 타일렀다.

이 작업을 시키고 작업량을 인정받아 노임으로 주는 문제를 검수계원 박성학 씨에게 설명해도 깐깐한 성품에 잘 먹혀들지 않았다. 계장에게 해결을 요청하니 반장이 한 일이니 알아서 하라고 했다. 계장이 할 일인데 나에게 알아서 하라니 계장은 도대체 무얼 하는 사람인지 알 수 없었다. 검수계원을 다시 찾아가서 어떻게 하면 작업 실적을 인정받을 수 있느냐고 물으니 갱장의 허락을 받으라 했다. 나는 작업한 실적은 인정하느냐고 물으니 확인했다고 했다. 최인재 갱장에게 기타 작업을 시행한 내용을 설명했다. 유휴인력을 활용하여 보수비를 절감하고 갱도 보안을 유지하는 결과가 되니 이러한 일은 권장해야 한다고 보고하며 반장이 일일이 갱장실에 들어와서 작업량 인정을 요구할 수 없으니 작업 실적을 검수가 확인되면 인정해 달라고 건의했다. 갱장은 좋은 일이라고 하며 그렇게 하라고 검수계원에게 김 반장이 작도한 내용이 확인되면 인정하라고 지시했다.

이날 이후 나는 마음 놓고 기타 잡작업을 시키고 작업내용을 보안일지에 기록하여 계장급 이상이 알게 했다. 갱도는 점점 깔끔하게 보강되어 안전하게 유지되어 갔다. 갱장과 부갱장이 순회하면서 교대시간에 반장·계장들에게 1편 좌 채탄승은 작업 조건이 나쁜 개소인데도 이렇게 관리가 잘되고 있으니 다른 구역의 갱도도 본받으라고 지시할 정도였다.

그 다음 달 월초에 개인별 노임명세서가 나왔다. 출근자들을 모아 놓고 작업배치를 하는데 양씨가 와서 반장님의 의도도 모르고 시키는 일을 꺼려 했는데 앞으로 그런 일을 더 많이 시켜 달라고 하며 고맙다고 했다. 나는 "수고한 대가로 충분할지 모르지만 제 딴엔 노력은 했습니다. 양씨의 수고로 갱도가 안전하게 되었으니 앞으로는 제가 시키지 않더라도 할 일이 보이면 조치하고 말씀만 해주세요. 그 대가는 보상하겠습니다"라고 말했다. 그 후 지주가 변형되거나 타주가 없거나 절장이 탈락되면 사전에 나에게 보고하고 갱도를 보강했다.

갱도는 안전하게 관리되어 보수비 절감으로 능률이 향상되는 효과가 인정되었다. 이 소문은 금방 광산촌의 대중목욕탕과 동리 주점으로 번져 나가 '시키는 대로만 하면 대가를 후하게 주는 사람'으로 알려져 신뢰를 받는 계기가 되었다.

책망을 듣고 금천갱 하부 1편 좌 하반 갱 1크로스는 지열이 높아 작업자들은 윗도리를 벗고 땀을 흘리며 작업했다. 채탄승은 분질탄으로 항시 발파 연기와 탄진으로 자욱하여 앞이 잘 보이지 않는다. 나는 가스측정기를 목에 걸고 전기발파기와 발파 모선을 망태에 넣어 메고 막장마다 돌아다니며 발파하기 전후에 가스점검을 했다.

이 막장 저 막장으로 분주하게 작업감독을 하고 있는데 생산차장이 왔으니 안내하라는 연락이 왔다. 나는 망태를 메고 급히 승 입구를 내려가 운반갱도의 분기점에서 생산차장과 갱장을 만나서 '안전'하고 거수경례로 인사했다. 대개 하급자가 '안전'하고 경례하면 상급자는 '증산하라'고 답례하지만 상급자는 아무 인사도 하지 않았다. 차장은 찢어져 너덜너덜하는 풍관을 손망치 자루로 가리키면서 풍관 보수를 왜 하지 않느냐고 추궁하였다. 나는 풍관 보수작업이 내 소관이 아니지만 구차한 이유로 변명했다. 차장은 바늘과 실을 가지고 다니느냐며 있으면 보자고 했다. 나는 바늘과 실을 가지고 있지 않았으므로 또 변명했다. 차장이 궤변 말라며 엄하게 꾸중을 했다.

풍관 보수작업은 보갱반장 예하에 두 명의 전담자가 하기 때문에 내 소관이 아닌데 차장으로부터 용어도 모르는 궤변이라는 꾸중을 듣고 억울했지만 관리자의 임무로 생각했다. 그리고 집에 가서 사전을 찾아보고 '궤변'이 무슨 뜻인지 알았다. 그날 이후 나는 바늘과 실을 가지고 다녔다. 그리고 말단 반장이라는 소극적인 근무자세에서 당당한 관리자세로 변신하여 지원부서에 대하여 작업 지장과 생산 부진의 요인이 발견되면 조치해 달라고 강력히 요구했다. 그리고 그 내용을 보안일지에 기록으로 남겨 유사한 사례가 재발할 경우 책임을 추궁했다. 이러한 근무자세는 초기에 충돌도 있었지만 내 요구가 부당하면 상사에게 보고하라고 더 강경하게 대응하자 막장에 대한 지원이 원활하게 되었다. '궤변'이라는 추궁은 나의 관리자세를 확립하는 계기가 되었다.

태업 주모자로 오인 받고 병방 때 막장에서 갱 사무실 앞에 나오니 갑방 출근자들이 작업도구를 정돈하여 모아놓고 갱목더미에 앉아 갱 사무실을 바라보고 있었다. 입갱할 시간인데 분위기가 이상하여 갑방 반장들에게 왜 그러느냐고 물으니 작업자들이 임금이 적다며 작업을 거부하며 갱장에게 시위한다고 했다. 나는 돈을 누가 주느냐 도급 작업에서 자기가 일한 만큼 받는데 그런 억지가 어디 있느냐고 말했다. 목욕을 마치고 나오니 노동조합 김 부지부장이 갱장에게 당신이 작업자들에게 일하기 싫으면 안 해도 좋다고 할 수 있느냐며 소리쳤다.

갱장은 일하기 싫다는데 어떻게 하란 말인가라고 했다. 부지부장이 어떻게든 설득해야지 그렇게 배짱만 부리면 되느냐며 또 소리쳤다. 갱장은 설득해도 듣지 않으니 당신이 설득시켜 보라고 했다. 그때 노동조합 대의원인 권반장이 갱장에게 돈을 더 주지 않으면 작업하지 않고 집에 가겠다고 한다고 하니 갱장은 일하기 싫으면 마음대로 하라고 했다.

경찰서 이 형사와 노무계장이 왔다. 갱장은 노사합의로 정한 도급 작업인데 갱장 임의로 돈을 줄 수 없다, 일하기 싫으면 마음대로 하라는 말에 갑방 작업자들은 모두 집으로 돌아갔다. 나는 사태의 주모자가 누군지 알아보려고 퇴근하지 않고 지켜보고 있었다. 을방 출근자들도 갑방과 같이 도구를 정돈해 놓고 작업을 거부하고 있다가 입갱 시간이 지나자 모두 집으로 돌아갔다.

나는 "이러한 억지가 어디 있느냐. 이는 필시 작업자들을 부추긴 사람이 있는 것 같다"는 말을 하고 "병방에는 그런 사람이 없으니 정상으로 작업할 거라"고 하며 집으로 돌아왔다.

밤샘작업을 하고 오후 4시가 넘도록 불편한 갱목더미 위의 한자리에 앉아서 지켜본 나는 집에 와서 아침 겸 점심을 먹고 잠자리에 들면서 아내에게 병방 출근시간에 꼭 깨워 달라고 당부하고 골아 떨어졌다. 아내가 흔들어 깨우기에 벌써 출근할 시간이 되었느냐고 하니 밖에 누가 와서 찾는다고 했다. 정전이 되어 촛불을 켜고 밖에 나가니 갱장과 사무 부소장과 노무계장이 와 있었다. 방으로 들여 어떻게 오셨느냐고 물으니 갱장이 경찰서 이 형사가 나를 태업 주동자로 지목해서 찾아왔다고 했다. 무슨 근거로 그런 말을 하느냐고 물으니 이 형사가 오늘 갱 사무실 앞 갱목더미에서 얼굴이 하얀 사람이 아침부터 오후까지 사태를 지켜봤다며 나를 주모자로 지목하여 왔다고 했다.

부당한 이유로 작업을 거부하고 있기에 누가 작업자들을 선동하는지 알려고 지켜봤을 뿐이며, 병방에서는 그러한 일이 없을 것이라고 말했다고 했다. 그런데 갱장이 그 말이 더 의심할 말이 아닌가? 김 반장이 어떻게 그걸 아는가 하고 반문했다. 나는 반장으로서 나와 같이 작업하는 사람들의 심리는 파악하고 있으며, 병방에는 계장을 포함하여 누구도 그러한 부당한 일을 할 사람이 없는 것으로 안다. 오늘 병방에 확인해 보면 알지 않겠나 하고 다른 방향으로 조사해 보라고 했다. 병방은 예상한 대로 정상으로 작업했다.

나는 부당한 일을 밝히려고 한 과욕을 후회하지는 않았으나 내 주관적 판단으로 한 이야기가 악용될 수 있다는 사실을 깨닫고 말을 조심해야겠다고 생각했다. 의사나 열사도 아닌 주제에 쓸데없는 정력을 쏟았으니 어리석은 바보였다.

가스에 질식되었다 회생 채굴이 끝난 구역에 가니 승 입구에 철판이 매달려 있어 사다리를 밟고 올라가 머리를 승 안쪽으로 들이미는 순간 의식을 잃었다. 얼마 후 서늘한 느낌에 눈을 떠 보니 오른쪽 어깨와 팔이 젖어 있었다. 가스에 질식되어 의식을 잃고 갱도의 바닥 배수구(물도랑)에 떨어졌다 회생되었다. 순식간에 생사를 오갔지만 아무도 만나지 못했고 기억도 없어 죽음이란 이런 것이라 생각했다. 채굴이 끝난 고갱도에는 출입하지 못하도록 해야 한다는 사실을 배웠다.

탄괴가 간극으로 얼굴을 스치고 괴실탄 승갱도의 측벽에서 대괴의 탄이 붕괴되어 내 얼굴을 간극으로 스쳐갔다. 탄이 굳으면 측벽을 성목으로 완전히 시공하지 않는다. 막장에서는 두 대의 착암기로 천공하며 뿜어내는 수증기로 안전등 불빛도 보이지 않았다. 나는 막장에서 약 7미터 거리에서 감독하고 있는데 안전모가 오른편으로 휙 돌아가며 얼굴에 바람을 느꼈고 왼쪽 이마가 따끔했다. 막장에 가서 천공작업을 정지시키고 갱도에 가득한 습기를 희석시켰다. 그리고 주변을 살피니 약 1톤 정도의 괴탄이 갱도에 걸쳐 있었다. 내가 서 있던 왼편 측벽에서 탄괴가 붕괴되며 45도의 하반 위로 미끄러져 나온 것을 확인했다. 온몸을 으스러뜨릴 크기인데 안면만 간극으로 스쳐 지나가 아찔했다.

왼편 이마에 긁힌 피부는 흔적만 있고 치료하지 않고 그대로 지내고 있으나 지금도 긁힌 자리가 퇴화되며 계속 벗겨지고 있다. 대괴탄이 내 얼굴을 간극으로 스쳐간 사건으로 세 번째 위기를 모면했다. 이 사고로 측벽의 공간이 굳어도 완전히 시공해야 된다는 것을 배웠다.

공동 붕괴에 혼비백산하고 붕락작업장의 공동에 들어가지 말라는 것은 안전수칙이다. 그러나 천반의 탄을 보고 붕락될 때까지 기다리고 있을 수 없어 요령껏 공동에 들어가 위험 작업은 계속된다. 붕락작업 개소에서 기능공 오봉원 씨와 같이 공동 주변의 안전 상태를 살피니 괴질탄으로 붕락의 전조를 예측할 수 없었다. 공동 안에 들어가서 측벽 양쪽에 폭약을 묻어 놓고 발파하기로 했다. 긴 자루 곡괭이로 폭약을 묻을 자리를 만들고 폭약뭉치에 뇌관을 삽입하고 각선을 대피소 밖까지 연장하고 오봉원 씨는 좌측 벽 쪽으로 나는 우측 벽 쪽으로 들어가 폭약을 묻어 놓고 대피소 밖에서 발파했다.

발파 후 화약연기가 빠진 뒤 붕락 현장을 확인하니 붕락된 탄은 겨우 10여 톤 정도밖에 되지 않아 당일의 생산량을 확보하기에 크게 부족하였다. 붕락된 탄을 우선 유탄시키고자 입구에 막힌 대괴탄을 파괴하고자 곡괭이 끝을 괴탄의 가운데 고정시키고 오봉원 씨는 망치로 곡괭이 끝을 강타하며 파괴하고 있었다.

그때 공동 안에서 밀려 나온 강한 바람에 나와 오봉원 씨가 뒤로 자빠졌다. 바람은 순간에 그치고 막장을 확인해 보니 붕괴되는 탄에 대피소는 허물어지고 탄으로 막혀 대붕락이 되었다. 조금 전에 대붕락의 전조도 모르고 공동 안에 들어가 폭약을 묻고 나온 무모함을 크게 뉘우치며 아찔했다. 발파하고 얼마 지나지 않아 대붕락이 되었으니 발파의 효과로 볼 수 있으나 시간적 상황 변화를 알지 못했다. 오봉원 씨도 놀란 얼굴로 반장님 우리는 오늘 운이 되게 좋다고 했다. 채탄기능 보유자이지만 공동의 붕락 전조도 예측하지 못했다. 이날은 사고를 모면했지만 붕락채탄법이 있는 한 이러한 위험은 언제나 발생될 수밖에 없었다. 또 천반과 측벽의 탄을 완전히 채굴하기도 전에 암석인 상반이 붕괴되어 탄을 묻어 버리고 퇴각하여 재채굴을 하게 되고, 출수와 가스사고도 반복해 발생한다는 사실도 알게 되었다.

뼈저린 실수 채준작업을 진행하다 보면 구갱도를 자주 만난다. 구갱도란 채굴했던 구역의 갱도를 다시 채굴하는 갱도를 말한다. 구갱도를 통과하는 지점에는 갱목·철판·파이프 등 장애물이 많아 제거하는 데 힘들고 습기로 시계가 아주 흐리다.

습기가 자욱한 2지승 막장에서 기능공 김두진 씨와 같이 폭약을 장전하고 각 선에 모선을 연결한 다음 어둠속을 더듬으며 2지승을 나와서 내려와 본승 막장 쪽으로 올라가 발파기에 모선을 연결하고 발파하라고 소리친 다음 키를 돌렸다. 폭발소리를 확인하고 생각해 보니 김두진 씨가 대피한 사실을 확인하지 않고 발파했음을 알았다. 아찔했다. 급히 김두진 씨의 이름을 부르며 지승으로 들어가는데 불빛이 보이며 왜 그러느냐고 했다. 나는 두 손을 잡고 "미안하오, 정말 미안하오" 울면서 사과했다. 김두진 씨는 나와 같이 발파준비 작업을 마치고 도구를 챙겨서 2지승에서 나와서 1지승에서 대피했는데 나는 발파작업에만 몰두하다 대피 사실도 확인하지 않고 발파하여 사고를 일으킬 뻔했다. 이 일로 매사를 좀더 차분하게 해야 된다고 다짐했다.

사망사고 발생 단오 전날 을방에 기능공 최승은 씨와 보조공 정시호 씨를 채탄승 입구에서 약 5미터 위치의 승 보수작업에 배치했다. 승 보수 개소는 승 입구에서 가까운 위치로 자재를 운반하는 거리가 가깝고, 주변의 탄벽은 약간의 습기가 있어 분진도 나지 않았다. 또 보수한 탄을 철판에 끌어넣기도 쉬웠다.

작업장 순회를 마치고 탄처리장으로 나왔다. 다시 공차를 타고 막장으로 들어가다 보조공 정시호 씨가 붕괴되는 폐석에 깔려 순직했다는 보고를 받았다. 막장에 도착하여 사고현장에서 보조공이 보수한 지주와 구지주 사이 천반에 가려져 있던 폐석이 밀려나와 허리가 끼어 순직한 것이다. 억장이 무너진다는 말은 이럴 때의 심정일 것이다. 너무 억울하고 통탄했다. 군에서 제대하고 취직이 어려운 그 시기에 취업을 시켜주었고, 당일 을방 작업을 마치고 새벽 기차로 고향에 가서 부인과 이사하여 살림을 차린다며 싱긋이 웃으며 좋아했던 그다. 훤칠한 체격에 말수가 적고 좋은 심덕이 얼굴에 묻어나는 호인의 인상으로 양반 중의 양반이라고 늘 말했었는데 정말 불쌍하고 억울하고 미안했다. 나는 작업자의 생명을 지켜주지 못한 무능한 죄인이 되었다.

이때 본사 사장 지시로 사망사고가 발생하면 담당반장을 문책한다는 지시가 하달된 직후였다. 이 사고로 나와 기능공은 형사 피의자가 되어 경찰서에 불려가서 이 형사에게 조사를 받았다. 한 번 불려 갔다온 기능공은 회사를 그만두겠다고 했다. 이튿날 오전에도 출두하여 조사를 받았다. 사망사고가 발생하면 피의자를 감금시키고 조사가 끝나면 검사의 지휘로 구속영장을 발부받아 조서와 함께 검찰로 송치한다.

나도 각오하고 있었다. 조사의 초점은 사고발생의 원인과 책임자의 귀책을 규명하는 것이다. 나는 담당반장으로서 책임을 지겠으며 어떠한 처벌도 달게 받겠다고 했다. 그리고 이 작업은 갱도에 시공한 지주가 중압으로 찌그러져서 갱도를 유지하기 위해 보수작업은 불가피한 일이다. 이 사고의 경우 탄 속에 가려진 폐석을 알아내는 방법과 능력이 없는 것이 인간의 한계로 불가항력이라 설명하며 기능공에게는 책임이 없고 나는 반장으로 업무상 책임을 지겠다고 했다.

이렇게 조사가 계속되고 있는 중에 오후에는 사내 안전감독실 실장에게 불려가 조사를 받았다. 평소에는 안전감독실 직원선에서 조사했는데 사장의 지시를 위반한 첫 번째 사고라 그런지 실장이 직접 조서를 작성했다. 반장인 나의 귀책사유를 집중적으로 추궁했다. 나는 경찰서에서 진술한 내용대로 말했으나 수긍하지 않는 것 같았다. 같은 채광직에 종사하면서 채탄방법과 기능공의 능력 한계로 발생한 것을 잘 알면서도 계속 추궁하기에 붕락사고가 발생하지 않는 방법을 말해 달라고 요구했다.

그리고 광업소 일을 하다가 업무상 사고와 관련하여 경찰서에 호출되어 조사받고 있으며, 형사상 문제도 마무리되지 않았는데 보호는 못해 주더라도 오전엔 경찰서에, 오후에는 실장에게 불려가 또 조사받고 출근해야 되니 형사상의 문제가 종결된 뒤에 조사해 달라고 요구했다.

실장이 그러면 경찰서 조사가 언제 끝나느냐고 물었다. 나는 종전의 경우로 보아 두 달 안에야 끝이 나지요라고 하니 실장이 그러면 경찰서 형사문제가 끝난 뒤에 조사하자고 하여 집으로 돌아와 을방에 출근을 했다. 그 후 금천갱과 인접한 문곡갱에서 붕락매몰 순직사고가 발생하여 사장의 엄중문책 지시는 유야무야되었다. 그 후 벌금통지서가 배달되어 광업소에 제출하여 마무리되었다.

대퇴부 절단사고 탈선된 축전차를 복구하다 대퇴부 부상으로 절단하는 운반사고가 발생했다. 병방 작업시간 마지막 공차를 막장에 들여보내고 사무실에 나와서 다음 교대 반장에게 인계하고 작도를 작성한 다음 목욕하고 작업자들이 나오기를 기다렸으나 평상시보다 퇴갱이 늦어져서 갱 입구에서 캄캄한 갱내를 들여다보며 기다렸다.

금천계곡 솔밭머리 심산계곡의 초여름 아침 쾌청한 햇빛에 풀잎의 이슬은 은구슬 같았다. 지난밤에 탄 먼지 속을 헤매던 때와 비교하니 별천지였다. 그때 갱 안에서 한 무리의 불빛이 보이는데 그중에 불빛 하나가 흔들리며 나오고 있었다. 나는 사고발생을 예감하고 가슴이 덜컹 내려앉았다. 뛰어 나오는 사람이 고함으로 엠뷸런스를 빨리 불러 달라고 했다. 환자도 확인하지 않고 갱 사무실로 뛰어가 병원으로 연락했다. 환자를 광차에서 내리고 있을 때 앰뷸런스가 도착하여 두 명을 대동시켜 후송시켰다. 동반 작업자들에게 사고발생 경위를 정리하여 갱장에게 보고하고 안전감독실과 경찰서에 신고하라 했다.

사고가 발생한 원인은 탄차를 끌고 나오던 축전차가 탈선하자 축전차 밑에 나무토막을 고이고, 파이프를 지렛대로 끼우고 그 위에 세 사람이 올라서서 눌렀다. 부상자 신주달 씨는 파이프를 잡고 있다가 탈선이 복구되며 파이프가 튕겨나와 대퇴부를 강타당하여 다리가 절단된 사고였다. 사망사고에 이어 대퇴부가 절단되는 중대사고로 또다시 형사 피의자가 되어 경찰서 윤 형사로부터 조사를 받았다.

출수사고에서 기적적으로 생환 밤샘근무로 피곤에 지쳐 낮잠을 자고 오후 2시경 일어나 점심을 먹으려고 하는데 금천갱에서 물통사고가 났다는 이야기를 들었다. 점심도 먹지 않고 달려가니 이미 두 명의 순직자가 병원으로 후송되었고, 막장에 갇혔던 권우석 씨가 구조되어 나오고 있었다. 사고는 내가 배치된 구역인 0편의 하층 채탄승에서 발생했다. 갱내 출수사고를 '물통사고'라고 한다.

안전감독실 직원에게 권우석 씨가 진술한 경위를 듣고 놀랐다. 채탄승에서 엎드려 갱도에 흩어진 탄을 철판에 끌어넣고 있는데 갑자기 꽝하는 소리가 나서 돌아보니 검은 물이 쏟아지며 철판과 지주를 쓸면서 계속 내려갔다. 겁에 질려 꼼짝하지 못하고 벌벌 떨다 그 자리에 주저앉아 쏟아져 내려가는 물소리에 기가 질렸는데 승 하부에서부터 물이 위로 차올라오고 있었다. 정신을 차리고 막장으로 급히 올라가서 막장을 등지고 있었다. 물이 발끝까지 차올라 와 막장의 지주 관목을 붙들고 매달리려고 하는데 물은 더 이상 올라오지 않고 그 자리에서 맴돌고 있어 긴장되어 온몸이 땀에 젖었다고 했다.

옷소매로 땀을 닦는데 갑자기 쏴아 하는 소리를 내며 물이 빠져서 정신을 차리고 승 입구 쪽으로 조심조심 내려가는데 출수된 지점에는 약간의 물만 흐르고 있었다. 계속해서 더 내려가니 철판과 파이프와 지주목이 뒤엉켜서 내려갈 수 없었다. 얼마 후 승 입구 방향에서 불빛이 보여서 사람 살려라고 고함을 쳤다. 구조대원들이 도괴된 지주와 장애물을 제거하며 올라와 구조되었다고 했다.

상부 갱도의 채굴이 완료된 구역에 물이 고여서 물탱크가 형성된 직하부에서 채탄갱도로 이슬이 방울 물이 되고, 방울 물이 줄기 물이 되어 개울물로 커지며 폭포가 되어 출수되었다. 사고의 원인은 채탄작업이 끝난 상부 갱도에 근접했는데 출수에 대비하지 않았으며, 보안일지의 출수 변화의 기록을 간과한 데 있었다.

사갱 굴진 동양기록 1963년 12월 1일부터 31일까지 장성광업소 금천갱 375 사갱 고속도 굴진에 최인재 갱장의 배려로 참여했다. 굴진작업은 4교대 합동도급으로 굴진계장과 반장, 4명 작업자, 반장별 7명씩 도합 32명이 2.8×2.1미터의 갱도 규격에서 월간 238미터 진행하여 동양기록을 갱신했다. 착암기 3대로 천공하여 도화선에 점화하고 대피하며 발파 소리를 저마다 마음속으로 세며 점화한 수와 일치하면 와 하고 환호하고 서서히 막장에 가면 갱도에는 화약연기가 자욱하지만 막장에는 호스에서 뿜어 나온 물로 분진도 없고 시원하나 매캐한 폭약 냄새로 코가 따갑다.

개방된 물 호스와 압기 호스를 조절하고 기능공들은 발파된 경석더미에 올라가 빗드로 천반에 부석을 제거하고 선수장치를 하며 한편에서는 공차에 경석을 적재하며 발파된 공간에 철재 지주를 시공한다. 평상 1교대 6시간에 2회 발파하며 막장의 사정에 따라서 3회 발파도 했다. 협동작업임으로 현장 인수인계로 연속작업을 했다. 이때 함태 광업소에서 빌려 온 덴마크산 신품 착암기를 코스함에 싣고 대피하다가 착암기의 휘드가 찢어진 풍관에 걸려 변형되는 사고가 있었다. 코스함에 착암기를 실을 때 조금만 주의했으면 예방할 수 있었는데 갱장이 아쉬워하는 표정을 보고 나는 어쩔 줄 몰랐다. 4교대로 31일간 작업하여 평상시 한 달에 40미터 미만 진행하던 것을 238미터 실적으로 동양기록을 갱신하여 갱장이 사갱 굴진왕으로 탄생했다.

이 굴진으로 광량확보 공정을 6개월 단축했고, 종래 개소별 반장별 일도급방법에서 개소별 월도급으로 개선되는 계기가 되었다. 나는 노무원 반장 신분에서 4급 사원으로 승진되었고, 작업공정 관리와 협동도급 작업과 기계화 작업과 작업여건 부여 및 소통을 배웠다. 반장은 관리직원의 최말단 직위지만 갱장에게 부여된 업무를 대행한다. 이렇게 중요한 반장은 신분에 따라 임금이 결정되는 제도로, 노무원 반장들은 사원 반장이 되기를 바라고 있었다. 회사의 특수한 목표를 달성한 유공자와 시험으로 승진을 시키는 경우가 있다. 그러나 이도 저도 아닌 사람이 승진되는 경우 현장

직원들의 사기는 위축되고 이러한 풍토로 인하여 아름아름으로 끄나풀을 찾거나 수단을 쓰던 시대였다.

사갱 굴진 동양기록 갱신을 하기 전에 광업소별로 수평갱도 고속도 굴진을 놓고 경쟁한 때가 있었다. 이 고속도 굴진은 장성광업소와 함백광업소가 선두 경쟁을 하고 있었다. 단일 막장 이외의 개소 실적을 포함시키고, 규격이 미달하여 정규 규격으로 확대하는 데 비용이 더 많이 들어가 엿가락 굴진이라 했다. 굴진의 3대 기본인 중심·규격·구배를 무시한 광업소 대항 고속도 굴진은 기술자들의 빈축을 샀다. 이러한 사례가 있은 뒤에 고속도 굴진의 평판은 아주 좋지 않았다.

금천사갱 굴진 동양기록 갱신이 끝나고 갑방 근무를 하고 있을 때 유한규 기획과장이 현장에 입갱했다. 그는 규격은 흠 잡힐 게 없으나 지주의 간격과 벽권(지주의 벽막이)의 시공 상태가 정연하지 못한 점을 지적했다.

하층탄 개발 금천갱은 1936년 4월 개발되었고, 평균 탄폭은 4미터의 본층 아래 평균 탄폭 1.5미터의 괴질 하층탄은 개광 이래 채굴하지 않았는데 1965년 3월 당시 최인재 갱장이 개발을 착수했다. 1964년 12월 사갱 고속도 굴진작업을 하느라 추위도 모르고 한 해가 넘어갔다.

1965년 4월 태백의 아침 날씨는 차가웠다. 병방 작업을 마치고 찬 공기를 맞바람으로 종종걸음으로 갱 입구를 나와 갱 사무실 옆 보선반을 지나고 있었다. 이때 갱내에서 나오는 탄차는 대기의 찬 공기에 김이 연기같이 피어오르며 내 옆을 지나고 있었다. 0편 하층에서 생산한 탄을 달고 나오는 탄차였다. 그런데 탄차에 적재된 탄은 보이지 않고 시꺼먼 폐석 덩어리만 탄차 위로 삐죽삐죽 보였다. 석탄을 만재하라는 지시를 무색하게 했다.

지난달 반장 배치를 하면서 하층탄 신규개발 구역에 대학 출신 반장 3명으로 배치하여 개발한다고 반장들이 수근거렸으나 나는 상황을 몰라서 무관심했다.

최인재 갱장이 부임한 이후 휴일에 반장들과 가까운 산야에서 산보도 했고, 퇴근 후에는 목로주점에서 막걸리를 마시고 소금간장에 두부를 손으로 찍어 안주하며 대화를 나누는 일이 종종 있었다. 그때마다 술값은 갱장이 부담했다. 광산의 관례로는 있을 수 없는 파격이었다. 갱장과 반장의 신분 차이는 하늘과 땅으로 비교되며 사석에 동석하는 일은 행운과 부담이다. 막걸리 잔이 한 순배 두 순배 돌아가며 대화를 하다 보면 평소에 간직했던 의견을 나누는 소통의 분위기가 되었다. 이때 갱장이 "물리를 알아야 한다" "그 조건에 그 방법이 있다" "석탄공사는 자기가 하고 싶은 일을 할 수 있어서 좋다"고 했다.

어느 날 현장에서 작업복을 입고 갱 사무실 밖 선로 옆에서 갱장과 대화한 적이 있었다. 0편 하층 구역에서 싣고 나온 탄차에 왜 대경석이 많이 실려 나오느냐고 물었다. 갱장은 탄폭이 좁아서 지주를 시공하려니 어쩔 수 없다고 하며 경석은 선탄하면 된다고 했다. 탄폭과 경사가 얼마나 되느냐고 물으니 평균 탄폭은 1.5미터며 평균 경사는 45도라 했다. 그 정도면 탄폭의 범위에서 지주만 잘 세우면 통행하는 데 큰 문제가 없을 것 같다고 하며, 암석을 발파하는 시간과 화약 소비, 운반비와 선탄비가 들지 않느냐고 했다.

다음 달 5월에 하층 반장으로 배치되어 참여했다. 첫날 병방에 출근하여 살펴보니 탄중갱도의 지주가 초기에 종래 사다리형의 3매로 시공되었다가 최근에는 탄폭의 범위대로 3매로 시공되어 있었다. 상하반이 노출된 면을 지주가 받쳐 주고 있어 안전했다. 막장의 탄은 암석같이 굳은 괴탄이며 탄질은 최상급이었다.

도급 작업은 개소별 3교대 합동 월도급제로 했다. 작업자들은 막장에 착암기로 천공하여 1회 발파를 하고 배연시킨 다음 채굴된 탄을 유탄시켜 광차에 적재하고 지주를 시공하고 갱도의 구석에 쭈그리고 잠자고 있었다. 나는 주장 기능공 박원호 씨에게 "왜 작업하지 않느냐?"고 물으니 여기는 이렇게 작업하는 것이니 본층 채탄과는 다르다고 대답했다. 내가 "그런 게 어디 있느냐며 시간이 허용하는 한 작업하라"고 지시하니 반장님은 모르면 가만히 있으라며 바보 취급을 했다. 더 이상 작업 독려를 포기하고 수첩에 오늘 작업 내용의 공정별 소요시간을 정리해 보니 4회 발파를 해도 충분한 시간이었다. 그런데 무엇이 작업자들의 습관을 이렇게 만들었을까 아무리 생각해도 이해가 되지 않았다. 이튿날 갱장에게 그 이유를 직접 물었다. 갱장은 1회 발파하고 작업을 하지 않는다는 그런 건 없다고 했다. 그러면 이러한 습관을 고쳐야 하지 않겠느냐고 하니 한번 고쳐 보라고 하였다. 갱장은 대학 출신 반장들을 믿고 배치하여 하층탄 개발을 시도하였으나 반장들은 작업자들이 하는 것을 보고만 있었다는 증거다.

이튿날 작업도 어제와 마찬가지로 1회 발파만 하고 제각기 운반 갱도의 구석에 쭈그리고 앉아서 잠을 자고 있었다. 나는 갱내에서 잠자는 것이 몸에 더 해로울 텐데 하며 주장 박원호 씨를 따로 불러서 퇴근할 때 나에게 들렀다 가라고 했다. 작업반장에게 매달 생산독려 명목으로 현금을 노랑봉투에 넣어 지급되었는데 그 금액은 막걸리 한 말에 동태찌개를 사 먹을 수 있는 정도였다. 퇴근 때 박원호 씨가 왔기에 사무실 밖에 나가서 내가 반장으로 왔으니 막걸리나 한잔하자며 봉투째로 주니 좋아했다. 평화동에 김상준·박경오 씨, 계양촌 엄태준 씨도 같이 모이자고 했다. 주장 박원호 씨는 화광동 3정목 시장 쪽 도랑 건너 16동 2호에 살고 있었고, 나는 경찰서 옆 도로 밑 1동 3-4호에 살고 있었기에 가까웠다. 퇴근 후 한잠 자고 약속시간에 나가니 부엌에서 동태찌개 끓이는 시원 매콤한 냄새가 입맛을 당겼다.

막걸리 한 말들이 술통을 옆에 두고 다섯이 동태찌개를 안주로 한순배 두 순배 잔은 돌아가는데 단칸방이라 아주머니는 부엌에 계셔서 퍽 미안했다. 탄광생활을 하다 보니 별일도 많다면서 반장 술을 얻어 먹어 보기는 처음이라며 좋아했다. 나는 내 말만 잘 들으면 술보다 더 좋은 돈을 줄 거라고 응대하니 시키는 대로 할 테니 그러면 얼마나 좋겠느냐고 하며 분위기가 좋았다. 모두 지난해 12월 고속도 굴진을 할 때의 내 반원들이다. 술기운이 서서히 오르고 대화를 하다가 나는 본론을 얘기했다.

"지금 작업여건에서 발파 회수는 한 교대당 4회 발파를 해도 시간이 충분하다. 그런데 조만간에 어느 반에서든 두 발파, 세 발파, 네 발파를 하게 된다. 왜냐하면 현재 작업공정별 소요시간을 정리해 보니 시간상 여유가 있다. 그때가 되면 지금 1회 발파밖에 하지 않은 것이 부끄러운 일이라는 것을 알게 될 것이다. 또 이 일이 특별한 기능을 필요로 하는 작업도 아니다. 착암기만 사용할 줄 알면 누구나 할 수 있는 일이고, 착암기 사용도 하루만 배우면 할 수 있다. 기왕이면 우리가 먼저 발파 회수를 늘이자"고 하니 주장 박원호 씨가 "큰일납니다. 그렇게 하면 우리는 맞아 죽는다"고 했다. 나는 "그러면 어쩔 수 없이 사람을 바꿀 수밖에 없다. 그때는 나를 원망하지 말라. 광산에서 이곳보다 더 안전한 작업장이 어디 있느냐"며 술이나 한잔 더 하자고 잔을 돌렸다.

모두가 주장 기능공이 말하기를 기다리는 눈치였다. 내가 확실한 답변을 하라고 재촉하니 그러면 오늘밤에 한 발파 반으로 불소리만 두 번 나게 하겠다고 했다.

그날 병방에 모두 출근하여 약속한 대로 2회째 발파를 하려고 천공을 하는데 내가 어차피 두 발파 소리를 들을 바에는 끝까지 뚫어서 정상으로 발파하자고 하니 그럽시다 하며 깊게 천공하여 정상으로 2회 발파를 했다. 생산량이 배로 늘었다.

출갱하여 갱장에게 타임스터디한 기록을 놓고 "오늘 2회 발파하였으니 갱장은 나머지 두 교대 반장에게 타임스터디를 시키고 4회 발파를 할 때까지 독려하십시오"라고 하니 알았다고 했다. 이날 이후 3교대가 정상으로 3회에서 4회 발파를 하게 되어 생산량은 4배로 늘어나고 능률도 향상되어 작업자들의 노임이 갱에서 최고로 많았으며, 하층탄 개발에 성공했다. 나는 하층탄 개발 성공으로 괴탄 채탄의 기술을 보유하게 되었고, 합리적인 작업 추진과 공정한 대우는 신뢰로 이어져 우수한 기능자들이 모여드는 계기가 되었다.

내압과 낙반의 전조 석탄을 채굴한 공간을 유지하고 지압에 견디게(내압)하여 낙반과 붕락의 전조를 경험하며 하층탄 채탄을 정상화시켰다. 하루는 오후에 착암기 2대로 막장에 천공작업을 감독하고 있을 때 예고 없이 갱장이 순회를 와서 일본 탄광에서 사방 6미터의 공간이 낙반된 사고가 있었다며 공간이 너무 넓다고 말했다. 그 말을 듣고 보니 지금 이 공간은 사방이 12미터가 넘는 공간인데 1미터 간격으로 받치고 있는 타주가 중압(지압)에 뭉개지고 갈라지며 가을에 농가에서 가마솥에 콩을 볶을 때 터지는

탁탁 튀는 소리와 봄에 석잠을 자고난 입성 좋은 누에가 뽕잎 갉아먹는 사
악 사아악 하는 소리와 뽕잎 줄기를 긁을 때 똑똑똑 하는 소리가 채굴 공
간에서 끊임없이 들려왔다. 갱장의 말을 듣고 나니 마음이 흔들렸다. 막장
에는 2회 이상 발파하여 채굴할 탄이 있는데 낙반의 경험도 없는 나로서는
모험을 할 수 없었다. 이 막장에서 채굴하지 못한 탄은 2승에서 채굴할 수
있어 입구에 목적(木積)을 쌓아 출입하지 못하게 했다. 1승 채탄이 끝나기
전에 2승을 진행하여 목표지점 190미터를 2주일 만에 돌파했다. 1승에서
남겨 놓은 지점은 채굴된 공간이 좁혀져 있어 채굴 공간의 낙반 상태를 목
격했다.

괴질 하층채탄 능률 8.3톤/공 기록 탄폭 1.5미터의 괴질 하층탄(협탄층)에
서 채탄능률 8.3톤/공을 기록했다. 하층탄 개발에 성공하고 정상으로 안정
된 작업을 하고 있을 때 갱장이 광업소에서 1개월간 채탄평균능률 8.3톤/
공 달성 경쟁을 하는 데 참여해 보겠느냐고 물었다. 당시의 갱 전체 채탄
능률이 3.8톤 미만이었는데 엄두도 내지 못할 수치였다. 평균탄폭이 4미터
인 본층의 붕락채탄법과 평균탄폭이 1.5미터인 괴질 하층의 발파채탄 방
법을 동일한 목표로 경쟁을 한다는 것은 비교할 수 없는 조건이었다. 공정
을 따져 보니 현재의 방법으로는 불가능했지만 막장의 작업 면을 넓히고
막장 수를 더 늘이는 방법으로 하면 가능할 듯도 했다. 문제는 작업자들이
얼마만큼 참여해 주느냐가 관건이었다.

이튿날 막장에서 작업자들과 논의했다. 광업소 자체로 능률경쟁을 한다
는 사실과 검토한 현재의 작업 과정별 소요시간을 설명했다. 한 달간 한시
적으로 막장 수를 늘이고 막장의 채굴면을 넓혔을 때 소요되는 시간표를

놓고 의견을 물으니 해볼 만하다고 했다.

작업을 마치고 갱장에게 경쟁에 참여하겠다고 하니 좋다고 했다. 나는 막장의 변화에 신속하게 조치하도록 막장 관리의 권한을 내게 위임해 달라고 했다. 이렇게 하여 채탄능률 월간 평균 8.30톤 경쟁은 내 주도로 시작되었다. 목표를 달성하고자 막장 수를 종전 3막장에서 4막장으로 늘이고, 발파 횟수는 종전과 같이 막장마다 4회 발파를 했다. 막장 작업면의 길이는 종전 2미터에서 3미터로 늘렸다. 작업자들은 쉴 틈 없이 이동하며 천공·장약 발파·배연·갱목 운반·유탄·지주 입 쉬 순으로 기계적으로 작업했다. 한 달 내내 목표능률을 힘겹게 유지하다 마침내 8.30톤/공을 달성했다. 이 기록을 성취한 요인은 반장에게 막장 여건의 변화에 신속하게 대처하는 권한을 부여한 갱장의 결단과 작업자들이 노력한 만큼 대가를 받는다고 신뢰한 결과다. 작업자들의 노임이 껑충 뛰었다. 사람의 마음을 합치면 버겁고 힘든 일도 수월하게 할 수 있다는 사실이 입증되었다.

괴질 본층 채탄능률 15톤/공 기록 탄폭 6미터의 괴탄에서 채탄능률 15톤/공을 달성했다. 개소 명칭은 금천갱 1편 우로 탄폭이 넓어서 후층이라 했다. 이 구역은 지표에 태백시 황지에서 발원한 낙동강과 태백산 서편 금천동 계곡물이 합쳐서 2중교 밑을 지나는 직하부로 출수사고가 나면 차단문을 닫아 수장시키는 구역이다. 이 구역의 채탄능률은 1.8톤 미만으로 금천갱의 평균능률에 못 미치는 저능률 개소다. 나는 0편 하층탄 채탄능률을 기록하고 평상 작업을 하고 있을 때 최인재 갱장이 철암갱장으로 전보되고 후임으로 최규성 갱장이 왔다. 9월 하순경 갱장이 불러서 가니 부갱장과 같이 있었다. 갱장이 1편 우에 가서 작업해 달라고 하며 요구사항을 다

들어주겠다고 했다. 나는 현장을 둘러보고 대답하겠다고 했다.

내 담당구역의 순회를 마치고 작업자들에게 잠시 1편 우에 다녀오겠다고 일러주고 풍도로 내려가니 의외로 공기가 선선했다. 채탄승을 찾아 올라가서 막장을 보고 깜짝 놀랐다. 나는 그동안 상하반을 끼고 협소한 탄층 안에서 일했는데 상하반도 보이지 않아 금천갱에도 이렇게 탄폭이 넓은 곳이 있는 데 놀랐다. 또 경질 괴탄으로 기계 채탄을 하기에 좋은 조건이었다. 막장을 둘러보니 일별 작업조별 도급작업으로 지주시공 위주로 작업하여 매 교대마다 막장에 지주가 발파로 도괴되어 재시공하느라 불필요한 작업을 반복하였음이 보였다.

자신감이 생겼다. 이튿날 을방 출근하여 갱장에게 요구조건을 들어주면 한번 해보겠다고 했다. 갱장은 좋다고 하며 뭐든지 다 말하라고 했다. 첫째, 반장은 내 마음대로 두 사람을 선택할 테니 배치해 주고 작업원은 반장이 원하는 사람으로 배치해 달라고 하니 좋다고 했다. 둘째, 성목은 원하는 제품으로 요청하는 수량을 충분히 공급해 달라고 하니 그것도 허락했다. 셋째, 기계 채탄을 할 테니 사용할 착암기와 빗드 예비품을 비치해서 고장이 나면 현장에서 교체하여 사용하도록 지급해 달라고 하니 동의했다. 넷째, 막장의 변화에 신속하게 대치하도록 막장 관리의 권한을 위임해 달라고 하니 그렇게 하라고 했다.

갱장은 만족해 하면서 그러면 원하는 반장 두 사람 이름을 말하라고 했다. 현재 반장들은 나보다 연배로 내 말을 잘 듣지 않을 수 있으니 발파계원 중에서 내가 선발하는 두 사람을 등용해 달라고 하니 놀란 표정으로 그건 안 된다고 했다. 그러면 없었던 일로 하겠다 하고 나오는데 갱장이 만류하며 현직 반장 중에 누구든지 좋으니 선택하라고 했다. 그러나 내가 주관하는 개소에서 반장인 내 의도대로 협조하지 않으면 일을 성사시킬 수 없다고 거절하고 갱장실을 나왔다.

이튿날 출근하니 갱장이 또 불러서 가니 만면에 웃음을 띠고 김 반장이 요구하는 발파계원 두 사람을 반장으로 승진 발령할 테니 이름을 말하라고 했다. 나는 평상시 눈여겨 두었던 김길한 씨와 박상도 씨 두 사람을 추천했다. 갱장은 즉석에서 좋다고 했다. 작업자를 선발을 해야 하니 반장될 두 사람에게 사실을 귀띔해 주어도 되겠느냐고 하니 그러라고 했다. 그리고 작업자 선발에 각 계장이 협조해야 하니 지시해 달라고 하니 알았다고 하며 모든 것을 요구대로 해주겠다고 했다. 반장으로 등용시킬 두 사람에게는 나와 같이 작업하겠다는 다짐을 받고 반장으로 등용 사실을 발설하지 말 것과 같이 작업할 작업자를 선발하여 명단을 제출하라고 했다.

전날 항장회의에서 갱장이 내 요구사항을 소장에게 보고하니 반장 두 명 등용하는 게 문제냐며 김 반장의 요구대로 등용시키라고 했다는 후문을 들었다. 자재계원에게 사용할 착암기와 빗드, 지주시공용 성목 확보 등을 준비시키면서 어려움이 있거나 막히면 갱장에게 보고하여 막장작업에 차질이 없도록 해달라고 부탁했다.

9월 말일이 되었다. 을방 작업자가 모두 입갱한 뒤에 반장 등용 및 배치 공고가 나붙고 1편 우 구역 작업자 명단도 게시되었다. 이러한 경위를 모르는 반장·계장들은 하층탄 개발을 성공시키고 또 채탄능률 경쟁목표를 달성한 내가 1편 우 괴질탄 저능률 개소에 임시반장 두 사람과 배치되니 새로 부임한 갱장에게 밉보였다는 눈치였다.

첫날부터 종전에 일별 작업조별 도급을 개소 중심 3교대 협동 월도급제로 바꾸고, 지주시공 위주의 작업을 막장 진행 실적 위주로 개편했다. 막

왼쪽, 장성광업소 철
암역두 저탄장.
오른쪽, 채탄 연층갱
도에 첸 컨베이어로
운반.

장을 천공할 때 홈노미로 구멍을 뚫던 작업을 차암기 기계 천공으로 바꾸
었다. 종래 매방 막장마다 2회 발파에 지주 2틀을 시공하여 1미터 진행하
던 것을 오전·오후 2회 발파에 지주 간격을 1.5미터로 2틀을 시공하여 3미
터 진행했다. 막장까지 지주를 시공하던 방법을 막장에서 2미터 이상 무
지주 구간을 두고 발파하며 기성 지주의 도괴를 방지하기 위해서 지주 간
에 절장 앞면 4곳에 보호 판장을 붙이고, 장꺾쇠로 관목과 좌우 각주 6곳
에 박아 지주의 흔들림을 제한시켰다.

갱목 운반을 보조공이 전담하던 것을 기능공도 올라갈 때는 짊어지고
올라가게 했다. 승 입구에 예비 착암기와 빗드를 비치시켜 고장이 나면 즉
시 교체하여 사용하도록 하고, 고장품은 병방 퇴근 때 갱외로 인출하여 수
리하도록 하며, 자재는 을방에서 여유 있게 공급했다. 채탄승에 설치된 철
판이 유탄의 저항에 연통같이 오그라들어 펴는 데 시간이 많이 걸렸다. 이
작업을 전 작업자가 구역을 나누어 펴게 하여 유탄능률을 높였다. 이러한
방법으로 매 방별 막장당 진행은 종전에 1미터 내에서 3미터로 생산량이 3
배 증가되었고, 붕락작업 공정이 단축되어 평균채탄능률은 15톤/공, 최고
25톤/공 실적이 났다. 채준과 붕락 공정이 맞으면 평균능률 25톤/공도 달
성할 수 있다고 확신했다.

채준작업 막장이 상부 목표지점의 절반 정도 진행될 때 승 입구에서 막

장까지 배수용 홈통 매설을 시작했다. 홈통은 판장으로 길이가 1.8미터, 높이와 폭은 18센티미터다. 바닥과 좌우에는 판장이고 위는 개방되었다. 담당계장이 순회를 와서 이 홈통은 왜 매설하느냐고 물었다. 출수 대비라고 하니 물이 어디 있느냐고 했다. "이뿐 아니고 50m/m 고무호스도 2중으로 또 포설해야 합니다" 하고 대화를 나누었다. 계장은 이해할 수 없다는 듯이 아주 못마땅한 표정이었다. 그러나 나는 개의치 않고 막장까지 홈통과 호스를 계속 연장하여 매설했다. 호스의 길이가 15미터로 끝나는 지점에 중개 수류함을 매설했다.

막장 진행속도가 하루에 9미터씩 진행되어 상부 목표지점에 근접하니 출수되기 시작했다. 출수사고에 대비하여 2중으로 목적을 견고하게 시공하고 계속 배수시키며 붕락작업을 하니 홈통 가득히 배수되었고, 출수량이 늘어나며 2중으로 포설한 고무호스로도 가득히 배수되었다. 이렇게 상부 고갱도에 고여 있는 집적된 갱내수를 배수시켜 출수사고를 미리 예방하였다.

보안 탄주를 유지하며 출수구역의 채탄작업도 안전하게 했다. 채탄작업을 시작하여 20일까지 채탄능률은 평균 15톤/공, 최고 25톤/공으로 종전에 비하여 10배 이상의 실적을 올렸다.

그달 21일 을방에 출근하여 갱장이 불러서 가니 철암갱으로 가게 되었다고 했다. 1966년 10월 22일, 철암갱 채탄계장으로 발령이 난 것이었다.

4. 계장 시절

1966년 10월 22일부터 1972년 11월 12일까지, 28세부터 34세까지 2,212일간 철암갱 채탄계장과 채탄법 개선계장, 굴진계장으로 6년간 재직하며 기술을 익히고 개선했다.

1. 채탄계장

책임구역제 제안 철암갱의 탄 매장 형태는 M자 모양으로, 탄폭이 겹친 곳은 20미터 이상으로 넓다. 1963년 8월 19일, 장성갱 2구에서 철암갱으로 분구되어 생산량이 가장 많은 수석갱이다. 정부의 증산정책에 따라서 채탄계장 3명이 증원되는데 그중 1명으로 최인재 갱장의 추천으로 계장서리로 보직되었다. 채탄계장 6명은 상부와 하부로 3명씩 나누어서 각 방별로 각 1명씩 배치되었고, 나는 하부계장으로 배치되었다. 철암갱에 종사하는 천여 명은 다른 갱과 마찬가지로 상갑방과 가방·나방·다방으로 3교대로 나누어 작업했다. 채탄 막장 작업여건은 탄폭은 균일하지는 않았지만 상하반을 보기가 힘들 정도로 넓은 구역도 있다. 그러나 지열과 습도가 높고 무더우며 탄진과 발파 연기가 항시 자욱하고 가스가 발생하며 상부의 채굴된 폐갱에서는 출수가 되었다. 작업자들은 항시 땀에 젖어 헐떡이며 작업했고, 작업조별 일도급제였다.

채탄계장까지 증원하여 생산책임량이 늘었는데 목표를 달성하지 못하자 갱장은 계장급 이상 회의를 소집했다. 회의는 교대시간을 이용해서 갱장실에서 했다. 참석자는 갱장을 포함하여 상·하부 부갱장 2명, 굴진계장, 채탄계장 상·하부 6명, 사무계장 모두 11명이었다.

갱장이 생산이 부진한 사유와 대책을 다그쳤으나 아무도 대답하지 못하고 갱장의 추궁만 받고 헤어졌다. 회의가 또 소집되었다. 갱장은 또 생산부진 사유를 추궁해도 아무런 대답이 없으니 앉은 순서로 이유를 말하라고 했다. 이날도 계장들은 아무 말도 못하고 있었다. 내 차례는 마지막으로 나는 책임소재가 명확한 구역별 계장 중심 책임제로 해야 된다고 생각하고 있었다. 그 이유는 금천갱에서 반장 때 굴진계장 중심 3교대 합동작업으로 사갱 굴진을 월 238미터 실적으로 동양기록을 갱신했고, 채탄에서도 평균 탄폭 1.5미터인 괴질 하층(협탄층) 채탄을 성공시키고 채탄능률 8.3톤을 기록하였으며, 평균 탄폭 6미터의 괴질 본층(후층)에서도 채탄능률 15톤을 기록한 경험이 있었기 때문이다.

내 순서가 되자 나는 "현재의 채탄계장은 상·하부 3명이 공동으로 관리하는 체제이기 때문에 생산부진과 작업관리에 책임이 없다. 생산막장은 3교대로 이어지는데 집중적인 관리를 할 수 없어 작업구역을 계장별로 분담하여 책임관리하는 것이 좋겠다"고 말했다. 내 말이 끝나자 계장들이 "모르면 가만 있으라"고 손가락질을 하며 소리쳤다. 나는 계장 중에 유일한 최하위 4급 서리계장이었고, 다른 소속에서 승진되어 왔다고 은연중에 객지 타는 느낌으로 근무했었다. 나는 "그렇게 잘 아는 당신들은 왜 아무 말도 하지 못하느냐. 당신들의 의견을 말하면 나도 따라 할 테니 대안을 제시하라"고 요구하니 아무도 대꾸하지 못했다. 나는 "이 회의는 의견을 제시하고 논의하여 결정하는 자리이지 대안도 제시하지 못하면서 남의 의견을 무조건 반대하면 회의의 방해꾼이라는 사실도 모르느냐"며 언성을 높였다. "모두들 안 된다고 하는데 왜 안 되느냐, 굴진계장은 3교대를 관리해도 잘되지 않느냐"며 추궁하듯 말했다. "채탄계장도 방별로 작업자 인사권을 행사하되 책임구역의 안전과 생산공정을 관리하는 제도를 바꾸어야 한다"고 거듭 주장하니 반론이 없었다. 그날 나의 주장은 결론을 내지 못하고 다음 회의에서 논의하기로 하고 끝났다.

그날 이후 나는 계장들의 수준을 파악하고 다른 소속에서 승진되어 온 풋내기 계장이라는 티를 벗고 내 주장을 소신껏 주장하며 당당하게 근무했다.

막장에는 탄이 많은데 생산책임량을 달성하지 못하고 있었다. 회의가 또 소집되었다. 갱장의 추궁이 시작되었다. 지난번 회의 때와 같이 또 계장별로 추궁하였으나 꾸중만 듣는 회의였다. 나는 이러한 회의는 아무리 해도 소용이 없다고 판단하고 지난번 경험으로 관망했다. 내 차례가 되어도 발언하지 않으니 갱장이 독촉했다. 모두들 나에게 시선을 집중하고 있었으나 의도적으로 말하지 않았다.

그러자 갱장이 더 큰소리로 독촉했다. 할 말을 다 해도 되느냐고 하니 하라고 하셨다. "철암갱은 매장량과 확보광량도 많고 자재와 인력도 충분하다. 그런데 책임량을 달성하지 못하는 이유는 생산관리를 하는 수단이 부족한 데 있다고 생각한다. 막장을 관리하는 체계가 비효율적이다. 채탄계장 6명이 각기 담당구역의 생산을 관리하고 책임지는 제도로 개선해야 된다고 생각한다. 오늘 같은 회의도 생산이 부진한 구역의 책임 계장만 나와서 갱장님과 면담하면 되지 단체로 불려나와 추궁 받는 것은 비생산적이다. 능력이 없으면 적임자로 교체해야 된다고 생각한다. 생산과 보안관리를 3교대 계장의 공동관리로 하고 있어 생산부진과 재해 발생시에 책임

문제가 명확하지 않다. 계장에게 책임을 부여하고 실적을 평가해야 된다고 생각한다"고 말했다.

이번에는 아무도 반대하지 않았다. 갱장이 여러분 생각은 어떠냐고 물었다. 모두들 침묵했다. 갱장이 거듭 의견을 물었으나 대답이 없음으로 반론이 없으면 동의하는 것으로 하겠다며 구역별 책임계장제로 한다고 선언했다. 갱장은 점심을 시키고 회의는 계속되었다. 나는 금천갱에서 내 주도로 능률 기록을 달성했던 경험으로 채탄계장의 업무를 구역담당제로 강력히 주장했고, 그 이후 전 광업소가 채탄계장 담당구역제로 바꾸는 계기가되었다.

계장별로 담당구역을 정하는데 작업조건이 좋은 구역을 서로 담당하려했고, 저능률 개소는 내게 맡겨졌다. 나는 속으로 오히려 좋은 기회라고 생각하고 저능률 구역을 내가 맡을 테니 반장만은 내가 원하는 사람으로 달라고 요구하자 모두들 반대했다. 그들은 철암갱에서 일을 잘한다는 반장을 먼저 선발했고, 작업구역도 가장 좋은 곳을 선택했다. "이건 너무 불공평하지 않느냐 내게 맡겨진 구역과 당신들이 선택한 구역을 바꾸자, 그러면 반장은 누구라도 좋다"고 하니 서로 수군거리더니 반장 선택권을 주겠다고 했다. 나는 홍순명·김상익·김병순을 반장으로 선정했다. 이렇게 채탄계장 구역책임제가 결정되었다.

내 담당구역은 탄층의 경사는 수직이고 탄폭은 3미터 내외의 괴질이며, 채탄능률은 2톤 미만으로 철암갱에서 가장 저능률인 개소였다. 그러나 괴질 채탄은 금천갱에서 했기 때문에 자신이 있었다.

작업조별 일도급을 3교대 월도급으로 바꾸고, 채준 막장을 지주시공 위주의 작업을 막장 진행 위주로 하고 매 교대마다 착암기로 빗드 끝까지 천공하여 1막장에 두 사람이 두 발파에 지주 2틀을 규격대로 시공하였다. 특히 괴질탄이 유탄되며 철판이 연통같이 오그라진 것을 작업 착수 전에 오전 오후 하루 두 번씩 전 작업원이 펴도록 했다. 붕락작업은 종전에 붙이기 공 발파의 진동으로 붕락을 유도했으나 수직천공기인 스토파로 이스테이션 롯드를 이어가며 천공해 장공 발파를 했다. 천공·장약 발파작업을 매 방 단위 작업에서 3교대 협동작업의 장점을 살려 천공계획대로 천공하다가 시간 내에 마치지 못하면 다음 교대가 인계하여 계속 이어서 천공·발파하는 방법으로 개선시켰다. 이렇게 하자 채준작업 진행과 붕락작업 퇴각공정이 유지되며 안정된 생산으로 채굴량이 종전보다 3배 이상 증산되었다. 능률은 6톤 이상 유지되어 작업자의 노임이 크게 향상되어 모두들 좋아했다.

연층에 첸 컨베이어 운반 중간편 위경사승붕락채탄법은 1967년 철암갱 최인재 갱장이 525와 450의 편간 수직 75미터의 중간 35미터 지점인 418에 중간편(S.L)을 개설하여 연층은 첸 컨베이어로 운탄하고 23도의 채탄승을 위경사로 90미터 내외 진행하여 목표지점부터 붕락시키는 방법이다.

생산된 탄은 수직 35미터 슈트로 하부편으로 내렸다. 종래 위경사승붕락채탄법의 편간 높이 75미터를 줄이고자 시도한 최초의 채탄법 개선이다. 나는 이 구역의 담당계장으로 배치되었다. 중간편의 운반은 홉바 입구에서 암석 구간은 플레이트 첸 컨베이어로 운반하고, 연층은 첸 컨베이어로 운반했다. 플레이트 첸 컨베이어의 탄은 하부편과 관통된 수직 35미터의 홉바에 들어가 375에서 3톤 광차로 적재하여 운반된다.

어느 날 유한규 생산차장이 순회를 와서 첸 컨베이어와 연층 갱도 관리가 잘되었다고 칭찬하였다. 나는 플레이트 첸 컨베이어는 상하좌우로 가변(플랙서블)이 되어 좋으나 몸체가 커서 소형으로 경량화하면 좋을 것 같고, 연층에 설치하여 사용하는 첸 컨베이어도 가변이 되도록 개선하면 좋겠다고 건의하니 좋은 생각이라며 그렇게 주문 제작해 보자고 했다. 그 외에도 위경사승붕락채탄법에 대한 의견을 나누었다.

막힌 홉바를 뚫으려다 당한 위기 병반에 출근하니 앞교대 반장으로부터 홉바가 막혔다고 했다. 나는 담당 김 반장에게 복구할 인력을 배치하고 직접 입회해서 지휘하라고 지시하니 못하겠다며 거부했다. 나와 함께 현장에 가서 같이 해보자고 했으나 고성으로 항의하며 또 거부했다. 몇 번을 지시해도 거부하기 때문에 포기하고 기능공 윤일중 씨를 배치하고 유탄 작업자들을 홉바 상하부에 배치했다.

하부에 축전차와 광차를 대기시키고 윤일중 씨와 보조공 한 명과 같이 현장에 도착하여 보니 통행로 위에 폐갱목과 대괴의 탄이 막혀 있고, 홉바를 두들겨 보니 같은 지점이 막힌 것으로 확인되었다. 통행로 위쪽 천반에 붕괴 제한장치를 견고하게 시공하고 보조공은 내려 보내고 작업대 바닥도 자유롭게 활동하도록 조치했다. 그리고 홉바 문을 열어 보니 홉바 안에 낙하되는 탄의 속도를 조절하는 장치에 나무토막이 걸려서 막혔고, 그 위로 탄이 실려 있었다.

윤일중 씨가 곡괭이로 홉바 내부에 걸린 나무토막을 건드리자 나무토막이 빠지면서 개방한 문으로 탄이 작업대 위로 쏟아지며 쌓여서 피하라고 소리치며 우리가 홉바 문보다 높은 곳으로 올라서자 탄 빠지는 소리가 그쳤다. 순식간에 일어난 사태였다.

홉바 속을 들여다보니 얼굴에 바람이 스치기에 관통되었구나 하며 안도했다. 작업대 위의 탄을 홉바에 끌어넣고 하부로 내려가니 대기한 3톤 공차들이 쏟아지는 탄의 압력을 견디지 못하고 넘어져 있었다. 유탄 작업자들에게 갱도 선로 위에 쌓인 탄을 적재하여 광차 운행에 지장이 없도록 하고, 홉바 문을 닫아서 위에서 내려오는 탄을 받으라고 지시했다. 이날은 밤새 막힌 홉바를 뚫느라 한 교대 작업을 망쳤다.

담당 김 반장은 퇴근하지 않고 있었다. 출근한 갱장에게 홉바가 막혀 복구한 경위와 반장의 항명 사실을 보고하였으나 수고했다는 말도 없고 반장의 항명건에도 아무런 반응이 없었다. 이상했다. 생명을 걸고 밤새워 복구작업을 했는데 수고했다는 말 한마디 없어 눈물이 핑 돌았다. 그 서운함을 잊을 수 없었는데 오랜 세월이 지나 바래졌다.

역순채탄 지시에 반대 역순채탄이란 채굴 계획대로 목표지점까지 진행하여 순서대로 퇴각하며 채굴하지 않고 도중에서 채굴하는 것이다. '가불채탄'이라고 한다. '도탄'이란 탄중 갱도의 천반이나 측벽을 몰래 허물어 붕괴시켜 채탄하고 가려놓는 행위다. 도탄과 역순채탄은 범죄 행위다.

어느 날 갱장이 내 담당구역의 도면을 펴놓고 목표지점을 향하여 진행하는 채탄 막장을 가리키며 이 개소를 붕락채탄하고 남은 구간은 다음에 진행하면 되지 않느냐고 했다. 나는 역순채탄을 하자는 말이냐며 반대했다. 갱장은 담당부갱장을 불러서 내게 했던 말을 하며 의견을 물으니 부갱장은 그렇게 해도 된다고 했다. 나는 "무슨 말이냐 어떻게 역순채탄을 해도 된다고 하느냐"며 반대했다. 갱장은 그렇게 하라고 지시했다.

"나는 이 구역의 담당계장으로 역순채탄 작업을 지시할 수 없다. 꼭 그렇게 하려면 나를 구역담당 계장직에서 해임하라" 하고 물러나왔다. 결국 계장직에서 해임도 시키지 않았고 역순채탄도 하지 않았다. 역순채탄을 했다는 갱장과 부갱장의 불명예를 막아 주긴 했으나 부갱장이 역순채탄에 동조한 사실은 채광기술자의 범죄로 개탄하지 않을 수 없었다.

대형사고 3건 탄광은 산을 파고 들어가서 그 밑에서 석탄을 생산하느라 많은 작업자들이 매일같이 지축을 흔들며 위험한 작업을 하는 곳이다. 장성광업소에서는 매년 단오날 안전을 기원하는 산신 제사를 올리고 같은 날 장명사에서는 순직자 위령제도 지낸다. 또 각 갱과 소속 대항 체육대회를 개최하여 종사자들의 사기를 진작시킨다.

생산을 관장하는 갱장이 부임하면 택일하여 산신 제사를 지낸다. 근동에 거주하는 어른이 제문을 준비해 와서 고축한다. 참석자는 계장급 이상으로 목욕재개하고 정결한 마음으로 참여하여 산신 신위 앞에 차려놓은 상위의 돼지머리 콧구멍에 지폐를 꽂아 놓고 엎드려 재배한다.

갱장이 금천갱장에서 철암갱으로 새로 와서 산신 제사를 지냈다. 사고는 정도에 따라서 사망·중상·경상으로 분류하며, 경상 사고는 일반사고라 하고, 동시에 2명 이상의 부상자가 발생하면 중대사고라 하고, 2명 이상 동시에 사망하는 사고가 발생하면 대형사고라 한다. 대형사고는 많은 사람이 작업하는 장소에서 발생한다.

발생한 사고의 원인별로는 낙반붕락·출수·가스·화재·화약·인차·운반 등이며, 낙반붕락·출수사고는 위경사승붕락채탄법에서 피할 수 없는 사고다. 그 원인은 낙반과 붕락이 될 물체 밑에서 작업하기 때문에 불가피하며, 출수사고는 상부에 채굴한 공간에 지표수가 차서 물탱크가 형성되어 있는데 그 밑을 붕괴하며 채굴하기 때문에 발생되는 인재며, 가스사고는 채굴 막장의 돌출과 고갱도의 가스가 원인이다. 근본적인 예방대책이 없고, 피해를 최소화시키는 소극적인 방법뿐이다.

채탄승 분기점 붕락 산신 제사를 지내고 난 뒤인 1966년 11월 4일, 채탄승 갱도 도중 붕괴로 두 사람이 매몰·순직하는 대형사고가 발생했다. 누군가는 산신이 노했다고 했고, 제사에 참석한 사람 중에 부정한 사람이 있어서 그랬다고도 했다. 사고는 채탄승의 삼각분기점을 보수하다가 기보수한 지주가 도괴되어 매몰·순직한 사고다. 채탄승의 삼각분기점은 붕락사고가 빈번히 발생하는 곳으로, 평상시 특별히 관리해야 하는 지점이다. 채탄승 보수는 기시공한 지주가 중압으로 규격이 변형된 것을 정상 규격으로 시공하는 위험작업으로 우수한 기능공을 배치한다. 기성 지주가 중압으로 변형되면 이를 보수한 지주가 더 위험하다. 그 이유는 보수작업을 하며 천반 위가 붕괴되어 형성된 공동이 성목에 가려 있어 이를 확인할 수 없고, 계속되는 보수작업으로 공동이 확대되어 예고없이 붕락되기 때문이다. 그리고 보수작업을 한 각 지주를 탄중갱도의 바닥보다 깊게 근굴하지 않아 지주가 도괴되는 경우가 많다. 이러한 붕락사고는 담당관리자와 작업자가 조금만 소홀히 관리하면 발생한다.

굴진 막장 낙반사고 채탄승 붕락사고가 발생하고 2주일 정도 지나서 1967년 11월 17일, 굴진에서 대낙반으로 세 사람이 순직하는 대형사고가 발생했다. 권입 복선에서 충전실을 설치할 입구를 또 복선으로 굴착하다 4복선 분기점이 낙반되어 작업자들이 암석 밑에 깔렸다. 낙반된 암석이 커서 막장의 작업도구로는 수습할 수 없어 발파를 해야 된다고 보고되었다. 구조작업을 지켜보던 생산 부소장과 갱장이 협의하여 철암파출소에 연락하여 장성경찰서에서 춘천지방검찰청 강릉지청 검사의 지휘를 받아 낙반된 암석 밑에 있는 순직자들을 그대로 두고 발파했다.

사고발생의 원인은 굴진 막장에 지주를 시공하지 않고 그 밑에서 작업을 금지하는 기본적인 수칙을 지키지 않았고, 분기점을 개설할 때는 처음에 소규격으로 굴진하여 점차 확대해야 하는 순서를 무시하고 작업 지시를 한 담당계장의 과실로 인한 인재였다. 안타깝고 어이없는 사고였다. 나중에 보니 암석 절리가 육안으로 판별할 수 없는 마늘(추형) 모양이었다.

채탄승 출수사고 1969년 4월 21일, 철암갱에서 채탄승에서 출수로 6명이 사망하는 대형사고가 발생했다. 운반갱도에서 암석승으로 23도의 경사로 올려 착탄시켜 탄중 승으로 23도의 경사로 목표지점까지 진행한 뒤 퇴각하며 붕락채탄을 하던 작업장이다. 당일 작업자는 8명이었고, 2명은 승 입구 부근에서 광차에 석탄을 적재하고 있다가 피해를 면했다.

출수사고는 상부 고갱도에 고여 있던 갱내수가 직하부에서 채굴하면서 붕괴되어 쏟아지며 지주를 도괴시키고 쓸려 내려온 탄이 작업자들을 덮쳐서 발생하는 사고다. 작업자의 생존은 기대할 수 없었고, 출수사고는 1차에 이어 2-3차 출수되는 사례로 구조작업은 진척이 어렵다. 내가 도착했을 때 구조작업자들은 시신 한 구도 찾지 못한 상태였고, 2차 출수로 구조작업자의 사기가 위축되어 현장에 접근도 하지 못하고 있었다. 담당계장과 부갱장은 보이지도 않았고 구조작업 지휘자도 없었다. 쓸려 내려와 엉킨 나무토막을 철막대로 움직이자 고인 물이 내 얼굴로 쏟아져서 구조작업을 할 엄두가 나지 않았다. 구조작업을 지켜보고 있던 한진생 기획과장이 올라와서 내가 쥐고 작업하던 철봉으로 나무토막 하나를 움직이자 또다시 출수되어 물벼락을 맞았다.

구조작업자들이 접근을 꺼려 철암갱 작업자들로는 구조작업이 어렵다고 판단했다. 갱장을 찾아가니 이광모 소장과 갱장 두 분이 운반갱도 분기점에 있었다. 나는 소장에게 인사하고 갱장에게 "지금 구조작업자들이 작업 중 출수로 물벼락을 맞고 정신적으로 위축되어 작업이 진척되지 않고 있다. 안전감독실의 구조대원 김영택 씨의 지원을 받자"고 건의했다. 갱장이 큰소리로 "김 계장, 그게 무슨 말인가? 정신이 있나 없나, 철암갱이 제일 큰 갱인데 우리 갱에서 구조작업할 기능공이 없단 말이냐"며 화를 내며 꾸짖었다.

나는 이 구조작업 현장에서 출수에 한번 놀란 사람은 다시 접근할 용기가 없어 작업은 진척되지 않고 시간만 지체되고 있으니 그 방법밖에 대책이 없다고 거듭 건의했다. 옆에 있던 소장이 갱장에게 계장 말이 옳은 것 같으니 안전감독실 구조대원을 지원받으라고 했다. 갱장은 그래도 확답하지 않았다. 나는 안전감독실에 연락하여 소장님의 지시다, 구조대 김영택 씨와 보조자를 보내라고 했다. 통신반에 연락하여 사고현장으로 전화기를 이설시키고 구조대원이 신속히 도착할 수 있도록 운반계통 종사자들에게 대기하라고 지시했다.

드디어 구조대원들이 도착했다. 구조대원들에게 사고현장을 자세히 설명하고 2차 출수에 대비하여 임시대피소를 설치하라고 지시했다. 그리고 출수가 계속되고 있으나 출수량은 적을 것 같고 부분적으로 고인 물이라고 일러주고 투입시켰다. 나는 후방에서 구조작업을 지켜보며 지휘했다.

구조대가 불과 30분도 지나지 않아서 시신 1구를 구조하였다. 연이어 순직자 5명이 쓸려 내려와서 엉킨 갱목과 탄 사이에 끼어 순직한 출수사고의 참혹한 상황을 목격했다.

이러한 출수사고는 위경사승붕락채탄법상 저수지를 위에 만들어 놓고 그 밑바닥의 석탄을 채굴하는 사람 잡는 채탄법이다. 이러한 채탄법을 반복하고 있으니 채광기술자가 얼마나 무능하며 한심한 수준인가 생각하니 부끄러웠다. 잘살아 보겠다고 탄광을 찾아와서 관리자의 지시에 따르다 사망하는 것이 광부들의 운명인 것 같았다.

2. 채탄법 개선계장

중단 위경사승 붕락채탄 채탄법 개선계장은 개광 이래 없던 직책이다. 중단 신채탄법은 1969년 송재규 갱장이 편간 수직 높이 75미터를 하부편에서 상부편으로 상반에서 38도 경사로 암석승 120미터 내외로 진행하여 상부편과 관통시키고 수직 25미터마다 중단을 개설하여 연층에 첸 컨베이어로 운탄하며 채탄승을 23도의 경사로 진행하여 붕락시키는 채탄법이다. 이때 암석승 슈트에 쌓인 탄 위로 굴러오는 탄에 지주 관목이 도괴되고, 암석승에 장비와 자재를 인력으로 운반하는 일이 큰 문제가 되었다.

갱장이 강원탄광에서는 암석승 운반을 어떻게 하는지 현장을 보고 오라고 지시했다. 이 광산에서는 수평 분층(톱 슬라이싱) 채탄법으로 막장에서는 채굴된 공간의 바닥에 철망을 깔아서 하단을 채굴할 때 천반이 되게 하고 막장 탄을 소형 첸 컨베이어로 운반하고 있었다. 암석승에 자재와 장비 운반은 모노레일을 사용했고, 채굴된 탄은 원통형 철관으로 유탄시키고 있었다. 시설은 광산의 자체 제작소에서 만들어 공급하고 있었다.

38도 암석승에 모노레일 운반 현장을 다녀온 결과를 갱장에게 보고하고 갱 자체로 38도의 암석승에 모노레일은 H형강으로 제작하고, 슈트는 풍관용으로 도입된 원통형 철관으로 제작하기로 했다. 정철진 배관반장과 논의하여 용접절단 기능공들을 연장작업을 시켜 모노레일을 제작하여 사용했다.

용접 부위 탈락과 연결지점의 마찰 등으로 사소한 지장이 빈번하였으나 독려하여 작업을 진행했다. 장성광업소에서 최초로 모노레일 운반과 원통형 슈트로 유탄을 했다.

장벽 채탄용 철재 지주 창안 붕락채탄법에서 발생하는 붕락과 출수 및 가스사고와 채수율과 탄질 저하 등의 근본원인을 개선하고자 장벽식 채탄을 계획하고 막장 면을 넓히고자 H형강으로 십자형 가축지주를 창안하여 20틀을 제작하여 시도했다. 십자형 가축지주로 하반에서 상반까지 수평으로 일차 장벽으로 진행하고 채굴된 공간을 유지하며 갱도의 바닥을 하향으로 채굴하는 방법이다.

변형되는 지주를 보강하는 방법으로 지주 간에 연결장치를 앞뒤 좌우로 고정시키고 채굴된 탄은 첸 컨베이어로 운반하는 방법으로 계획하고 십자형 가축지주 모형을 만들어 제안 신청하였다.

한진생 기획과장에게 제안 내용을 설명하고 가축지주 20틀 제작 예산을 받아 김진한 탄차반장이 제작 지휘하고 내가 입회하여 당일에 제작을 완료하였다. 이렇게 제작한 십자형 가축지주를 막장에 시공하여 지주에 걸리는 하중과 문제점을 살폈다. 지주 시공과 관리가 용이하여 장벽식 채탄의 가능성을 확인했다.

3. 굴진계장

광량 부족의 근원 해결 철암갱은 장성광업소에서 생산 규모가 가장 큰 갱이나 확보광량이 부족하여 지속적인 생산을 하지 못할 상황에 보직되었다. 굴진이 부진한 원인을 굴진계장 회의에서 소장에게 건의하여 해결했다.

굴진작업은 종래 5개소에서 한 개소마다 4명씩 3교대로 도합 60명이 개소당 월 40미터, 갱 전체 200미터 내외를 진행하고 있었다. 굴진 실적이 부진한 이유는 굴진 막장에 경석을 적재할 공차를 적기에 넣어 주고 적재한 경석 차를 끌어내어야 하는데, 경석 처리용 광차를 입환하는 축전차 운전공의 작도 권한을 채탄반장과 계장이 가지고 있어 그 전횡을 막을 수 없기 때문이다. 측벽에 잔경은 쌓이고 배수구는 아예 없고 선로 위로 갱내수가 넘쳐 흐르고 있었다.

나는 송재규 갱장에게 굴진 전용 축전차를 증차해 달라고 건의해도 간부회의에서 생산 규모로 보아 증차할 수 없다고 했다. 확보광량 부족으로 지속적인 생산에 심각한 문제가 대두되고 있었다. 마침 굴진계장 회의를 한다는 연락이 왔다. 갱장에게 이번 회의에 가면 축전차 증차와 고속도 굴진을 건의하겠다고 하니 한번 해보라고 했다.

회의는 황민성 소장 주재로 말굽형 탁자의 중앙에 소장이 앉고, 우측에는 공무 부소장과 기계·전기과장, 좌측에 생산 부소장과 굴진계장들이 갱의 서열대로 앉았다.

소장이 굴진 실적이 부진한 이유를 추궁하며 그 이유를 말하라고 했다. 앉은 순서대로 나를 지목하며 철암갱 굴진계장부터 이유를 말라고 했다.

나는 서슴없이 "전용 축전차가 없어서 굴진이 안 되고 있다. 지금 전기과에 도입되어 충전을 마치고 대기하고 있는 축전차가 있는데 철암갱에 배차해 주면 광량을 확보하고 반납하겠으니 조치해 달라"고 했다. 그러나 생산 부소장이 현재 보유하고 있는 축전차 대수로도 충분하다며 반대했다. 나는 축전차를 증차해 주지 않으면 광량을 확보할 방법이 없다고 했다. 소장이 전기과장에게 축전차가 있느냐고 물었다. 전기과장은 생산 부소장의 눈치를 살피며 대답을 하지 못했다. 나는 지금 충전반에 전화로 확인하면 당장 알 수 있다고 앞질러 말했다. 소장이 당장 오늘 배차해 주라고 지시했다.

나는 또 "현재 3교대 작업으로는 광량 확보에 시간이 걸려 공정차질이 불가피하다. 응급처방으로 광량이 확보될 때까지 4교대로 고속 굴진을 해야 한다. 압축공기를 24시간 가동시켜 주고 4교대 작업자의 통근차를 배차해 달라"고 건의하니 소장은 기계과장에게 압축공기 가동이 가능하냐고 물었다. 기계과장이 가능하다고 대답했다. 그러면 철암갱 굴진계장 요구대로 압축공기를 공급하고 통근차는 조치하겠다고 했다.

소장은 언제부터 굴진이 정상으로 되느냐고 물었다. 나는 내일까지 준비해서 정상으로 하겠다고 했다.

표준시공 완전굴진 실행 갱장에게 회의 결과를 보고하고, 배관반장 정철진, 기능공 권태호·김창동과 논의하여 굴진 전용 독립 배관을 준비시킨 다음, 고속도 굴진 작업조 편성을 3개소에 4명씩 4교대에 48명과 축전차 운전공 4명, 자재운반과 배수구 매설 전담자 3명 합계 55명이 표준시공 완전굴진으로 개소당 월간 100미터, 갱 전체 300미터 목표로 출발했다. 자재

담당 정성교 씨의 협조로 예비 착암기와 빗드를 확보하여 막장에 비축하며 작업하도록 지원하고, 자재운반과 배수구 홈통매설 전담자로 금석만·백동춘·구종한 씨를 배치하여 갱목과 철재 지주를 적기에 공급하여 비축 사용하도록 했다.

종래 굴진 막장의 지주와 레일 사이에 쌓였던 잔경은 침목이 드러나도록 깨끗이 처리되고, 갱도 바닥에 넘쳐 흐르던 갱내수는 배수 홈통으로 흘러갔다. 지주는 일정한 거리로 벽막이를 직선으로 완전 시공하여 갱도는 규격 시공으로 새 모습으로 바뀌어 갔다. 매 교대에 1.5회씩 발파하여 막장당 평균 120미터씩 종전의 3배로 진행되었다.

굴진 실적은 능률로 이어져 첫 달에 작업자의 노임이 배로 많아졌고, 갱장 월급보다도 많았으며, 그 다음 달은 더 많았다. 나는 작업자들을 교대 시간에 면담하여 노임 현황을 알려주며 노임이 나보다 많은 것은 좋으나 갱장보다 많아 내 입장이 조금 불편하니 작업한 실적을 일부 유보해 두었다가 작업이 부진할 때 주겠으니 양해하라고 하니 좋다고 했다. 이렇게 단기간에 광량을 확보하고 노임을 향상시켰다.

바로 다음 날 갱장이 굴진이 규격대로 잘 진행되고 광량도 확보되어 수고가 많다고 하며 배수구 매설하는 사람들의 노임이 너무 많다고 했다. 나는 배수구 매설이 도급단가가 따로 정해져서 실적대로 지급했다. 다음 달부터는 갱장보다 노임이 높지 않도록 작업 실적을 조정하겠다고 하니 갱장은 크게 웃으며 알았다고 했다.

굴진의 기본 3대요소인 규격·중심·구배가 표준시공 완전굴진으로 진행했다. 금천사갱 굴진에서 동양기록 갱신에 참여했던 경험에 배수구 매설과 자재운반을 분리시키고 일한 만큼 받는다는 신뢰가 작업자들의 사기진작으로 이어진 결과였다.

송재규 갱장이 상반 갱도에서 38도의 암석승을 개설하여 중단채탄을 할 때 한 달에 38도 암석승 120미터를 상부와 관통시키고 수직 25미터마다 중단을 개설하여 좌우로 연층 막장을 전개하니 광량이 넉넉하게 확보되었다. '표준시공 완전굴진'은 내가 명명한 용어다.

구조장구 개발 채탄승 도중 붕락사고가 발생하면 막장에 매몰자의 생존 여부와 붕락 범위를 파악하는 통신수단이 필요했다. 그리고 당시 1톤 탄차를 3톤 차로 교체하는 과정에서 종래 부설된 20kg/m 레일을 24kg/m로 교체하지 못하여 탈선사고가 빈번히 발생되어 운반에 지장을 받고, 탈선된 광차를 복구하는 장치가 필요하여 개발을 시도했다.

정철진 배관반장과 박윤훈 보선반장의 아이디어를 참고하여 수정을 거쳐 완성품을 각 방의 취업회에 나가서 전 작업자들에게 실물을 보이고 사용방법을 설명하고 보완할 의견을 종합하여 두 숙원사업을 완성했다.

붕락 개소 통신장구 개발 구조용 통신장치는 파이프를 3단계로 선단에 25m/m 중간에 37.5m/m 후단에 50m/m 순으로 조립하고 최선단에 목재 팽이를 꼽아서 붕락 구간을 통과시키고 붕락 구간에 따라서 신축하며 파이프의 후단을 타격하여 통화하는 방법이다.

탈선 복구기 개발 고품 레일을 활용하여 탈선된 차륜 밑에 넣고 끌어당기면 차륜이 괴조 위로 유도되어 복구되는 장치다. 광차의 탈선 복구용 이동 장치로 제품을 대량화하여 축전차마다 싣고 다니며 사용하여 시간을 단축시켰다. 그리고 분기점 등 주요한 위치마다 비치시켜 사용했다. 이 장치는 후로구 포인트와 같은 원리다.

상위 부갱장 보직 사양 굴진작업을 정상화시켜 안정된 근무를 하고 있을 때 상위의 심연준 부갱장이 함백광업소로 승진 전보되어 공석이 되었다. 이런 경우 굴진계장이 흠결이 없으면 부갱장에 보직된다. 나는 송재규 갱장에게 부갱장 보직을 원하지 않으니 나보다 호봉이 높은 채탄계장을 보직하라고 부탁했다. 갱장은 당신이 굴진계장으로 필요하니 굴진을 잘하라고 했다.

　그날 오후에 부갱장에 보직되었다는 연락을 받았다. 굴진계장 직책에 만족하고 갱장에게 부탁까지 했는데 반갑지 않았다. 당시 나인구 소장이 재임 중이였는데 부갱장을 보직할 때 갱장이 본인이 부갱장직을 원하지 않는다고 하니 소장이 "굴진계장으로 등용할 때 채탄계장 중에서 능력자로 보직하였고, 굴진 실적도 좋은데 그렇게 할 수 있느냐"며 발령했다고 들었다. 이 말은 최종대 선배가 소장과 사적인 대화를 나눌 때 상위 보직을 마다하는 사람이 김정동이라는 말을 전해 주어 알았다.

5. 부갱장 시절

1972년 11월 13일부터 1974년 6월 30일까지, 34세부터 36세까지 595일간 철암갱 부갱장으로 재직했다.

부갱장은 갱장을 보좌하는 직책으로 작업인원이 많고 생산 규모가 커서 상부와 하부로 나누어 관장했다. 나는 생산책임량이 많고 작업조건이 열악한 하부 구역인 300을 담당했다. 채탄계장 4명과 반장 18명 작업자는 700여 명으로 생산 규모는 일 2천 톤이다.

막장에 비상자재 비축 채탄승이 붕락되는 사고가 발생하지 않도록 하는 것이 최선의 방법이나 붕락된 갱도를 신속하게 복구하는 것도 차선의 방법이다. 붕락사고가 발생하는 원인은 탄층을 위에 두고 그 밑에서 채굴하는 위경사승붕락채탄법에서는 불가피하다. 붕괴사고가 발생되면 갱 외의 저목장으로 나가서 구조작업에 용이한 갱목을 운반해 오는데 2시간 이상 소요되어 구조작업은 그만큼 지연된다. 막장과 인접한 장소에 비상자재 비축이 절실하였으나 구조작업이 끝나고 나면 그냥 그대로 지내다가 또 사고가 발생하면 구조작업이 지연되는 일이 반복되고 있었다.

막장과 근접한 곳에 비상용 자재를 비축해 두고 사고가 발생하면 신속하게 사용하여 구조작업 시간을 단축시켰다. 비상자재 보관창고는 철재 지주로 시공하고 내부에는 비상목과 도구함을 보관하는 칸막이를 했다.

외부에는 파이프로 기둥을 세우고 폐 와이어 로프를 가로 걸쳐서 용접하여 외부에서 훤히 들여다볼 수 있게 했다. 철제문을 달고 잠금장치를 했다.

비축자재는 말구가 12센티미터 내외의 곧은 소나무 20본과 살장용 두께 3센티미터의 판장 성목 50장과 말구 5센티미터 내외의 통나무 30본과 성목을 밀어 박는데 쓰는 목재 망치에 손잡이로 꺾쇠를 박은 것 1개를 비축했다. 살장용 판장 50장은 참나무 잡목으로 20장을 포함시켰다. 잠금장치 열쇠는 각 방의 운탄반장이 인수인계하며 사용하도록 했고, 비상자재를 사용하였을 경우에는 이튿날 주간에 보충시켰다. 또한 갱도 붕락 구조작업에서 막장과 통화를 목적으로 개발한 구조 파이프와 들것도 창고에 비치시켰다. 개광 이래 최초의 시행이었다.

작업도구 보관함 설치 개인에게 지급하여 사용하는 작업도구를 막장에 도구함을 비치하여 휴대하고 다니는 불편과 보안상 불안을 개선했다. 갱 내 작업자의 개인별 작업도구는 기능공의 경우 톱과 도끼·곡괭이가 있고, 보조공의 경우는 삽이 있다. 이 도구를 막장에 보관하여 두고 사용하게 하고, 도구를 수선할 때 쓰는 줄을 반장단위로 지급하고 도끼를 연마하는 숫돌을 비치시켰다.

막장에서 수리할 수 없는 곡괭이는 종전과 같이 사용하게 했다. 도구함은 공 드럼통에 잠금장치를 하고 방별 표시하여 각 반장 단위로 지급하여 관리하도록 했다. 개광 이래 최초였다.

탄중 갱도 철재 지주 연층 채탄에 사용하는 갱목의 규격은 길이가 2.1미터인데 예고없이 공급이 중단되면 작업을 중단해야 하는 사태가 발생하였다. 탄중 갱도의 지주 재료는 채탄승에는 길이가 1.8미터이며 수평으로 진행하는 연층에는 2.1미터이다. 공급부서인 임무소에 알아보니 산원의 입목 사정상 벌채할 계획도 없고 언제쯤 공급될지 알 수 없다고 했다. 연층작업은 중단해야 했고, 작업자의 일자리가 없어지고 생산목표 달성에 차질이 생길 위기에 봉착하였다.

대책을 고심하던 중 갱외에 회수된 철재 지주 무더기에서 재활용할 규격을 살펴보다 가공하면 쓸만 했다. 궁하면 통한다 했든가 이렇게 갈급한 때에 나는 이것이다 판단하고 철재 지주로 대체해 보기로 결심하고 급히 인력을 동원하여 재활용할 철재 지주를 선별하여 벤딩반으로 보내고 자재계원에게 제작 규격을 주며 긴급히 30틀분을 제작하도록 했다. 이튿날부터 연층작업을 정상으로 할 수 있게 되어 안정된 생산 작업장이 되었다. 이 철재 지주 사용이 장성탄광 채탄 갱도에서 최초에 사용하는 계기가 되었다.

지난날 H형강으로 철재 지주를 제작하여 공급했을 때 기능공들이 톱과 도끼가 망가진다며 거세게 반발했으나 지금은 전 운반갱도와 시설 장비를 설치한 갱도가 철화(鐵化)되었다. 기존의 방법과 제도에 익숙한 인습과 습관을 개선하고 개혁하려면 저항하는 과도기가 있기 마련이다. 이 과도기를 단축하는 것이 관리자의 능력이며 수단이다. 굴진 막장에서 발파한 경석을 광차에 각삽으로 적재할 때 인력으로 암석 분진을 마시며 비지땀을 흘렸다. 기계적으로 적재하는 로커 쇼벨(rocker shovel)이 투입되었을 때 작업자들은 이 장비로는 굴진작업을 하지 못한다며 장비를 뒤로 빼놓고 종래와 같이 작업했다. 지금은 이것이 없으면 아예 작업을 하지 않는다.

개광된 이후 처음으로 연층에 철재 지주를 공급하면 똑같은 일이 벌어

막장에 비상용 자재와 구조장비를 보관하는 창고(위)를 만들고, 드럼통으로 만든 개인 휴대도구 보관함(아래)을 갱내에 설치했다.

질 것을 우려하여 이 개소의 3교대 작업자들을 출근시간에 면담하여 산원의 입목 사정과 지난날 철재 지주를 최초로 도입하던 때와 굴진 막장에서 로커 쇼벨을 사용하지 못한다며 빼놓고 작업하던 이야기를 하며 철재 지주 시공 요령을 설명하며 차츰차츰 이 방법에 적응해 보자고 하니 갱목 사정이 그렇다면 시공해 보겠다고 하여 정말 고마웠다. 나는 "여러분에게 작업장을 마련하고 자재와 공구 등 불편이 없도록 하겠으니 그 대가를 당당하게 받으라"고 했다. 이렇게 평상시 대화로 다져온 결과는 철재 지주 시공이라는 변화에 적응해 준 것은 신뢰의 힘이라 믿는다.

회식장 소동 석탄 생산목표는 정부의 에너지 정책으로 정해진다. 정부관리 기업체인 대한석탄공사는 생산목표량을 각 광업소로 분담하고 광업소에서는 다시 각 갱으로, 각 갱에서는 각 직급별로 반장까지 분담한다. 생산목표 달성을 독려하고 종사자들을 위로하고자 대통령과 내각 수반들이 산탄지를 방문한다. 본사에서도 사장이 분기에 한 번 임원들을 대동하고 생산현장의 막장까지 찾아와서 작업자들의 수고를 위로하며 고충도 청취한다. 그리고 우수한 작업자와 그 가족들을 객실에 초청하여 식사 대접을 하며 위로하고 고충을 듣는다. 초청 대상자는 우수 기능공과 그 가족 또는 반장이다.

18대 김덕엽 사장 때 부갱장을 초청하여 나도 참석하게 되었다. 객실의 넓은 방에 두 줄로 길게 식탁이 놓여 있고, 마주보고 앉아서 식사하도록 상이 차려져 있었다. 본사에서 수행해서 온 임원과 광업소의 전 간부와 부갱장들이 참석한 자리였다. 출입문 쪽 벽을 등지고 사장이 앉고 나는 사장과 한 식탁에서 마주보고 앉았다. 부갱장들에게 각자 자기 소개를 하라고 했다. 사장이 나에게 "부갱장은 무슨 일을 하느냐?"고 물었다. 나는 "갱장을 보좌하여 생산목표를 달성하는 직책에 있으며, 철암갱의 하부 부갱장"이라고 말씀드렸다. 사장이 다시 "하부 부갱장은 뭘 하느냐?"고 물었다. 나는 "철암갱은 생산 규모가 커서 상부와 하부로 나누어 부갱장이 두 사람씩 있습니다"라고 말씀드렸다. 사장이 또 "생산량이 얼마냐?"고 물었다. 나는 "한 달에 3만 톤 이상 생산합니다. 이 양은 함백광업소의 한 달 생산량보다도 많은 양입니다"라고 보고했다. 사장이 놀라는 표정으로 큰소리로 "니 머라고 말 하노, 니가 부갱장인데 함백광업소보다 탄을 더 많이 생산한다고 말하노?"라고 말하자 내 왼편 식탁에 있던 한진생 소장이 사실이라고 거들자 사장이 그러면 "니 몇 급 이노?" 하고 물었다. 나는 3급이라고 하니 "뭐라고 3급이라니 이 사람을 당장 함백 소장과 같은 1급으로 진급시키라"고 지시했다.

그때 본사 생산부장이 일어나 큰소리로 소장을 향하여 손가락질을 하며 달려오며 당신이 부갱장을 시켜서 이런 말이 나오게 했냐며 삿대질을 했다. 소장은 누가 시켰단 말이냐, 사장과 부갱장의 대화 중에 나온 말이 아니냐, 그리고 사실이 아니냐며 응수했다. 그때 사장이 큰소리로 조용히 하라고 하여 장내가 잠잠해졌다.

이날 나는 알기 쉽게 내 책임량을 말했는데 소란의 발단이 되어 무척 당황했다. 이 사건 이후에 장성광업소 소장을 이사급으로, 갱장을 1급으로, 부갱장을 2급으로 한다는 얘기가 한동안 돌았으나 시행되지는 않았다. 김덕엽 사장의 합리적이고 능률적인 직무급제 시행의 의지를 엿볼 수 있는 에피소드다.

부당한 추궁과 책임자 조치 철암갱은 인력이 부족하여 석탄생산 책임량을 달성하지 못해서 어려움을 겪고 있었다. 석탄생산목표를 달성하는 조건은 굴진작업을 선행하여 광량을 충분히 확보하고 생산할 탄중 갱도를 넉넉히 유지하며 채탄 준비와 붕락공정을 맞추어야 하며 필요한 자재와 인력이 투입되어야 한다. 아무리 확보광량이 많아도 인력이 부족하면 공정 차질로 생산계획량을 달성할 수 없다. 인력은 노무과에서 채용하여 배치한다. 인력 부족으로 책임량을 달성하지 못하여 김형도 갱장에게 매주 두 번씩 개최되는 간부회의와 갱장회의 때 건의했으나 인력은 충원되지 않았다. 어느 날 퇴근시간이 임박하여 갱장이 부갱장 두 사람과 같이 소장의 호출이라며 장성으로 가자고 했다. 상부 부갱장과 같이 인차를 타고 장성에 가서 후문에 내려서 객실까지 걸어갔다.

객실 문 앞에서 갱장이 앞서고 뒤따라 들어가니 소파가 ㄷ자 형으로 배치되어 있는데 중앙에 소장이 앉고 좌우에 생산사무 두 부소장이 앉았고, 그 앞으로 좌우의 벽을 등지고 간부들이 마주보고 소파에 쭉 앉아 있었다. 객실에서 저녁식사를 하는 간부들인 듯 했는데 빈 의자는 없었다. 갱장과 우리 두 부갱장은 들어간 출입문을 등지고 소장을 정면으로 보며 엉거주춤한 자세로 바닥에 앉았다. 하늘같이 높은 소장·부소장·간부 들 앞에 의자도 없이 맨바닥에서 앉아 심문을 받는 분위기였다.

소장이 느닷없이 생산을 왜 못 내느냐며 고함치며 삿대질을 하며 추궁했다. 모두들 고개를 푹 숙이고 듣고만 있었다. 생산을 왜 못 내는지 어디 말 좀 해보라고 큰소리로 독촉했지만 아무도 말을 못했다. 그런데 느닷없이 "하부 부갱장! 어디 말 좀 해보라"고 큰소리로 추궁했다.

갱장을 보좌하는 입장에서 내가 나설 자리가 아니라고 생각하고 대답하지 않았다. 소장은 더 열을 내며 왜 대답을 안 하느냐며 더 크게 고함쳤다. 그래도 나는 대답을 하지 않았다. 세 번째 또 소리치며 독촉했다. 이때 옆에 앉아 있던 갱장이 내 옆구리를 치며 대답하라는 신호를 했다. 고개를 들고 소장을 보며 "사실대로 말씀드려도 됩니까" 하고 물으니 "좋다 아무 말이든 하고 싶은 말 다 하라"고 했다.

"책임량을 달성하지 못해서 대단히 죄송합니다. 철암갱이 생산책임량을 내지 못하는 가장 큰 이유는 인력이 부족해서입니다. 몇 달 전부터 인력을 보충해 달라고 하였으나 한 사람도 배치되지 않았습니다. 석탄을 생산하는 기술이 있는 사람을 배치해 주든가 아니면 인력 공급을 해 주지 못한 사람에게 책임을 묻는 것이 순서라고 생각합니다. 인력이 부족하여 생산목표를 달성하지 못하는데 인력 공급의 책임자는 놔두고 갱에 책임을 추궁하는 것은 부당하다고 생각합니다. 그리고 관리자 교육을 받을 때 상급자는 자기보다 한 단계 아랫사람에게만 지시하라고 배웠는데 소장님 예하에는 생산 부소장, 갱장, 부갱장 이러한 순인데 부갱장을 왜 추궁하십니까? 갱장과 저의 두 부갱장이 무슨 죄인입니까? 죄인도 재판을 받을 때 의자에 앉혀 놓고 심문하는 데 생산목표 달성의 막중한 책임을 지고 있는 우리에게 여러 간부들 앞에 맨바닥에 앉혀 놓고 책임도 없는 사람을 추궁하면 생산이 됩니까? 또 철암에서 인차를 타고 장성까지 와서 후문에 내려 걸어서 객실까지 왔습니다. 이게 무슨 일선의 생산책임자에게 하는 배려입니까 저희가 비록 직급은 낮으나 이만한 노력을 하면 광산업계에서 더 좋은 대우를 받을 수 있습니다. 사표를 내라면 합당한 사유면 얼마든지 내겠습니다"하고 잠시 말을 멈추니 소장은 대답도 못하고 분위기는 반전되었다. 생산 부소장이 소장에게 그만 식사하자고 했다. 소장이 식당으로 가면서 들어오라고 해서 따라갔다.

식탁은 길게 놓여 있는데 소장이 상석인 중앙에 앉고 왼편에 나를 앉으라했다. 간부들은 좌우로 마주보고 앉았다. 식사하기 전에 소장이 스테인리스 밥그릇 뚜껑에 소주를 부어 주며 "부갱장! 니가 언제 객실에 와서 소장과 식사를 해본 일이 있느냐"며 으쓱했다. 나는 그만 속이 치밀어올라서 "왜 이러십니까. 사장님에게도 술과 식사대접을 받았습니다"라고 하니 "니가 언제 사장님하고 객실에서 술과 식사를 하였느냐?"고 했다. 나는 "여기 계시는 간부들에게 물어 보세요. 밥 한 끼가 그렇게 대단한 배려입니까?" 하고 술을 자작으로 두 잔을 더 마시고 나니 기분도 안정되어 밥한 그릇을 다 비우고 나왔다.

밖에 나오니 갱장이 속이 후련하다고 말했으나 나는 오늘 일은 누구에게도 도움이 되지 않으니 발설하지 말아달라고 하고 헤어졌다. 나는 생각했다. 오늘 내가 한 말은 갱장이 할 말이라는 것과 이 일로 내게 보복이 있을 것이라 생각했는데 예상한 대로 내가 함백광업소 방제갱장을 할 때 소장으로 부임해 와서 새마을사업 발표회 강평에서 공개적으로 수모를 주었다. 그 내용은 후술한다.

소별 생산경쟁과 함백광업소의 대형 운반사고 광업소 간에 생산목표 달성 경쟁이 시작되었다. 장성광업소에서는 매일 아침 7시와 오후 3시와 밤 11시에 출근시간을 알리는 시보방송을 했다. 아침과 오후 방송에는 어김없이 경쾌한 멜로디의 "새벽종이 울렸네. 새아침이 밝았네"로 시작하는 〈새마을 노래〉가 4절까지 방송되었고, 이어서 "착암기 잡은 손에 힘이 뻗친다"로 시작되는 사가가 3절까지 울려 퍼졌다. 그리고 소장의 육성 방송에

이어 소별 생산경쟁 순위가 방송되었다.

광업소 간의 생산경쟁은 광산 종사자와 광산촌 가족들까지 관심이 대단했고, 특히 1위와 2위의 순위가 바뀌거나 아슬아슬하게 경쟁을 하고 있을 때는 하던 일도 멈추고 귀기울여 들었다. 장성광업소의 순위 1위가 불안정하면 어젯밤에 철암갱에서 탄차가 탈선되어 복구하느라 운반 지장을 받아서 생산이 적게 나와서 그렇다거나 현장에서 일어난 생산 부진 사유까지 가족들이 알 정도였다.

작업장에서는 취업회에서 소별 순위를 알려주고 생산경쟁을 독려했고, 관리자들이 막장을 순회할 때 광업소 순위를 물을 정도였다. 정부관리 기업체인 대한석탄공사 산하 장성광업소는 우리나라의 탄광 중에서 생산 규모가 제일 큰 광산이며, 철암갱은 장성광업소에서 생산목표가 제일 많으며 내가 담당한 철암갱 하부의 책임량은 부갱장 중에서 제일 많았다.

내 책임은 막중했고, 광업소별 경쟁에서 내가 맡은 책임량의 달성은 승리의 관건이 되었다. 나는 취업회와 막장을 순회하며 철암갱 하부의 생산 실적이 광업소의 실적이라는 사실을 말하며 독려했다. 그리고 다른 갱에서 생산이 미달하면 그 부족한 량도 우리가 만회해 줘야 한다고 수량까지 일러주었다. 경쟁순위는 장성광업소와 함백광업소가 1, 2위를 아슬아슬하게 다투고 있었다.

광업소의 소식은 방송을 통하여 전달되지만 수도방송이라는 소식이 있다. 당시에는 각 세대별로 수도가 공급되지 않아서 공동수도를 사용하고 있었다. 화광동의 경우 1정목에서 9정목까지 있고 8정목의 경우 19동까지 있으며 한 동은 10세대 연립이다.

화광동 8정목 7동 7-8호의 10세대 연립 두 칸을 사용하는 집에서 잠시

하숙한 적이 있었다. 8정목에 공동수도는 4개 동에 한 곳씩 1호 쪽에 있는데 출근준비 시간에만 급수해 준다. 이 짧은 시간에 아낙들이 쏟아내는 소식을 수도방송이라 했는데 전달속도가 얼마나 빠른지 하루 사이에 온 광산촌으로 퍼지고 다른 탄광으로 전달되었다. 특히 간부들의 부정비리와 수탈과 갈취 스캔들에 대한 뉴스는 전달 속도가 더 빨랐다.

10호 쪽에는 차량이 통행할 수 있는 차도가 있고, 길 건너서 공동화장실이 4개 동에 한 동씩 있는데 소변 칸 하나와 대변 칸 두 개로 겨울에는 대변 칸이 얼어 넘쳐 사용하지 못할 정도로 매우 불결하고 불편했다.

강원도 태백의 장성동 사택은 해발 600미터의 고지대로 광부들의 가족들은 얼어붙은 낙동강에 나가서 얼음을 깨고 얼음구멍에 새까만 작업복을 맨손으로 손을 호호 불며 세탁하고 사택의 연탄불 위에 작업복을 널어서 건조한다. 이 비참한 생활은 혹사 중에 혹사다.

1974년 3월 12일 정규방송이 나오지 않아 어느 갱에서 순직사고가 난 듯했다. 그런데 생산경쟁에서 1–2위 다툼을 하던 함백광업소의 방제갱 사갱에서 탄차일주로 5명이 사망한 대형사고가 발생하여 광업소간 생산경쟁은 중단되었다. 방제갱은 함백광업소에서 생산책임량이 제일 많고 제일 깊으며 작업조건이 나쁜 갱이라 했다.

이 사고로 당시 갱장이 인책 전보되고 그 후임으로 내가 보직될 줄은 몰랐다.

사망사고 발생 1973년 6월 17일 광산 보안기사 1급 2차 면접시험을 보고 서울 청량리역에서 밤기차를 타고 새벽에 철암역에 내려서 북동 집까지 걸어갔다. 출근시간까지 잠시 눈을 붙이고 아침식사를 하고 교동을 지나서 피내골 재를 넘어오는데 길옆 오른쪽 야트막한 나무에서 까치 3마리가 찢어지는 소리를 내며 번갈아 오르내리기를 반복했다. 까치 소리는 좋은 소식을 전해 주는 길조라고 들어 왔기에 나는 면접시험에 합격될 징조인가 생각하며 기분이 좋아서 손을 흔들어 주고 현장에 도착했다. 취업회가 끝나고 계장에게 작업배치 내역과 생산추계를 보고받고 입갱하여 작업현장 순회를 마치고 점심시간에 갱에서 나왔다.

오후에 운반계통을 순회할 계획으로 입갱 준비하고 있는데, 300 우 1승 하향 보수 개소에서 매몰사고가 발생했다는 연락이 왔다. 내가 오전에 순회한 개소로 보안상 위험을 발견하지 못한 개소였다. 사고는 상하부가 중복된 채탄승 갱도로 하부에서 보수작업을 하던 개소의 천반에 형성된 공동을 육안으로 확인할 수 없어서 그 직상부에서 보수작업 개소의 바닥이 꺼지며 작업자가 탄과 함께 매몰된 상태였다. 매몰자는 붕락된 탄의 중앙에 개미귀신 함정에 하반신이 매몰되어 사람이 근접하면 탄이 밀려 내려가 더 매몰될 상황이었다. 붕락된 갱도 천반이 공동의 높이는 3미터 정도로 구조작업을 할 방법이 없고, 공동에 구조대를 투입한다고 하더라도 2차 붕괴의 위험이 있었다.

시간은 경과되고 구조할 방법이 없어 구조작업하려 온 상부 부갱장과 계장, 반장, 기능공 들과 구조할 방법을 논의했으나 대책이 없었다. 그렇다고 무한정 기다릴 수 없어 매몰자의 의견을 물었다. "공동이 깊어서 지금 구조대가 공동 안으로 들어가면 자기는 밀리는 탄에 더 매몰되고 붕락된 탄을 위로 처리할 방법이 없다. 그리고 로프를 위에서 내려 잡게 하고 밑에서 탄을 빼면 탄의 압력으로 자기도 탄과 같이 밑으로 빠져 든다. 그래서 공동에 구조대를 투입할 수 없다. 마지막 방법은 하부에서 탄과 함게 빼는 방법이 있는데 이 방법은 자기가 탄에 잠시 매몰되어 질식될 위험이 있다"고 했다. 어떻게 하면 좋겠느냐 물으니 매몰자는 밑으로 빼 달라고 했다. 나는 모인 사람들을 보고 어떻게 하면 좋으냐고 다시 물어봐도 그 방법 말고 다른 방법이 없다고들 했다. 나는 결심하지 못하고 망설였다. 매몰자는 빨리 구조해 달라며 애원했으나 지시하지 못하고 망설였다. 그때 천반에서 붕락의 전조인 탄진이 떨어졌다. 지체하면 2차 붕락이 된다고 판단하고 정신을 차리고 매몰자에게 그러면 밑으로 탄을 뺄 테니 안전모로 얼굴을 가리고 두 손으로 꼭 잡고 호흡을 해야 한다고 일러주고 상부에 있던 구조대과 같이 하부로 내려가서 측벽을 헐고 탄 나오는 입구를 두 곳으로 넓게 만들고 탄을 빼게 했다.

그런데 탄은 계속 물 흐르듯이 빠져 나오고 있었으나 매몰자는 나오지 않았다. 작업자들은 땀을 흘리며 숨 가쁘게 정신없이 탄을 빼냈다. 그때 매몰자가 시신으로 나왔다. 나는 시신을 흔들며 소리쳐 이름을 불렀으나 기적이 없었다. 원통하고 억울했다. 막장의 긴박한 상황에서 결단한 구조 방법이지만 돌이킬 수 없는 결과가 되었다. 시신을 운반갱도로 내려서 갱외로 운구할 준비를 하고 있는데 승 입구에서 거센 폭풍과 쿵 하는 소리가 들렸다. 승에 올라가서 확인하니 구조작업을 하던 공동이 붕락되는 소리였다.

더 큰 붕락 매몰사고는 피했지만 구조작업을 지휘한 책임자로서 한 사람의 생명을 잃게 하였으니 내가 보유한 최고 수준의 기능과 또 국가가 인정하는 자격을 소지한 기술자로서 이 모든 게 보잘것없다고 생각했다. 구조작업의 긴박한 상황에서 선택한 방법이지만 결과적으로 실패했다. 대를 위하여 소를 희생시킨 전술적 방법도 아니다. 최후의 방법으로 내린 결단이지만 이 엄중한 책임에 한 인간으로서 지은 죄를 속죄할 길 없어 참회하며 살고 있다.

절규하며 쓴 유서 1974년 3월 25일 을방 계장과 반장에게 지시할 내용을 보안일지에 기록하고 있었다. 그런데 300 배차실에서 연락이 왔다. 우 2승 입구에서 채탄반장이 채탄승에서 내려오다 좁은 갱도의 지주에 끼여서 나오지 못하고 있다는 보고를 받았다.

현장에 도착하니 승 입구에서 약 7미터 지점에서 서 반장이 살려 달라며 절규했다. 막장 순회를 마치고 낮은 갱도를 배밀이로 빠져 나오다 바닥의 하반 암석에 배가 닿고 허리는 관목에 끼여서 안전모를 쓰고 엎드린 자세로 움직이지 못하고 있었다. 서 반장은 "부갱장님! 저 좀 살려 주세요"라며 애원했다. 기능공에게 허리를 누르고 있는 관목 밑에 버팀기둥을 세워 중압이 가중하지 못하도록 제한시키고 관목 위의 천반에 석탄을 헐어내고 판장으로 살장을 받치게 했다.

2번째 살장을 박고 3번째를 박고 있는데 서 반장이 더 이상 견딜 수 없으니 유서를 쓰게 종이와 볼펜을 달라고 했다. 기능공에게 4번 살장을 계속해서 박으라고 지시하고 내가 수첩과 볼펜을 꺼내 들고 말하라고 하니 서 반장이 직접 쓰겠다고 해서 수첩과 볼펜을 쥐어 주었다. 서 반장은 아들의 이름을 적고 "아들아! 너는 자라서 광부가 되지 말아라. 아비의 마지막 유언…"이라 쓰는데, 4번째 살장을 박으려고 탄을 헐어내자 중압이 정지되며 관목이 위로 펴졌다. 서 반장은 유서를 다 쓰기 전에 구조되었다. 참으로 길고도 긴 긴박한 순간이었다. 살려 달라고 애원하는 현장에서 구조작업은 피를 마르게 했다. 이 사고 이후 서 반장은 퇴사했다.

심폐소생의 보람 300 우 1승 입구에서 약 15미터 지점의 승보수작업 개소에서 지주가 도괴되어 막장에 기능공 김정길 외 2명이 매몰되었다. 이 개소는 분질의 탄으로 지주의 천반과 측벽의 성목 사이로 탄가루가 솔솔 빠져 갱도가 항시 안개가 낀 것처럼 자욱했다. 갱도가 도괴된 원인은 중압으로 변형된 지주를 막장 방향으로 보수작업을 하다가 천반의 탄이 붕락되면서 공동이 확대되어 지주가 도괴되어 붕락되었다.

보수작업자는 대피했으나 막장에서 작업하던 3명이 매몰되었다. 막장에 통기하는 파이프 끝이 매몰되어 호흡에 필요한 산소공급이 안 되고 붕락된 탄 사이로 막장과 기류가 형성될 가능성이 없었다. 구조작업자는 높은 지열과 분진에 땀과 탄가루로 범벅이 되어 작업은 지연되었다.

나는 상황을 종합하여 막장에 매몰된 작업자는 질식으로 사망하였다는 결론을 내리고 갱 사무실 상황담당 김균수 상부 부갱장에게 붕락 작업장의 상황으로 보아 매몰자는 사망한 것으로 판단된다고 통보했다. 이 통보는 광업소 상황실을 통하여 서울 본사와 동자부 태백사무소, 노동부 태백지사, 태백경찰서 경유 강릉지청으로 통보되었다.

이틀째 밤을 맞아 자정이 넘었는데 구조작업을 하던 기능공이 귀신불인가 하며 중얼거렸다. 귀신불이라는 말에 대기 중이던 작업자들이 웅성거렸다. 나는 기능공에게 무슨 불이냐고 물으니 막장에 가느다란 불빛이 보인다고 했다. 나는 기능공을 뒤로 물러나게 하고 막장을 들여다보니 정말 가느다란 불빛이 보였다. 매몰된 시간과 안전등의 사용시간으로 보아도 방전되었을 것으로 생각하니 섬뜩했다. 나는 고함으로 매몰된 기능공 정길이 이름을 소리쳐 불렀다. 그러나 아무런 반응이 없었다. 나는 더 섬뜩하여 다시 정길아 하며 고함치니 불빛이 약간 움직이며 예라고 가느다란 소리가 들렸다. 사람이 살았다는 기쁨에 더 큰소리로 너 말고 두 사람도 무사하냐 하고 물으니 또 예하고 대답했다. 정길아 그러면 주변을 살피며 이곳까지 내려와서 붕락된 지점의 상황을 얘기해 달라고 했다. 정길이는 안전등의 비상전구를 주전구로 바꾸어 밝게 비추며 갱도 주변을 살피며 붕락된 지점에 내려와서 천반을 살피더니 상반이 모두 들어난 공동이라 했다.

나는 지금부터 구출작업을 할 테니 차분하게 지시대로 하라고 했다. 승입구에 운반 차량과 사갱에 권양기 코스함을 대기시키고 상황실로 연락하라 했다. 구조대는 활기가 넘쳐 신속하게 움직였다. 나는 관통된 입구에서 막장을 향하여 먼저 작업도구를 내리게 했다. 그 다음에 막장의 3명 중 신참부터 엎드린 자세로 두 팔과 다리를 뻗고 발을 뒤로 내밀면 구조대가 발목을 잡아당길 테니 나오라 했다.

첫 번째 사람을 무사히 구출했다. 대기 중이던 작업자들이 환호성을 질렀다. 두 번째 사람도 무사히 구출했다. 마지막 기능공 김정길이도 무사히 구출했다. 구출된 사람마다 구조대 두 사람씩 부축시켜 대기된 광차에 승차시키라 지시했다. 마지막으로 구출한 정길이와 분기점에 내려오니 두 번째 구출된 사람이 아직 승 입구로 내려가고 있었다. 분기점에서 구조대원과 정길이를 대기시키고 나는 붕락된 지점 안으로 들어가서 주변을 확인하니 구조작업을 한 지주 위에는 상반이 노출되어 있고 분이된 미분탄만 실려 있는 공동이 형성되어 있었다.

나는 속았다. 갱도의 지주 위로 형성된 공동으로 막장과 기류가 형성되는 걸 몰라서 사망으로 판단했고, 구조작업도 침착하게 하라고 지시하여 시간을 허비한 결과가 되어 내 육감의 한계와 무력감을 절감했다. 붕락현장 확인하고 엎드려 나오는데 삼각분기점에서 다급한 소리로 나를 불렀다. 왜 그러느냐고 소리치니 정길이가 숨을 쉬지 못하고 쓰러졌다고 했다. 나는 아찔하며 급히 가서 보니 정길이는 늘어져 있었다. 그를 흔들며 이름을 불러도 아무런 반응이 없었다. 순간적으로 가슴이 덜컹 내려앉으며 절망했다 그때 인공호흡 생각이 났다.

정길이를 바른 자세로 눕히고 입을 벌리고 손가락을 입안에 넣으니 혀가 꼬부라져 기도를 막고 있었다. 꼬부라진 혀를 손가락을 넣어서 펴고 기능공에게 가슴을 눌렀다 펴기를 반복하게 하고 나는 정길이 코를 물고 힘껏 빨아냈다. 내 입안에 이물질이 가득 채워졌다. 이물질을 뱉어내고 또 코를 힘껏 빨아냈더니 잠시 후 푸우우하며 크게 숨을 쉬었다. 정길이는 소생했다. 나는 심폐소생의 기쁨으로 구조작업의 피로와 육감의 한계를 말끔히 잊고 구출된 3명을 직접 후송했다.

현장의 구조는 상황실로 보고되고 있었다. 최초에 매몰자 3명이 사망했다는 연락을 받은 가족들과 친지들은 시신이 인도되기를 기다리며 장례를 준비하고 있었다. 광업소와 전체 종사자들의 가족들과 일반 주민까지 탄광촌은 초상집이 되어 침통한 분위기였다.

그러다 매몰자가 생존했다는 소식이 전해지자 순식간에 환호하는 분위기로 바뀌었고 이어서 3명 모두 무사히 구출되었다는 소식에 기쁨으로 환호가 이어졌다. 그러다 마지막으로 구출된 김정길이 질식해 사망했다는 소식이 전해지자 그 기쁨은 다시 침통한 분위기로 바뀌었다. 그런데 얼마 후 질식했던 그가 인공호흡으로 심폐소생되었으며, 구출된 3명과 같이 병원으로 후송하려 장성갱 입구로 나온다는 연락에 온 광산촌은 흥분의 도가니였다.

구출된 3명을 광차 2대에 구조대원과 나누어 태우고 전차운전공에게 전속력으로 달리게 했다. 장성갱 입구에 도착하니 생환하는 모습을 보려고 가족들과 친지 등 많은 사람들이 모여 있었다. 탄진과 땀으로 새까맣게 화장한 얼굴에 두 눈과 치아만 허옇게 들어내고 작업복에 달라붙은 탄가루 범벅을 덕지덕지 뒤집어쓴 복장으로 광차에서 내려서 구출된 3명을 부축하여 앰뷸런스에 승차시키며 두 손을 꽉 잡아 주며 축하한다는 말을 하고 후송했다. 이때 우리 일행의 모습은 걸어다니는 검은 곰 같았으나 수치스럽고 창피하다는 생각은 조금도 없었다. 인명을 구조했다는 자부심과 심폐소생의 보람에 만족했다.

나는 아직도 쓸모 있는 광산기술자라는 생각을 하며 갱 사무실에 도착하니 환호의 분위기는 간 곳 없고 침울했다. 후송된 사람에게 무슨 변고가 있나 생각하며 분위기가 왜 이러냐고 하니 사망보고를 청와대까지 했는데 모두가 생환구조되어 허위보고 책임자로 상황담당 김균수 부갱장을 문책한다는 통보가 와서 그렇다고 했다. 나는 매몰된 사람이 무사히 생환구조되었는데 문책 따위는 두렵지 않았다. 사고현장의 구조작업을 지휘한 내가 판단하여 통보했는데 중간에서 전달한 사람에게 무슨 책임이 있느냐, 모든 책임은 내게 있으니 염려하지 말라고 했다.

안전감독실 주임으로부터 전화가 왔다. 왜 허위보고를 하였느냐고 물었다. 나는 붕락현장의 상황을 판단하여 생존을 확신할 수 없었다고 했다. 안전감독 주임은 결론적으로 생환되지 않았느냐며 반문했다. 나는 구조작업이 끝난 뒤 붕락현장을 확인한 결과 붕락된 천반 위로 공동이 형성되어 막장과 기류가 되고 있었음을 확인했고, 매몰자들이 휴대용 안전등의 주전구를 다 끄고 비상전구를 교대로 사용하여 건전지 소모를 아껴 장시간

불빛을 유지한 사실을 나중에 알았다고 했다. 그리고 붕락상황을 파악할 때 눈에 보이는 현상과 육감으로 예상하는데 막장에 매몰된 사람을 실종으로 보고할 수 없어 시신도 확인하지 않고 사망으로 보고했다. 이번 보고의 책임은 나에게 있으며 어떠한 처벌도 감수할 테니 본사에 내가 말한 대로 하라고 했다. 이 경험으로 어떠한 사고의 경우에도 시신을 확인하지 않고는 사망이라고 보고하지 않기로 했다. 나는 인공호흡으로 질식한 생명을 소생시킨 사실은 일생의 보람으로 생각한다. 이 사실이 소내에 알려져 나는 죽은 사람을 생환시킨 사람이 되었다. 내가 함백광업소 방제갱장으로 승진 전보된 후에도 2년간 김정길로부터 연하 카드를 받고 기뻤다.

장비 비상철수 1972년 8월 19일, 태풍 사라호 때 장성광업소가 침수되었다. 600의 수갱을 중심으로 철암 역두에서부터 철암갱·장성갱·중앙갱·금천갱·문곡갱까지 주운반 전차갱도가 수평으로 연결되어 있어서 석탄과 자재·인차·장비·경석 등을 운반한다. 하부 300 이하의 운반갱도도 상부와 같이 전개되어 있다.

태풍 사라호로 장성광업소의 심장부인 수갱이 침수되는 대형 수해가 났다. 태백산 서편 금천 계곡물이 금천갱 입구의 호안석축을 넘어뜨리고 600의 금천갱 입구 수평 전차갱으로 들어가 금천 사갱으로 내려가서 수갱의 300을 침수시키고 동쪽의 철암갱으로 침수되고 있었다.

이날 막장 순회를 하던 중에 강계창 갱장으로부터 수갱이 침수되고 있으니 전 작업자들을 철수시키라는 전화 지시를 받았다. 갱장은 상황이 긴박하니 거듭 무조건 철수하라고 했다.

나는 각 반장에게 긴급히 연락하여 작업자 개인별로 확인하고 전원을 갱 밖으로 철수시켰다. 그리고 조차공을 전화기 옆에 대기시키고 침수 속도를 측정하기 위해 경계자와 함께 갔다. 침수되는 속도는 갱도 바닥으로 1분에 2미터 정도씩 침수되고 있었다. 나는 갱장에게 침수 속도를 보고하고 하부 225 굴진에 투입되어 사용하던 장비를 인출해 나가겠다고 하니 갱장은 무조건 나오라고 했다. 나는 경계를 세우고 위급상황이 되면 철수하겠다고 하니 허락해 주었다.

조차공과 둘이서 코스함을 타고 225에 축전차를 600까지 올리고 다시 내려가서 착암기를 싣고 로커 쇼벨을 달고 올라오다 300에서 대기하던 경계자를 태우고 무사히 탈출했다. 침수되는 긴박한 상황에서 장비를 모두 안전하게 철수한 것이다.

이 태풍으로 태백으로 오는 육로가 차단되고 영암선 철도도 끊어졌다. 수갱의 침수를 배수하기 위하여 박경원 총재는 헬리콥터로 양수기를 공수해서 복구작업에 투입했다. 이 엄청난 수재도 끝나고 수해복구 유공자에게 표창이 수여되는데 나를 표창한다고 했다. 나는 갱장에게 지난 11월에 장기근속 표창을 받았으니 상부 부갱장에게 주라고 건의하여 김균수 부갱장이 수상했다.

자기실적 평가 시행 철암갱 하부 300의 작업환경은 대한석탄공사 산하의 17개 갱 중에서 가장 힘들다고 정평이 나 있었다. 탄면지가 자욱하고 습도가 높아서 헐떡이며 흐르는 땀에 옷이 젖고 목수건을 짜가며 얼굴을 닦으며 장화에 고인 물로 양말을 짜가며 작업을 한다. 작업자들의 보안을 감독하며 생산목표를 달성하려는 반장의 노고는 헌신적이다. 때로는 상급자로부터 생산목표를 달성하지 못한다고 추궁을 받고, 짜증을 내는 작업자의 항의를 받을 때도 있어 반장을 집어치우고 작업자로 돌아가겠다고 호소하기도 했다.

또 공정하지 못한 인사로 이도 저도 아닌 사람이 특진하고 표창을 받으면 관리직원 전체가 분노했고 뒷말이 많았다. 그 원인은 객관적인 인사의 기준이 없는 데 있었다. 광산의 인사와 관련하여 '노보리 열 번 기는 것보다 계산동 한 번 기는 것이 낫다'는 말이 있다. 노보리는 일본말로 채탄승갱도란 말이고, 계산동은 간부들이 거주하는 마을이다. 이러한 문제를 개혁하고자 관리직원별로 일일근무 실적을 평가하는 제도를 김광식 갱장의 승인을 받아서 시행했다.

관리직원별로 일일근무 실적을 평가하고 공개하여 누구나 자기의 근무 실적과 순위를 알고 동급과 비교하며 경쟁하도록 하고 승진 표창에서 객관적인 인사의 근거로 하는 제도다. 승진과 표창을 개인이 스스로 쟁취하는 제도로, 반장·계장이 환영했다. 평가 내용은 기본배점에 근속년수, 현직 근무기간, 자격증 소지, 사고발생 등이고, 실적 배점에는 생산목표달성, 능률향상, 화약 절감 등이다.

전날의 실적을 출근하면 확인하도록 했다. 반장들이 자기의 실적을 매일 알고 노력할 수 있는 계기가 되어 생산적인 인화로 이어지는 우수한 제도였다. 일을 위한 승진이고 표창이며 본인이 자기 실적을 관리하여 평가하여 동료와 경쟁하는 좋은 제도다.

경영개선 우수제안 제18대 김덕엽 사장이 석공의 발전을 위한 제안서를 제출하라며 전 종사자 개인별로 제안 양식을 봉투에 넣어서 배포했으나 대다수가 제출하지 않았다. 나도 평상시 생각하던 내용을 갱 사무계 김형

민 씨에게 부탁하여 퇴근시간 후에 정서해서 발송하도록 했다. 그의 수고에 보답하지 못해서 두고두고 미안하다.

그러나 제출한 제안이 3개월이 지나도 아무런 소식이 없었다. 하루는 장성광업소 앞 도로에서 노동조합 김제일 지부장을 만나서 제안서를 제출하라고 독촉해 놓고 읽어 보는 데 시간이 그렇게 많이 걸리느냐고 말했다. 지부장은 일간에 본사에 갈 일이 있으니 그때 알아보겠다고 했다.

1주일 정도 지나서 지부장으로부터 전화가 왔다. 사장께 제안서 제출을 독촉해 놓고 아무 소식이 없어 불평이 많다고 했더니 그 자리에서 제안서 심사를 조속히 하라는 지시를 했다고 알려주었다. 그 후 김종승 비서실장이 지부장에게 김정동이라는 사람이 어떠한 사람이냐고 묻기에 철암갱 부갱장이며 일밖에 모르는 사람이라고 했더니 전소에서 제출한 제안서를 심사한 결과 12명이 선정되었는데 그중에도 남을 전혀 비방하지 않고 경영에 도움이 되는 내용만 제안한 사람이라는 말을 전해 주었다. 제안 공로로 특별승진과 사장 표창을 받았다. 제안한 내용은 다음과 같다.

① 도급방법을 생산적으로 개혁하자. 현행 작업조별 일도급을 개소별 월도급으로 개혁하여 부정비리와 불신과 분쟁의 요인을 원천적으로 제거시켜 공정한 노임배분으로 소득과 생산능률을 높이자.

② 기능공에게 동반 작업자 선택권을 주자. 석탄생산 막장에서 위험한 작업을 전담하고 있는 기능공에게 동반 보조작업자를 선택하는 권한을 부여하여 안전을 확보하고 능률을 향상시켜 소득을 높이자.

③ 관리직의 근무실적 자기평가제를 시행하자. 관리자가 자기의 근무실적을 스스로 평가하여 인사의 객관적인 자료로 활용하여 공정한 인사로 불신을 해소하고 소기의 목적을 달성하자.

④ 1인2역으로 노임과 능률을 향상시키자. 갱내 지원부서 인력을 1인2역으로 하여 소득을 50퍼센트 높여 주고 감축되는 인력 50퍼센트는 희망 직종에 배치하여 생산성을 높이고 고정인건비 50퍼센트를 절감시키자.

⑤ 자랑스러운 석공인(石公人)이 되게 하자. 창설 이후 석공 발전에 기여한 공로자를 생존과 직위를 망라하여 '자랑스러운 석공인'으로 선정하여 모든 재직자의 사표가 되고자 노력하는 사풍을 조성하자.

6. 갱장 시절

1974년 7월 1일부터 1979년 7월 5일까지 36세부터 41세까지 1,830일간 함백광업소 방제갱장으로 재직했다.

갱장의 직위는 소장·부소장 다음의 과장급으로 간부 12명 중 1명이다. 부임 당시 갱장은 방제·자미·이목 3명으로, 직책은 담당구역의 작업장에서 종사자의 안전작업과 생산목표를 달성하는 책임자다.

전임자가 광차 추락 대형사고 등으로 인책 전보되고 그 후임으로 보직되었다. 방제갱의 관리직은 김창훈 부갱장, 박창병 굴진계장, 임영복·조남인·이기학 채탄계장 3명이며, 반장은 채탄 굴진을 겸하여 각 방에 4명씩 12명이며, 이병호 보갱반장이 보선 배관을 겸직하고 검수반장 장인달, 사무계장 황도엽, 사무계원 송응렬·고진구, 사환 김상여 양 등 모두 24명이었다.

갱 사무실은 함백광업소 건물과 약 100미터 정도 떨어진 527에 있었고, 갱 입구는 구사갱과 선탄과로 운탄하는 적출갱과 선탄과 구내에서 분기된 유신 전차갱이 있고, 두위 전차갱 그리고 단곡갱 822로 5개소였다. 종사자는 430여 명으로 하루에 550톤, 연간 14만 톤을 생산하는 규모로 채탄능률은 2.27톤/공이었다.

광업소 종사자들은 거주지인 새골·길운시장·중앙·용화동에서 버스로 출근하여 중앙욕장에서 작업복을 갈아입고, 방제갱 종사자들만 갱 사무실이 있는 527까지 걸어와서 작업배치를 받고 또 1100미터 걸어서 565에서 안전등을 지급받고 구사갱에서 인차를 타고 입갱하여 6편에서 연사갱까지 걸어가서 다시 인차를 타고 7·8·9·10편의 막장으로 갔다.

퇴근은 출근할 때와 반대로 연사갱에서 인차를 타고 6편까지 올라와서 다시 구사갱에서 인차를 타고 565에서 내려 안전등을 반납하고 걸어서 527 광업소 정문 경비실 옆에 있는 중앙목욕장에 가서 방제·자미·이목갱 종사자들과 공동으로 목욕하고 퇴근차로 귀가했다.

1. 안전캘린더 창안

사고발생을 예지하는 안전캘린더 전임자가 사갱에서 광차 추락으로 5명이 사망하는 대형사고에 이어 갱외 저탄장에서 사망사고가 또 발생하여 인책 전보된 후임으로 부임하여 사고예방이 최우선 과제였다.

최근 3년간의 사고를 분석하니 예방이 가능한데 반복하여 발생하였고, 발생한 날이 휴일과 명절 등 주요행사 전·후일에 몰려 있으며, 작업자의 사생활과 관련된 것으로 분석되었다.

예방이 가능한 사고가 반복하여 발생하는 것은 사고를 예방하는 관리를 방치한 적폐로 판단했다. 사고가 많이 발생되는 날에 부주의한 행동을 하지 않도록 하면 예방할 수 있다는 결론이다.

종사자들에게 이러한 사실을 공개하여 사고예방 활동에 참여하도록 관리하는 방안으로 안전캘린더를 창안하게 되었다. 취업회에 나가서 "사고는 발생하는 날이 있고 누가 사고를 당하는지 밝혀졌다"고 발표하니 모두가 숙연하게 설명에 집중했다. 사고가 많이 발생하는 날을 관리자들이 공개하고 불안정한 상태에서 취업하여 부주의한 행동을 하는 사람을 특별히 관리하면 사고는 예방할 수 있다고 발표했다.

나는 "여러분의 소중한 생명을 지켜주고 잘살게 해줄 책임자다. 여러분이 나를 도와서 사고예방 활동에 참여해 달라"고 호소했다. 연이은 사고로 침울했던 분위기에서 내 호소에 힘을 얻은 듯이 박수를 치며 화답했다. 나는 박수를 진정시키고 "여러분은 이 시간부터 사고를 추방하는 안전요원이다." 내가 구호를 선창했다. "내 생명은 온 천하보다도 더 소중하다. 너도 나도 안전요원, 광산사고 추방하자!"

새마음취업회 종사자들의 동의를 받고 구체적인 방법을 실행했다. 새마음취업회는 작업배치를 하기 전에 공지사항 전달과 안전작업을 독려하는 시간으로, 계장 주관으로 부정기적으로 순서없이 시행해 왔다. 1974년 8월 농협대학에서 새마을 선도요원 교육을 받고 와서 새마음취업회로 정기적으로 순서에 따라 20분간 반장의 사회로 시행했다. 새마음취업회는 사고예방으로 소중한 생명과 신체를 지키고, 소득을 높여 잘살고자 하는 희망을 이루며, 탄질을 향상하고, 증산하여, 경영을 개선시키는 주인이 되도록하며, 업무에 필요한 정보를 제공하고 작업지원과 고충을 소통하는 시간으로 활용했다.

비나 눈이 오고 추울 때는 실내 대기실을 이용했으며, 매 방별로 시행했다. 회의나 출장 등 특별한 사유가 없으면 갑·을방에는 꼭 참여했으며, 야간작업인 병방 때는 1주일에 한 번 참여하여 종사자의 입장에서 역지사지로 인간관계를 우선시했다. 기강확립과 신상필벌로 정직하고 약속을 지키며 부하에게 믿고 맡긴다는 신뢰심을 행동으로 실천하려고 노력했다. 이 위험하고 힘들며 지저분한 탄광일을 우리가 아니면 누구도 해낼 수 없다는 자부심과 긍지를 심어 주려고 했고, 또 잘살아 보자는 꿈을 이룰 수 있다는 희망을 주었다. 당시 본사 홍보실 신택선 사우가 '방제갱의 메아리'라는 제하에 새마음취업회 내용을 석공 사보 181호에 게재했다. 새마음취업회의 순서와 내용은 다음과 같다.

1. 새마음취업회, 순서
   가. 국민의례 (국기에 대한 경례 및 맹세)　　　　25초–00초
   나. 묵념 (순국선열과 순직 종업원에 대한 묵념)　　10초–35초
   다. 애국가 제창 (1절)　　　　　　　　　　　　55초–1분 30초
   라. 우리의 생활신조 복창　　　　　　　　　　30초–2분
   마. 구호자창 (제자리걸음으로 발걸음에 맞추어)　25초–2분 25초
   바. 5분 성공사례 발표 (전일 계장이 지명한 종사자) 5분–7분 25초
   사. 보안교육 (요일별 지정분야 반장급 이상자)　10분–17분 25초
   아. 안전구호 복창 (요일별 지정분야 구호)　　　15초–17분 40초
   자. 건전가요 합창 (사가, 새마을 노래 등)　　　40초–18분 20초
     분임토의나 주요사항을 설명할 때는 바, 사항 15분 줄임

2. 새마음취업회, 내용
생활신조 복창
  사회자가 '우리의 생활신조' 하고 선창하면, '이상은 높게 현실은 착실하게 살자. 빚지기를 두렵게 저축하기를 기쁘게 알자. 겉치레보다 실속 있는 생활을 하자.'

구호자창

사회자의 '구호 시작' 하고 구령하면 제자리걸음으로 발걸음에 맞추어 왼발부터 함. 좌는 왼발, 우는 오른발.

발걸음, 좌 우 좌 우 좌 우 좌 우 좌 우 좌 우 좌
구 호, 근 면 자 조 협 동 으 로 제 일 안 전 하 고
값 이 싸게 좋 은 탄을 남 김 없 이
능 률 높 여 증 산 보 국 하 자.

5분 성공사례 발표

전일 계장의 지명을 받은 종사자가 준비한 새마을사업 성공사례와 사고 예방 사례를 발표하게 함으로써 새마을사업과 보안기능 향상에 참여의식을 고취하는 데 있다. 이 성공사례 발표에서 채탄 기능공 이창수 씨가 발표한 내용이 석공 사보 제169호에 '사경을 돌파한 희생정신'이라는 제목으로 소개되었다.

보안교육

요일별 지정한 분야의 보안교육을 반장 또는 계장이 시행하여 교육능력을 향상시키는 데 있다. 그리고 이 시간에 이승원 반장의 장여인 함백국교 5학년에 재학 중인 이미애 어린이가 취업회 단상에 올라와 "사랑하는 아빠 오늘도 안전하게 무사히 돌아오시길 엄마와 동생들이 기다리고 있습니다"라는 호소편지를 낭독하여 취업회에 참석한 종사자들을 숙연하게 하고 안전작업 의지를 다짐하게 하였다.

안전구호 복창

재해분야별로 준수사항을 구호로 요일마다 안전의식을 주입시키는 목

적이며, 사회자가 '오늘은 월요일 정신자세 가다듬어 과실재해 예방하자'
하고 선창하면 복창했다.

요일별 안전구호

오늘은 일요일 정신자세 가다듬어 과실재해 예방하자. 정신교육 구호 30개
오늘은 월요일 통기가스 지식쌓아 질식재해 예방하자. 질식교육 구호 30개
오늘은 화요일 화약사용 법규지켜 발파재해 예방하자. 발파교육 구호 31개
오늘은 수요일 배수대피 기술익혀 출수재해 예방하자. 출수교육 구호 21개
오늘은 목요일 규격지주 시공하여 붕락재해 예방하자. 붕락교육 구호 32개
오늘은 금요일 작업수칙 준수하여 운반재해 예방하자. 운반교육 구호 31개
오늘은 토요일 부석처리 먼저하여 낙반재해 예방하자. 낙반교육 구호 15개

건전가요 합창 (사가, 새마을 노래 등)

취업회에 긴장된 마음을 합창으로 일치된 감정을 표출하고 실천 결의를
다짐하는 데 있으며, 사회자가 선택하며 사가나 새마을 노래 중 1절만 합
창했다. 취업회는 작업배치를 받기 전에 시행하는 첫 행사로 계속하였다.

그런데 노동조합 지부장선거 후보가 각 소속을 다니면서 유세를 하고
다닐 때 방제갱은 밤중에 조회에서 처량하게 애국가를 부른다며 비판했다
고 했다. 나는 조회에 직접 나가서 "우리 현장에 밤중이 어디 있느냐. 조회
는 계속되는 위험 작업장에서 우리 스스로를 지키고 잘살아 보겠다고 하
는 것이다. 애국가는 국민으로서 당연히 부르는 것인데 근로자의 권익을
보호해야 할 대표가 되겠다는 사람이 조회하는 목적도 알지 못하고 대안
도 없이 할 수 있는 말인가. 여러분은 그러한 말에 현혹되지 말고 스스로
를 보호하고 잘살기 위하여 올바로 판단하기 바란다"고 했다. 그 후보자는
낙선했다.

안전캘린더 설치 작업 전에 시각적으로 사고발생을 예지시키는 방법으로 안전캘린더를 제작하여 광장에서 갱 사무실로 올라가는 계단 밑에 바닥 넓이로 화단과 통로의 경계석 앞에 기둥을 세워 고정장치로 설치하여 게시했다. 규격은 앞뒤면은 캘린더와 같게 하고 주변 상하좌우 4면을 유리로 내부의 불빛이 통행할 때 조명이 되게 했다.

앞뒤면 유리에 안전캘린더를 부착시키고 공동비상근무를 하는 날에 붉은색 동그라미로 표시하고 매월 교체하며, 뒷면 왼쪽의 상단에는 '증산보국'과 '녹십자'를 넣고 특별히 비상근무할 날과 내용을 표시하고 하단에 '정신력은 기적을 탄생시킨다'고 표시했다. 앞면의 오른쪽의 상단에는 '녹십자와 안전제일'을 넣고 그 아래 하단에 '생명은 온 천하보다 소중하다'고 했다. 규격은 가로 1.2 세로 0.9 폭 0.2미터다.

비상근무 비상근무는 공동 비상근무와 개별 비상근무로 구분하여 시행했다. 공동 비상근무는 갱장 주관으로 갱 전체 종사자들이 참여하게 했고, 개별 비상근무는 계장 주관으로 반장 단위로 개인별 생활환경을 파악하여 시행했다.

공동 비상근무 전 종사자가 참여하며 취업회에서 계장이 비상근무를 시행하는 사유를 설명하고 구호를 선창한다. 반장은 최초에 막장 순회 결과 위험한 개소가 발견되면 갱장에게 직접 보고하며, 갱장은 그 작업장을 우선 순회한다. 공동 비상근무를 하는 날은 명절이나 중요행사, 공휴 실시 또는 방 교체, 급여지급 예정 및 지급일, 내빈 방문 및 방문 예정일 전후, 중요 인사발령 후일, 인근 광산 사고발생 다음 날 등이다.

개별 비상근무 개인별 사생활을 통하여 심신이 불안정한 상태로 부주의

한 행동으로 발생되는 사고를 예방하는 목적이다. 반장을 중심으로 작업자의 사생활을 파악하여 해당자에게 특별히 주의를 주고 갱장에게 보고하면 갱장은 그 작업 개소를 우선 순회한다. 개별 비상근무를 하는 날은 나와 가정 이웃 친지간에 있어서 길사(출산·백일·돌·생일·진학·영전·결혼·회갑·관광 등), 흉사(가정불화·불신·송사·구금·부상·실종·상사·재사 등), 무절제(철야·과음·잡기·과로·부채·언쟁·실물·절도·폭행) 등의 생활환경에서 출근했거나 조퇴를 서두르는 사람이다.

　시행효과 안전캘린더를 창안하여 설치하고, 비상근무 활동을 시행한 효과는 시행 전 해인 1974년을 기준으로 1975년에서 1979년까지 5년간 사망자가 36명 감소되어 인도적으로 인간존중을 실현한 결과 이외에 12억 4천만 원의 직접 손실을 줄이는 경영개선의 효과가 있었다.

사고발생 예지표식 안전캘린더.

제안심사 결과 A급으로 판정 안전캘린더가 본사 안전제안 심사에서 A급으로 선정되어 받은 시상금 2만 원을 강원도에서 산업전사위령탑을 건립하는 데 헌금했다. 1976년 9월 17일 태백에서 산업전사위령탑 건립 제막식에서 박종성 지사로부터 도정협조 감사장을 받았다.

2. 도급 비리의 온상 개혁

갱 전체 월도급으로 하고 직접부로 통일 개광된 이래 시행해 온 작업조별 일도급제도를 갱 전체 월도급제로 개혁했다. 이 도급제를 협동작업이라고도 했다. 갱의 전 종사자 중 관리직을 제외한 작업직의 노임은 직접부와 간접부로 구분하여 지급된다. 직접부는 능률급 도급으로 채탄작업과 보갱작업자는 작업조별 일도급이고, 굴진 작업자는 개소별 순도급으로 작업수량과 검수결과로 노임이 결정되는 고임직종이다. 간접부는 정액고정급으로 배관·보선·운반 작업자로 개인별 단가로 노임이 결정되는 저임이다. 작업조별 일도급은 동일한 개소에서 3교대가 연속으로 작업이 이루어지는데 노임은 당일의 성과로 결정되기 때문에 개소 전체나 타 교대와 다른 작업조에 대한 고려를 할 이유가 없고, 오직 당일 자기 작업조의 실적에만 집중한다.

따라서 갱도 관리가 소홀해지고 도탄·과굴 등 무리한 작업을 하게 된다. 응급상황에 신속하게 대응할 수 없고 위험 개소를 적기에 조치할 수 없어 사고발생과 생산이 중단되어 능률과 노임이 저하되며, 매일 조별 검수로 인한 부조리로 분쟁이 그치지 않았다. 지주 작업조의 경우 작업조건에 따라서 등급이 다양한데 그 조건은 수시로 변하며 검수계원의 주관적인 재량에 의해서 등급이 판정된다. 이러한 검수구조에서 고단가 검수를 받기 위한 농간이 발생한다.

　노임 배분이 전 작업 과정을 통하여 기여한 정도와 여건이 반영되지 않고, 불가항력적인 여건으로 불이익을 당하게 되어 노임이 불합리하며 공정하지 못하다. 막장의 탄층 상태가 분질·연질·경질과 작업공정상 채탄 준비단계와 회수 단계인 붕락작업 어느 시기에 출근했느냐에 따른 경우를 들 수 있다. 또 기상여건으로 폭우·홍수·태풍·정전·폭설과 시설 장비의 고장·탈선 등 운반사고와 소요공구의 고장과 자재공급 차질로 작업이 중단되는 경우가 있다. 따라서 전체 작업과정에서 기여한 정도가 공평하게 배려할 수 없어 비합리적이며, 개인별 노임을 매일 계산하기 때문에 비생산적인 일을 반복한다.

　방제갱은 종사자 430명 중에서 관리직원과 사환을 포함하여 24명을 제외하고 작업자는 406명이다. 그중에서 고임직종인 직접부 도급 작업자는 342명이며, 저임직종인 간접부 고정급자는 64명이다. 작업별로 직접부인 채탄부가 264명, 굴진부가 48명, 보갱부가 30명이다. 채탄부 중에서 채탄 막장작업을 하지 않고 수압 운반에 24명, 승 입구에서 공차에 탄을 적재하는 유탄 작업에 12명, 도합 36명으로 실제 채탄 막장에서 작업하는 채탄부는 228명이다. 간접부는 작업 내용별로 전차 운전공 12명, 조차공 9명, 6편 중개 축전차 운반공 6명, 7·8·9·10편의 축전차 운반공 24명, 보선공 7명, 배관공 6명으로 도합 64명이다. 직접부의 도급 작업조의 수는 채탄작업의 경우 작업구역이 4개소이며, 1개소에 3교대 작업으로 12명의 반장이 배치되어 있고, 1개 반장이 관장하는 작업 내용은 채준·보수·붕락·유탄 작업으로 크게 구분한다.

　채준작업은 탄질의 굳기에 따라서 일반채준·괴질채준·분질채준으로 구분하며 이를 다시 시공 상태에 따라서 갑·을·병·정의 등급으로 판정한다. 보수작업은 일반보수·준특보·특보로 구분하며 이를 다시 시공 상태에 따라 등급으로 판정한다. 검수를 받는 작업조가 하루에 채탄의 경우만 4개소에 반장당 4개조로 한 교대에 16개조로 3교대에 48조다. 유탄 작업자의 생산량 검수는 선탄과 검탄에서 한다. 보갱의 경우는 반장 1명에 작업조가 12조다. 굴진은 측량반에서 개소별로 순별 검수를 한다. 지주의 검수는 채탄과 보갱의 60개조이며. 작업수량은 반장이 작업전표에 기재하고 검수계원이 실사하여 수량과 등급을 확인하여 최종결정한다. 붕락작업은 위험작업으로 고액 고정단가제이며, 유탄 작업은 등급 없이 톤당 단가제다. 간접부는 개인별로 연공에 따른 고정단가다. 이 제도에서 채탄과 보갱의 검수 대상 조는 매일 60개 조다.

갱 전체 월도급 종래 시행해 오던 작업조별 일도급제를 개혁하기 전에 작업자에게 갱 전체 월도급제도는 사고를 예방하고 소중한 신체와 생명을 보호하며 능률을 높여 노임을 공정하고 합리적으로 향상시켜 가정경제에 직접 도움을 주는 것이 목적이라는 사실을 설명하여 어렵게 생각하던 고비를 쉽게 넘겼다. 인력을 재배치하여 실채탄 인원이 52명 증원되었다. 채탄부로 채탄 막장작업을 하지 않고 수압작업을 하던 협소 구간을 굴진작업 후 자투리 시간을 활용하여 300미터를 확장하여 축전차 운반으로 개선하여 수압 작업자 24명과 승 입구에서 공차에 탄을 적재하던 유탄 작업자 12명은 전차조수가 1인2역으로 겸직시키고, 운반 및 보선·배관 작업직도 1인2역 및 겸직으로 16명을 채탄작업에 배치하여 실제 채탄 막장 작업인원이 52명 증원되었다. 간접부 36명도 선호하는 직접부로 변경시켰다.

간접부에서 1인2역으로 16명을 채탄작업에 배치한 내역은 보선공과 배관공 13명 중 7명은 채탄에 배치하고 남은 6명은 보선공 1명과 배관공 1명을 2명 1조로 3개조로 편성하여 보선·배관 작업을 겸했다. 운반 작업자는 565에 운행하는 전차 2대 12명 중 9명으로 조정하여 3명은 채탄에 배치했다. 남은 9명은 적출갱에서 선탄과까지 운행하는 전차에만 조수를 배치했다. 구사갱 조차공 6명 중 3명, 6편 중계 축전차 운반 6명 중 3명, 연사갱 조차공 6명 중 3명 도합 16명을 채탄에 배치했다. 7·8·9·10편의 축전차 운반 작업자 24명 중 축전차 조수 12명은 승 입구 유탄 작업을 겸직시켰다. 전체 작업직 중에서 간접부가 저임으로 기피하는 직종에서 직접부가 되기를 희망하며 청탁과 부조리가 끊이지 않던 인사 비리요소를 1인2역으로 간접부 전원을 직접부로 하여 부조리의 근원을 제거했다.

갱 전체인원 430명 중에 채탄인원은 264명으로 61.4퍼센트였으나 채탄 작업을 하지 않고 수압 운반작업을 하던 24명과 승 입구에서 유탄 작업을 하던 12명이 포함된 인원이며, 간접부에서 1인2역으로 증원된 16명을 합치면 실제 채탄작업에 증원된 인원은 52명 19.7퍼센트로 전체 채탄인원은 316명으로 증원되어 증산과 노임이 향상되었다. 전체 작업을 월도급으로 하고 저임직종인 간접부도 선호하는 채탄작업에 배치하여 전 직종을 직접부로 통일했다. 작업별 도급 작업은 종래와 같이하고 잔여시간은 작업별 구분 없이 이동하여 작업했다.

도급 작업량의 검수는 종래와 같이하고 작업별로 매일의 작업 실적과 등급에 따른 금액을 월간 총집계하여 총 도급금액을 총 공수로 나누어 공당금액을 산정했다. 개인별 노임은 매일 도급 작업에 기여하고 배분받은 공수를 월간 합계하여 공당 금액을 곱하여 계산한다. 월중에 퇴사자는 퇴사일을 기준으로 작업 실적과 공수로 했다. 채탄작업에 52명이 증원되어 증산이 되었으며, 간접부 전원을 선호하는 직종인 직접부로 통일하여 노임이 향상되고 공정하게 배분되었다. 간접부 인건비 64명분이 전액이 절감되고, 인사청탁 비리 및 검수 부조리가 근원적으로 차단되었다. 석탄업계의 최초의 개혁이다.

3. 증산기반 구축과 광량 확보

두위 전차갱 굴진 두위(이목) 전차갱 2515미터를 표준시공 완전굴진으로 관통시켜 장기 증산기반 구축을 완성했다. 1974년 7월 1일 방제갱장으로 발령 받고 태백선 예미역에 도착하니 설인구 노무과장이 마중 나왔다. 임시 숙소는 소장 사택 앞집이었다. 간부 사택은 도로의 좌우 능선 사이에 내려가며 배치되어 있었다. 광업소 사무실에서 조용재 소장께 인사드리고 설인구 노무과장의 안내로 생산·사무 부소장과 기획과 1층에 노무과·회계과·지질과 외부에 있는 방제갱 안전감독실·선탄과·공무과·자재과·비상계획과 자미갱 노동조합지부 부속병원 원장에게 인사했다. 이목갱장은 저녁에 객실에서 인사했다. 부임하고 3일째 신임간부 환영 저녁식사가 있다는 연락이 와서 나와 동일자 발령을 받은 이명규 지질과장과 본사무실에 가서 간부들과 같이 시장에 있는 낙원식당으로 갔다.

쇠고기가 구워지고 소주잔이 돌기 시작할 때 나는 내 옆에 앉은 생산 부소장에게 두위 전차갱이 주요한 기간 굴진인데 왜 그렇게 부진하냐고 물으니 생산 부소장이 내 옆에 바싹 다가와서 본사에서 독촉이 심한데 속도를 내어 진행해 보라고 했다. 고속으로 진행하면 반장들에게 인센티브가 있느냐고 물으니 금년 안에 관통하면 있다고 했다. 그러면 해보겠다고 대답했다. 소장이 당신이 두위 전차갱을 어떻게 아느냐고 묻기에 소장이 『석탄산업』지에 기고한 함백광업소의 장기개발계획을 읽어 보고 알았다고 하니 그러냐고 했다.

다음 날 두위 전차갱을 다시 순회하며 작업여건을 확인해 보니 최상의 조건을 갖추고 있었다. 갱 입구가 독립된 단일 막장에 전용 축전차와 경석처리장을 확보하고 있었다. 갱도 규격은 전차갱 단선 규격으로 입배기용 선풍기 풍관 설치가 용이하고 로커 쇼벨과 착암기 등 장비와 지주용 자재를 비축할 수 있는 조건이다. 나는 굴진계장 임영복 씨에게 현재 굴진 작업자 중에서 주동 기능공을 출퇴근시간에 면담하도록 지시했다. 교대시간에 기능공 박찬희·백만길·김항배 씨와 면담했다. 이달에 고속도 굴진을 시작할 테니 같이 작업할 사람의 명단을 5명씩 추천하라고 하여 그 자리에서 고속도 굴진 작업자 명단이 작성되었다. 나는 굴진계장에게 이 명단대로 작업조를 편성하고 필요한 장비의 예비품과 자재를 비축시키고 입배기용 선풍기를 따로 설치하고 막장 진행에 따른 풍관의 예비품을 준비시켰다. 그리고 20미터마다 경석차와 공차의 환차장치를 하도록 갱도 규격을 넓히라고 지시했다.

경석 처리장 이전 경석 처리장을 설영계곡 건너편 산기슭으로 이동했다. 보갱반장에게 지시하여 새마을사업으로 도강 가교를 설치시켰다. 막장 굴진작업은 종전에 3교대로 월간 40미터 미만 진행하던 것을 표준시공 완전굴진으로 80–120미터씩 진행되었다. 내가 부임하던 당년인 1974년 12월에 1,830미터를 진행하여 이목사갱과 관통시켰다. 1975년 3월 26일 이근양 사장이 순회를 왔을 때 관통기념 발파를 했다. 이목 전차갱의 총연장은 2,515

미터다. 이목 사갱과 관통되니 이 구역을 이목갱으로 이관하라는 지시였다. 당초에 두위 전차갱 굴진이 이목사갱과 관통되고서는 이목 전차갱으로 둔갑되었다. 그리고 전차갱에서 생산하던 작업구역도 이관하라고 하여 배신감을 느꼈으나 합리성이 인정되어 이관했다. 이목사갱과 관통되어 종전에 육로로 설영재를 넘어 자동차 운탄이 갱내로 전천후 운반되었고, 운탄비도 절감되었다. 갱 사무실도 이전되어 위험한 산길 통근차 운행이 없어져 이목갱 종사자들의 보안과 불편을 해소시켰다. 이 두위 전차갱 굴진은 함백광업소의 증산기반 구축의 핵심적인 공사를 내 주관으로 완성한 보람이 크다.

구사갱 6편에서 광량 확보 방제갱의 석탄 매장 형태는 하부로 내려갈수록 좁아지고 바닥이 들어나는 접시 모양의 구조다. 부임할 때 주생산은 9편과 10편이었는데 10편에서 바닥이 줄어드는 형태가 확연했다. 지속적인 생산을 하려면 신규 구역에서 광량을 확보해야만 했는데 자미갱 2사갱 하부인 구사갱 6편에 처녀지가 있었다. 구사갱과 가까워서 작업여건이 좋았다. 나는 서둘러 두위 전차갱 관통 굴진에서 훈련된 기능자들을 배치하고 운반갱도 레일을 18kg/m에서 20kg/m로 부설하며 표준시공 완전 고속도 굴진을 했다.

이 채탄 개소에 기술개선을 집중했다. 연층에 복선 규격의 철재 지주를 시공하여 수압작업을 축전차 운반으로 하고, 채탄승 입구는 사다리 없이 올라가게 했다. 채준 막장에 홈노미 천공작업을 콜픽 작업으로 했다. 채탄승은 종래 연결식 반목적(半木積) 시공방법을 갱도 전면이 노출되어 점검할 수 있도록 창안한 3중 타주 시공법으로 하고, 지주의 접합부도 창안한 내압식 턱마름법으로 시공하여 천반압과 측압에 내구성을 보강하며 유효 단면적을 벌렸다. 채탄승의 철판 위의 공간에 사내에서 최초로 모노레일을 설치하여 등짐운반의 고통을 개선시켰다. 채탄작업에서 가장 힘들고 고통스러운 막장 4고 중에서 수적 작업을 제외한 등짐작업과 수굴 작업과 수압작업을 개선시켰고, 분진 발생 개소인 승 입구와 채준 막장에 살수장치를 최초에 설치하여 분진 발생을 억제시켜 작업환경을 개선시켰다. 이 개소는 기술개선의 시범 개소로 순회 나온 이훈섭 사장과 나인구 이사가 현장을 둘러보았다.

막장 상면 교대 실시 갱 전체 월도급제가 작업자들의 적극적인 참여로 정상으로 시행되고 있었다. 방제갱의 구사갱 입구는 함백광업소 옆 중앙욕장에서 1,100미터이며 구사갱 입구에서 18도 사갱으로 480미터 내려가면 6편 권입이다. 여기서 6편의 막장 작업장까지 1,250미터 걸어 들어가며 갱 입구에서 1,830미터이고 수직으로 150미터다.

6편은 방제갱 생산의 40퍼센트를 점유하고 있는데 이 개소의 불편은 6편 권입에서 막장까지 장거리를 걸어 다니는 고충과 교대시간에 반장 상호간 인계인수 내용의 차이로 작업배치 변동에 따른 문제였다. 3교대로

착암기를 콜픽으로 개조하여 수굴 작업에 사용.

연속되는 작업에서 인계인수 내용이 달라서 반장 사이에 시비가 반복되고 다음교대 반장이 현장을 순회하고 작업배치를 변경해야 했다. 때에 따라서는 위험 개소 조치가 지연되어 사고발생과 작업지장으로 불신의 원인이 되었다. 그 원인은 교대시간에 반장이 1,250미터 떨어진 구사갱 권입까지 나와서 유선으로 최종순회 시간의 상황을 인계하는데 그 이후에 막장 상황 변화가 시비의 원인으로 판명되어 승 입구까지 전화를 이동 설치하여 해결했다. 걸어서 먼 거리를 입출갱하는 고충은 구사갱의 인차 운행이 선입갱 후출갱으로 2회로 변경할 수 없었다. 구사갱 6편 권입에서 작업장까지의 수평 구간에 인차를 운행하면 퇴근시간은 단축되나 구사갱에서 첫 인차를 탈 수 없음으로 퇴근시간이 지연되기 때문에 작업자의 동의가 있어야 했다. 구사갱에서 첫 인차로 출갱하는 가장 큰 이유는 목욕물 때문인데 목욕물만 깨끗하면 두 번째 버스를 이용해도 좋다고 했다.

이 문제를 6편 권입에서 막장까지 1,250미터에 인차를 운행하고, 중앙욕장에는 별도로 깨끗한 목욕물은 준비하면 해결될 수 있으나 갱내 작업의 법정 근로시간은 6시간으로 작업자의 동의를 받아야 했다. 작업자들은 목욕물만 깨끗하면 좋다고 했다. 간부회의에서 작업상 막장 상면 교대제도의 불가피성과 중앙욕장에서 사용하지 않고 있는 관리자용 탕에 목욕할 물을 받아서 방제갱에서 두 번째 인차로 퇴갱하는 작업자가 이용하도록 건의하여 승인을 받았다. 걸어 다니던 구간에 인차를 운행하고 깨끗한 목욕물을 제공하여 상면 교대는 무리 없이 정착되었다.

확보광량 부족의 위기에 찾은 기회 확보광량 부족으로 절박한 위기에서 채굴하지 않은 구역을 발견하고 채탄승을 307미터 진행하였다. 생산목표 달성을 하자면 광량을 확보하고 적정한 탄중갱도를 유지하며 붕락작업 공정이 여유가 있어야 가장 바람직한 작업 공정이다. 그러나 가끔은 예상하지 못한 사유로 공정에 차질이 발생할 때가 있다. 예고 없이 사고가 발생하거나 탄폭이 줄어들거나 탄 속에 불순물인 폐석으로 막힐 경우 생산현장 책임자의 능력으로 해소한다.

궁하면 통한다고 했던가. 공정 차질로 생산 중단의 절박한 위기에서 노다지를 찾았다. 도면에 채굴이 완료된 구역이 상하로 이어지지 않은 빈 구역을 발견했다. 부갱장 박창병·유석항 씨에게 도면에 빈 공간을 짚으며 하부 9편과 상부 6편은 채굴한 도면이 있는데 왜 7·8편은 채굴한 흔적이 없느냐고 물으니 역시 이상하다고 했다. 퇴근시간이 임박했으나 두 부갱장과 같이 8편에 지질구조를 조사했다. 7편 운반갱도의 우측 벽 쪽에 협소한 탄이 발견되어 탐탄을 해보기로 결정하고 출갱하여 보갱인원을 배치하라고 지시했다. 다음 날 오후에 이병호 보갱반장이 탄폭이 채탄작업을 할 정도로 벌어졌다는 보고를 받았다. 즉시 두 부갱장과 같이 또 입갱하여 현장에 가서 확인하니 보고내용과 일치했다. 이튿날부터 채탄인원을 배치했다. 갱 입구에서 가까운 거리에 약간의 습기로 채준하기에 딱 좋은 조건이었다.

3일째부터 고속도 작업으로 매방에서 지주 6쉬에 4미터씩 하루에 지주 18쉬 12미터의 목표로 진행하니 석탄이 쏟아지듯 나왔다. 채탄승은 거침없이 307미터까지 진행하여 구갱도를 만났다. 갈급할 때를 위하여 예비해 준 선물이라고 생각하며 무척 감사하며 절박할 때 간구하면 주신다는 말씀이 이 경우며 위기는 기회가 되었다. 함백광업소에서 채탄승이 가장 긴 기록으로 본사 홍보실 황원갑 사우가 1977년 2월 28일자 석공 사보에 현장

탄질 향상을 위한 유인물

1. 1톤은 각 삽으로 124삽입니다.
2. 1톤 속에 경석 1삽이 들어가면 54Kcal/kg 가 떨어집니다.
3. 탄질 1등급 차이는 200Kcal/kg입니다.
4. 1톤 속에 경석 4삽만 골라내면 탄질 1등급이 향상됩니다.
5. 탄질 1등급을 향상시키면 톤당 2,000원의 수입이 증가됩니다.
6. 선탄하기 어려운 콜 세일이나 경석의 크기는 엄지손가락 정도의 굵기입니다. (직경 2.5 Cm).
7. 채탄부의 능률 목표는 4톤입니다.
8. 금년도 연간 생산목표는 63만 톤입니다.
9. 탄질 한 등급을 높일 때마다 약 12억 원의 적자를 줄일 수 있습니다.
10. 1987년도 적자는 47억 원입니다.
11. 현재 막장 탄질로 보아 탄질 3등급은 올릴 수 있습니다.
12. 탄질 3등급을 높이면 약 37억 원의 적자를 줄일 수 있습니다.
13. 탄질을 높이려면
    가. 경석 공차 바닥을 빗자루로 쓸 듯이 청소하고
    나. 막장에서 선탄할 수 없는 콜 세일과 경석은 공대에 별도로 담아서 처리하고
    다. 암석이나 콜 세일이 있는 막장은 구분 발파를 하여 별도 처리하고
    라. 보갱경석과 반타경석은 별도의 광차에 적재하고
    마. 경석에 탄을 씌워 위장하는 일이 없어야 합니다.

탄질 향상으로 수입을 증대시켜 획기적으로 경영혁신을 성취함으로써 내가 바로 회사의 주인이 됩시다.

탐방 기사로 소개했다.

사갱에서 옆구리 채탄 사갱의 옆구리를 채탄했다. 6편으로 올라와서 광량을 확보하고 7편에서 도면에 빈 공간에서 노다지를 찾으니 채굴한 구역

에 대한 탐탄이 활기를 띠기 시작했다. 구사갱의 인차대기선 분기점 우측 천반 측벽에 채굴한 구갱도에서 시뻘건 산성수가 흐르고 있었다. 반대편 측벽 아래로 탄이 보여 바닥에 철판을 깔아 놓고 삽으로 탄을 실어 줄을 매어 끌어올려서 사갱에 공차를 달아놓고 다시 옮겨 싣는 원시적 작업을 했다. 내리막 막장에서 채굴된 탄을 썰매 형태로 끌어올리는 작업이다. 사 갱이나 주요 운반갱도는 보안상 채굴하지 않는 것이 상식이지만 절박하여 이삭 줍듯이 탄을 모았다.

탄질 향상 운동에 참여 막장에서 생산된 탄은 선탄과로 운반되어 선탄하 여 탄질 등급에 따라서 판매한다. 막장 탄에 끼어 있는 협석을 골라내는 작업은 작업자들의 협조가 필요했다. 나는 우선 경석을 실었던 공차는 별 도로 대기시켜 바닥을 청소하고 막장에 보내도록 운반 작업자들에게도 폐 와이어 로프로 만든 도구를 지급했다. 탄층 막장에 끼인 협석은 막장에서 공대에 한 자루씩 골라 담아서 탄차 위에 실어서 보내는 방안을 작업자들 의 협조로 시행했다. 그날부터 모래주머니를 구입하여 지급해 주었다. 탄 질 향상을 위한 유인물을 제작하여 전 종사자에게 배포해 주고 탄질 향상 운동에 참여했다.

4. 기술개선으로 능률 향상

개선은 현재의 방법을 더 좋게 바꾸는 것으로 미래를 예측하는 선견력 과 기존의 방법에 익숙한 관습을 설득시킬 논리로 공감대를 형성하여 다 수 의견으로 결정하는 기술이 필요하다.

막장 4고 개선 채탄작업에서 가장 힘들고 고통스러운 작업 4가지를 나는

'막장 4고(苦)'라 했다. 첫째는 23도의 경사진 탄중갱도에 등짐으로 갱목과 자재를 운반하는 작업이고, 둘째는 수평갱도에서 경사진 선로 위로 인력으로 광차를 밀어올리고 내미는 수압 운반작업이며, 셋째는 삽으로 광차에 탄을 적재하는 수적 작업이고, 넷째는 막장에 탄이 굳어 발파하고자 홈노미로 화약을 장진할 구멍을 맨손으로 뚫는 수굴 작업이다. 채탄 보조공과 기능공 작업을 하면서 겪은 막장 4고다. 이 작업의 내용과 고통을 이미 언급하였음으로 개요만 적는다.

1고: 등짐 운반 모노레일(MONO RAIL) 운반으로 등짐 운반작업을 개선시켰다. 장성광업소 철암갱 채탄법 개선계장을 할 때 중단붕락채탄 개소의 38도의 암석승에 모노레일을 최초로 설치하여 사용했으나 채탄승에서는 방제갱에서 처음 설치하여 사용했다. 방제갱의 탄층은 채탄승이 상부로 일정하게 연속 전개되지 않고 경사와 수평이 불규칙하게 상부로 뻗어져 있어 전체 채탄승에 설치할 수 없다. 6편은 탄층의 경사가 일정하여 사내에서 최초로 모노레일을 설치하여 등짐 운반작업을 개선시켰다.

2고: 수압 운반 수압 운반작업을 하던 협소한 구간을 굴진 작업자의 자투리 시간으로 확장하여 축전차 운반을 할 수 있도록 개선시켰다.

3고: 수굴 작업 착암기는 빗드를 회전하고 충격을 주며 공 안에 물을 공급하여 빗드를 식혀 주고 마모된 암분을 세척하는 기능이 있다. 고장난 착암기의 대다수가 빗드를 회전시키는 부속인 라이플 바나 고장으로 사용하지 못하고 폐기된다. 채탄 막장에서 발파작업을 하는 대다수 막장은 콜픽만 있어도 작업이 가능하여 폐기되는 착암기의 라이플 바나를 빼내고 충격 기능만으로 콜픽으로 개조하여 수굴을 개선시켰다.

4고: **수적 작업** 수적 작업이란 광차에 석탄을 삽으로 싣는 전근대적인 작업이다. 굴진 막장에서 적재작업은 기계적인 로커 쇼벨을 사용하나, 규격이 협소한 연층과 중단에 사용하는 적재기가 없었다. 막장 바닥에 석탄을 기계장치로 동력은 전기나 압기로 하여 가변식 첸 컨베이어로 끌어올려 광차에 떨어뜨리면 된다. 적재기를 축소 제작하여 이훈섭 사장이 갱장실을 방문했을 때 실물을 보이며 건의하여 깊은 관심을 받았고, 은성광업소 부소장으로 재직할 때 본사 구매로 제작했다.

승 입구 사다리 없이 개선 승 입구에 사다리를 밟고 오르내리던 방법을 사다리 없이 통행하도록 개선했다. 철암갱 계장 때 모노레일 운반을 하면서 승 입구를 사다리 없이 진입하게 했다. 등짐을 짊어지고 사다리를 밟고 올라가는 고통을 당연하다고 생각하고 그대로 사용했으나 입구의 인도 측 각주만 깊게 낮추고 탄도는 그 상태대로 시공하여 보다 쉽고 안전하게 통행하게 했다. 모노레일 운반은 위 1고에서 언급했다.

지주턱 마름법 창안 지주가 지압에 견디는 내압(耐壓) 방법으로 지주턱 마름법을 창안했다. 채탄승 막장을 진행할 때는 지주를 시공하며 그 지주가 채탄승 갱도를 유지한다. 시공된 지주 1조의 명칭을 수량에 따라서 한 동발, 한 쉬, 한 틀, 한 세트라 한다. 채준작업이 진행되는 연장만큼 지주의 수도 많아진다. 지주간의 간격을 쉬간이라고 하며, 쉬간은 75센티미터로 권장하지만 실제로는 간격을 좁게 설치한다. 지주를 시공하는 재료는 주로 소나무이며 길이는 1.8미터, 굵기는 말구 직경이 18센티미터가 표준

규격이나 공급되는 갱목의 규격은 일정하지 않다.

　지주를 시공할 때는 목재로 탄중갱도의 좌우 측벽에 각주 2본을 사다리 모양으로 벌려 세우고 두 각주 위에 관목 1본을 얹어 덮어서 조립하면 한 틀이 완성된다. 이때 양 각주와 관목을 조립하는 접합부를 쉬턱이라고 하며, 이 쉬턱을 마름하는 법을 개선한 것이다. 시공된 지주가 연장되어 갱도가 되며 통행과 자재를 운반하고 채굴된 석탄을 유탄하고 통기·운반·배수 등 보안상 기본적인 중요한 구축물이다. 특히 지주는 지압에 견디며 유지된다. 지압이 가해지는 전조는 지주의 변형으로 붕괴를 예고하는 신호다. 이 신호는 지주의 약한 부분이 변형으로 나타나며 그 변형의 상태는 대다수의 지주가 초기에 접합부가 터지고 갈라지며 각주와 관목이 찌그러지고 불어져 갱도를 붕괴시킨다. 지주의 접합부가 제일 먼저 중압에 변형되는 이유는 지주의 접합부를 톱으로 자르고 도끼로 파내서 마름하기 때문이며, 이는 지주 조립공법상 불가피하다. 이러한 접합부의 쉬턱 마름법으로 빈번한 지주 보수가 불가피하고 그 시기를 놓치면 갱도 붕괴로 이어져 보안상 위험하고 보수인력 투입으로 생산과 능률 저하의 요인이 된다.

　종래 접합부 마름 방법은 각주는 관목 원구의 1/4를 높이로 깊이는 각주 원구의 1/4로 자르게 되어 있다. 이 경우 각주의 원구가 직경이 20센티미터라면 깊이는 5센티미터를 자르고 관목의 직경이 20센티미터라고 하면 5센티미터를 자른다. 결국 직경의 25퍼센트의 깊이를 잘라야 하므로 손상이 25퍼센트다. 창안한 내압식 쉬턱 마름법은 각주와 관목의 절단하는 깊이를 2센티미터로 통일하여 손상이 10퍼센트로 종래의 손상 25퍼센트보다 15퍼센트가 감소되어 지주의 내압은 60퍼센트 증가된다. 그리고 갱도 단면적이 확대되어 통행 공간이 넓어지고 생산량이 늘어났다. 이 방법에서

승입구 사다리 없이
진입 개선 전후.

채탄승 모노레일
운반 개선 전후.

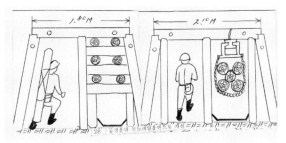

접합부를 최소로 절단하기 때문에 접합면이 적어서 각주와 관목이 이탈되어 해체될 수 있는 우려를 보강하기 위하여 3중 타주 시공법을 창안했다.

3중 타주 시공법 3중 타주 시공법을 창안하여 모노레일을 설치할 공간을 확보하고 갱도 전면을 시계에 노출시켜 갱도점검 때 완전파악하게 했다. 또 지주의 접합부인 쉬턱을 천반과 측벽의 압력에 최대한 견딜 수 있는 내압식으로 마름하고 접합부에 3중 타주로 보강했다. 종래 탄중갱도는 지주의 관목 중앙에 타주 1본을 시공하여 인도와 탄도를 구분하여 한쪽은 통행과 자재를 운반하며 압기 파이프를 설치하고 한쪽은 탄도로 이용하며 반목적을 연결 시공하여 보강해 왔다.

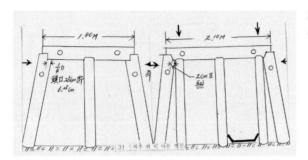

3중 타주 시공 전
후의 도라후 설치.

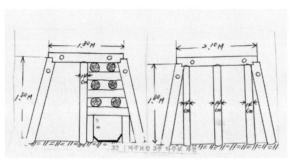

반목적 시공을 3중
타주로 개선.

　이 방법에서 문제가 된 것은 연결 목적으로 측벽이 가려져 있어 각주 변형과 절장의 탈락 및 측벽의 공동 형성과 도탄 등 붕락의 전조를 확인할 수 없어 평상시 갱도 점검에서 안전하다고 판단했던 지점에서 갱도 붕괴 사고가 발생했다. 이러한 보안상 은폐된 사각지대의 위험요소를 근원적으로 제거하고 모노레일을 설치할 공간을 확보해야 했다. 이 문제를 해결하는 방안으로 타주 3본을 시공하는 방법을 창안했다. 3중 타주 시공이란 지주의 중앙에 종전과 같이 타주 1본을 시공하고 좌우의 양 각주의 쉬턱에 타주를 시공한다. 탄도에 반목적을 철거하고 지주 접합부에 타주를 시공하며 철판 위의 공간에는 모노레일을 설치하여 자재운반을 하고 전 측벽을 시계에 노출시켜 은폐된 갱도의 붕괴 요인을 제거했다.

자동 철풍문 창안 갱내 통기는 대기를 기계적으로 막장 작업장까지 공급하여 호흡하고 지열을 희석시키며 분진과 화약 발파 연기를 배기시키고 착암기와 오가 드릴, 콜픽과 로커 쇼벨 등 장비와 공구의 동력으로 사용한다. 갱도의 연장이 길어지고 심도가 깊고 작업장이 분산되면 갱도를 개설하여 기계적으로 통기시키거나 기압차를 이용한 자연 통기로 기류를 형성하며 이때 통기 차단용 조절 풍문을 설치한다. 종래에 조절 풍문은 목재로 만들었으나 풍문을 통과하는 광차와 통행자가 이용하고 개방시키거나 파손되어 기류가 형성되지 않아 갱도에 매연이 정체되어 통행에 큰 불편을 주어 보안상 위험했다. 이런 경우 파손된 풍문의 보수가 지연되어 풍문 관리를 근본적으로 해결하고자 중력 자동 철풍문을 창안하여 설치했다. 운반물과 통행자가 지나가도 문은 항시 정위치로 돌아오게 했다. 통기의 압

자동 철풍문을 창안하여 설치 사용.

력에 개방되지 않고 충격에 변형되지 않도록 앞뒷면을 철판으로 하고 중력을 조정했다.

자동 풍문은 갱도의 단면적 사다리 모양으로 H형강으로 문틀을 만들고 두 쪽의 문은 문틀의 1/2 규격에 맞추어 50밀리 ㄱ자 형강으로 반사다리 형태로 테두리를 만들고 앞뒤면에는 3.2밀리 철판으로 용접했다. 문이 회전되는 쪽에는 ㄱ자 형강의 문틀에 50m/m 환봉을 용접하고 베어링으로 회전이 되도록 했다. 두 개의 풍문에는 불빛이 비치도록 직경 30밀리의 십자형으로 공간으로 투명하게 했다. 풍문이 기류의 압력에 견디지 못하고 자동으로 개방되면 풍문의 접촉 부위에 중량물을 추가로 고정시켜 자연 개방을 조절했다. 정체된 갱내의 매연이 의도하는 방향으로 기류되어 갱도가 시계가 맑고 신선한 공기를 마시며 자유롭게 통행하게 하여 개광 이래 방치한 숙원을 완성했다. 이 자동 철풍문은 통기 저항이 적은 개소에만 사용하며 사내 최초로 제작하여 사용했다.

비상 대피훈련 실시 통기승을 굴착하여 갱내 화재 등 유사시 대피하는 통로로 이용했으며, 갱 자체로 1년에 봄과 가을에 한 번씩 인차 운행을 중지하고 통기승으로 출갱하는 대피훈련을 했다. 통기승 통로에 발판을 설치하고 각주와 타주 양편에 32m/m 폐 와이어 로프로 손잡이를 견고히 시공하여 급경사 갱도에 두 손을 힘주어 잡고 오르도록 했다. 분기점마다 방향 표시와 이정표를 부착하여 대피하는 길을 안내했다.

분진 발생 개소 살수 갱내의 전 작업장에서는 분진이 발생한다. 갱도에 부유하는 미세한 분진이 기류를 따라서 이동한다. 노동부가 용역으로 연구한 보고서에 의하면 우리나라 광산의 갱내에서 분진작업에 4~5년 종사하면 진폐증에 이환된다고 되어 있다. 분진작업 종사자에 대하여 산업안전보건법과 진폐이재자 보호에 관한 법으로 1년에 2회 정기 건강검진을 받으며, 검진 결과 유소견자는 1주일간 입원하여 정밀검사를 받는다. 정밀검사 결과 장해가 발견되면 장해 정도에 따라서 장해보상비를 지급하며 합병증이 있으면 입원요양하거나 통원치료를 받는다. 이때 장해보상과 휴업급여는 평균임으로 받는다. 이직해도 1년에 1회 정기검진을 받게 되어 있다.

재직 중에 정기 건강검진 결과 유소견자로 판정되어 1978년 근로복지공단 동해병원에서 1주일간 입원하여 정밀검진을 받았다. 동해병원에는 지난날 분진작업에 종사하던 동지들이 병상에서 산소호스를 코에 꽂고 가쁜 숨을 몰아쉬는 모습을 보고 눈물이 났다. 전국에 진폐증 판정을 받고 합병증으로 요양 받는 동지들이 3천여 명이 넘고 1년에 250여 명이 사망한다는 얘기를 듣고 서글픈 생각이 들었다.

진폐증에 이환되는 원인은 분진을 흡입하는 데 있으나 갱내 작업장의 현실은 분진작업을 하지 않을 수 없는 실정이다. 작업자들이 방진 마스크를 착용하고 있지만 마스크를 통과한 미세먼지가 합병증의 원인이 되어 분진 흡입을 완벽하게 방지할 수 없다. 다만 흡입하는 분진이 마스크의 필터를 통과할 때 일부 걸러지기 때문에 착용한다.

취업회에 나가서 진폐에 이환되어 병상에서 산소호스에 의존하여 호흡하며 고통 받는 참상을 눈시울을 붉혀 가며 전달하니 모두들 숙연히 내 말에 경청해 주었다. 그리고 언젠가는 우리가 진폐 요양병원에서 다시 만날 거라고 하며 살수를 하자고 했다. 분진이 발생하는 전 개소에 살수장치를 했다. 굴진작업 막장은 종래부터 습식 천공을 하고 있었으나 경석을 적재할 때도 살수하도록 했다. 채탄 개소는 채준 막장과 채탄승 분기점 승입구 붕락채탄 개소에 살수시설을 했다. 채탄 개소는 채탄승을 기준으로 6-7개소에 설치했다. 살수하는 수원은 사갱의 배수관에서 파이프를 연장하여 통수하고 살수 개소의 관말에는 고무호스를 연결하며 호스 끝에 밸브를 고정하여 조절하여 분진 발생지점에 임의로 살수하도록 했다. 이렇게 분진 발생을 일부나마 억제하고 갱내 공기정화와 지열을 식히는 효과도 있었다.

나는 분진작업에 종사하는 작업자를 관리하며 석탄을 생산하는 최일선의 책임자로 당장에 눈에 보이지 않아도 건강상의 위해도 방지해야 할 책임이 있었다. 이 살수장치를 지시나 권고에 의해서가 아니고 내 스스로 분진 발생 전 개소에 살수하는 방법을 최초로 시행했다. 이 일은 건강을 보호하는 문제로 생명을 보호하는 만큼 중요한 일로 그 효과를 계량할 수 없지만 최초에 살수를 시행한 사실을 보람으로 생각한다.

질식사고 예방조치 작업이 끝난 갱도 입구에 출입차단 장치를 개방형으로 개선했다. 갱내 작업자들의 생리 해결은 소변일 경우는 통행하는 사람을 피하여 배수로에 처리하나 대변일 경우에는 으슥한 구갱도를 이용한다. 구갱도는 채굴작업이 완료되어 입구는 갱목으로 통행을 차단해 놓았지만 주작업장과 떨어져 있어 몰래 들어가서 이용하는 경우가 많아 산소 부족으로 질식사하는 사고가 발생한다. 갱내에는 화장실이 따로 없어서 직위의 고하를 막론하고 이렇게 이용하는 것이 통례로 되어 있다. 중대 사고가 발생하면 본사에서 유사한 사고를 예방하고자 재해 사례를 전통으로 각 광업소에 전달하여 각 갱까지 통보된다.

나는 각 편에 있는 구갱도 입구를 개선하는 근본대책으로 입구에 타주를 5본 세우고 32밀리 와이어 로프를 절단하여 지주의 가로 길이로 8본을 고정시켜 통행을 차단하고 내부가 훤히 보이게 했다. 대변 용무는 공차를 이용하도록 하여 질식사고의 요인을 근본적으로 제거시키고 갱내 공기도 정화되는 효과가 되었다.

사갱 분기점의 안전작업 공간 협소한 사갱 분기점을 확대했다. 방제갱의 갱도 골격은 구사갱 입구에서 18도 경사로 480미터 내려가서 6편 권입에서 연사갱과 연결된다. 사갱에서 각 편으로 갱도가 분기되는 지점은 구사갱에는 적출갱과 인차 대기선인 구적출갱이 있고 6편이 있으며 연사갱은 7·8·9·10편이 있다.

각 편의 분기점이 협소하여 조차작업을 할 때 보안상 위험하고 특히 다수 인원이 교대하는 출퇴근 인차 시간에는 매우 복잡했다. 분기점의 갱도를 확대하는 방법으로 갱도의 측벽을 넓히고 기존 지주의 연결지점에 갱도를 넓히는 만큼 중간에 연결 H형강으로 체결하여 아주 쉽게 확대하였다. 통기 배수관과 전기 전화 케이블의 이설은 휴일을 이용하여 말끔하게 마쳤다.

5. 생산적인 인력 운용

개선과 개혁은 현재의 방법과 제도를 바꾸는 것으로 반대는 불가피하다. 그러나 실행한 경험이 있거나, 개선해야 된다고 판단되면 주저하지 않고 추진했다. 특히 고생을 사서 한다거나 없는 일을 만들어서 한다는 말도 감수했다. 사람을 도우고 경영에 도움이 되는 일이라면 고생도 즐거웠고,

험한 일도 피하지 않았으며, 공명심이라 폄하해도 무시했다. 관심을 가지니 일이 보이고 보이는 일은 기어이 해냈다.

기능공 우대와 동반 작업자 선택권 부갱장 때 경영개선 제안을 했던 내용으로 내 권한으로 할 수 있는 일을 실행했다. 기능공은 최일선 막장에서 생명의 위험에 노출되어 작업하는 직종으로 가장 중요한 임무를 담당하며 사고도 많이 당한다. 인원을 보충할 때 신규로 채용된 보조공들이 기능공의 작업 지시에 불응하며 돈을 많이 받는 당신들이나 하시오라며 보조업무를 소홀히 했다. 기능공들은 위험한 일을 하면서 자식 같은 젊은이와 시비하기 싫어서 못해먹겠다고 호소했다. 사태의 발단은 신규로 채용된 보조공들이 고학력자로 기능공의 지시와 보조에 불응하고, 기능공은 배분율이 낮아서 위험작업에 기여한 정도에 미치지 못한다는 결론에 이르렀다. 기능공을 양성하려면 최소한 2-3년 걸리는데 사태가 심각했다.

신규로 채용된 보조공은 10여 명인데 한 교대에 3-4명으로 반장 한 사람에 한 명도 안 되게 배치되어 있었다. 기능공이 같이 작업하기 싫어하는 보조공의 명단을 파악했다. 계장회의를 소집하여 기능공의 배분율은 2인1조로 배치될 경우 기능공은 1.1 공수 보조공은 0.9공수로 관행적으로 배분해 왔는데 갱 전체 월도급 작업에 기여한 정도에 따라서 기능공에게 기본적으로 1.2 공수를 배분하고 조퇴자와 도급 작업에서 기여도가 적은 지원 작업자의 배분율 조정하여 최대 1.5공수까지 반장 권한으로 배분하도록 했다.

나는 다음 날 취업회에서 "신규 채용된 보조공이 기능공과 협조가 안 되어 기능공 기피 사태가 발생한다. 기능공은 석탄생산의 주역으로 사고도 가장 많이 당하는 위험한 직종이다. 보조공이 기능공의 지시와 보조를 소홀히 하면 막장작업에 배치하지 않겠다. 기능공들은 나를 믿고 당신들이 하는 일에 비협조적인 보조공을 꼬집어 말하기 어려울 테니 건의함에 이름을 적어 내라. 건의함에 명단이 들어오면 개별로 면담하여 도급 작업에서 배제한다고 공개하겠다. 지나간 일은 묻지 않겠다. 앞으로 신입자가 채용되면 기능공을 보조하는 일의 중요성을 교육시키겠으니 모르는 일은 잘 가르쳐서 분위기 좋은 작업장이 되도록 해달라"고 부탁했다.

특히 "반장은 소신껏 작업을 지휘하고 기능공의 배분은 기본적으로 1.2 공수로 하고 기여도에 합당한 1.5 공수까지 공정하게 배정하여 기능공을 서로 하려고 해야 사고는 감소되고 증산이 된다. 우리 갱은 기능공 제일주의로 하겠다. 앞으로 반장 등용도 기능공 경력자를 우선으로 하겠으니 반장이 되려면 기능공이 되어라." 이렇게 하여 기능공을 실질적으로 우대하여 주었다. 기능공 기피 현상은 지원 현상으로 바뀌었고, 건의함에도 거듭 명단이 들어오지 않았다. 이번 사태는 막장에서 기능공과 신입 보조공 간에 일어난 문제로 갱 전체로 확산되는 것을 조기에 진정시켰고, 제도적으로 기능공들에게 배분율을 기여도에 합당하게 우대하고, 그 권한을 반장에게 부여하여 관리감독 기능을 강화시킨 결과다. 배분율은 작업 전 조퇴자는 0.1 공수, 작업 중 오전 조퇴는 0.3 공수로 통일시켰다. 막장에서 작업한 실적의 대가는 작업을 수행한 작업원이기 때문에 이들의 재산상 이익을 공정하게 배분해 주는 것은 관리자의 책임으로 열심히 일한 사람에게 도움을 주도록 하고 신입자 교육을 시행했다.

출근부와 작도(작업전표) 공개 부갱장 때 시행한 방법이다. 작도란 작업별 도급 작업의 준말이다. 도급 작업 실적을 기록한 개인별 노임의 기초 서류다. 게시판에 출근부 게시는 가동 담당이 하고, 반장이 작성한 작도는 검수계원이 실사하여 등급을 표시한 사본이다. 출근부와 작도 게시에 대하여 반장과 계장들이 심하게 반대했으나 나는 취업회에 나가서 반장의 공정한 권한행사를 보호하고 작업자는 그날그날의 기여도와 배분율을 확인하여 작업에 기여한 결과에 보람을 갖게 했으며, 간혹 불노기생자나 공작도 및 무단 조퇴자를 색출하는 데 있다고 설명했다.

초기에 게시판을 갱외 취업회장 앞에 설치하였으나 훼손이 심하여 대기실로 옮겼다. 그래도 게시물을 뜯어 버려서 철망으로 덮고 잠금장치를 하였으나 또 꼬챙이로 게시물을 뜯어서 다시 촘촘한 철망으로 바꾸어 덮었다. 그리고 각 방의 당번에게 야간에 게시물 훼손 여부를 확인하고 인계인수하도록 지시했다. 취업회에 나가서 결근자가 출근부에 표시되면 건의함에 이름을 적어서 넣으라고 당부하며, 게시물 훼손 행위를 하면 직위의 고하를 막론하고 엄중하게 문책하겠다고 선언했다. 갱 전체 월도급 작업이 정착되어 운영되고 각기 다른 작업을 하지만 모두가 주인이기 때문에 공동으로 감시하고 건의함을 통하여 비리를 신속히 파악하여 근절시켰다. 그 이후부터는 게시물 훼손 사례가 재발하지 않았다.

인력 재배치로 채탄인원이 증원되고 작업 내용이 달라도 남는 자투리 시간을 도와가며 작업한 결과 생산 실적은 기록을 거듭 갱신하며 증산되었고, 능률과 노임이 향상되어 작업자들의 사기는 높아지고 주인정신으로 더 열성껏 참여했다.

의무 제안 실시 이 제도는 18대 김덕엽 사장이 시행하여 배웠다. 갱의 발전을 위해 종사자들이 적극적으로 참여하는 분위기를 지속시키고자 의무 제안을 하게 했다. 매년 초에 설문서와 제안서의 양식을 봉투에 넣어 반장 단위로 개인별로 배포하여 1주일간의 여유를 주고 무기명으로 작성하여 제출하도록 했다. 설문서의 내용은 작업지원 상태, 우수관리자 추천과 그 이유, 관리자의 비행과 내용, 가족들의 의견과 건의 및 제안사항을 기록하 도록 했다. 접수된 설문서와 건의 및 제안사항은 내용별로 분류하여 조치 하고 그 결과를 취업회 때 발표하여 참여의욕을 높여 주었다. 평상시에도 건의할 사항은 언재든지 직접 또는 건의함을 활용해 달라고 했다.

건의함이 여러 사람이 보는 현관이나 사무실 귀퉁이에 있으면 제보할 수가 없으나 화장실에 설치하면 누구나 가는 곳이기 때문에 오해받지 않 고 건의사항이 많이 들어온다는 김환식 생산 부소장의 말을 듣고 그대로 했다.

건의함의 열쇠는 내가 휴대하고 직접 화장실에 가서 수거하여 갱장실에 와서 전날의 작업사항을 보고받고 작업지시를 한 다음 건의 내용을 읽어 보고 취업회에 나가서 공개하며 즉석에서 내용의 정도에 따라서 세탁비누 2-5장까지 답례로 주었다. 이 화장실 건의함에 관리직원의 비위 그리고 상습 조퇴자 등이 제보되어 신속하게 개선시켰다. 차츰 건의 건수가 줄면 서 갱 전체 작업 분위기는 생산적인 인화가 유지되었다.

인사 추천권을 직상위자에게 주고 이 제도는 반장 때 최인재 갱장에게서 배웠다. 인사추천권은 갱장의 권한이다. 갱장은 이 인사추천권 때문에 관 리직을 통솔하는 권위가 된다. 나는 반장급 이상 관리직원에게 인사등용 추천권을 위임하여 관리 기능을 강화시켰다. 반장을 등용할 때는 담당반장과 계장에게 위임했고, 계장급 등용은 부갱장에게 위임했다. 그리고 관리직원의 표창·승진·특진도 같은 방법으로 위임하여 관리기능을 강화했다. 인사추천은 정원의 배수로 받아 별도의 기준에 따라서 평가하여 발령권자인 소장에게 제출했다.

추천을 받더라도 별도의 기준인 작업 실적과 공로, 광산보안기능사 자격증 소지와 실무경력을 최우선으로 하고 기능공 근무기간·근속연수·학력·출근율·상벌 순으로 기준을 공개하여 금품수수와 외부의 청탁요인을 차단했다. 그 이유는 막장은 머뭇거릴 시간이 없이 진행되고 있기 때문이다. 이러한 등용제도로 외부청탁이 근절되었고, 내적으로는 반장이 되려면 기능공 경력이 있어야 하기 때문에 사무보조 관리직원이나 간접부 계통에 종사하며 반장이 될 때를 기다리던 자격증 소지자들이 채탄 보조공으로 지원하게 되었고, 기능공과 담당반장에게 일을 배우려고 열심히 노력하게 되었다. 이 제도는 작업을 지시할 당사자가 추천하고 책임지게 하여 등용된 후에도 작업을 막힘없게 하려는 의도였다.

근무실적 자기평가 시행 이 제도도 부갱장 때 경영개선 제안에 했던 내용이다. 관리직원 개인별로 자기의 근무실적 평가 내용을 매일 출근하여 확인하도록 공개했다. 매일 평가된 실적은 매월 단위로 기록을 유지시켜 객관적인 인사자료로 활용했다. 인사와 관련하여 상위직 관리자에게 비정상적인 수단으로 재간을 부리는 근원을 차단하고 스스로 평가점수를 획득하기 위해 노력하도록 했다. 평가실적은 별도의 평가기준에 반영되도록 하고 직상급자의 추천을 받더라도 객관적인 평가로 결정했다. 객관적인 평가기준에는 작업 실적을 최우선으로 하였고, 현직 근무기간·근속년수·출근율·상벌 순으로 배점기준에 의한 종합한 결과에 따라서 서열순으로 내신하였다. 이 평가는 개인별로 실적만 있으면 인사상의 불이익이 없게 하였고, 평가 내용 이외에 자기의 중요한 실적을 제출하게 하여 상급자가 미처 모르는 공적을 정도에 따라서 반영했다.

　관리직원에게 특별휴가 반복되는 갱내의 분진 작업장에서 위험에 노출되어 석탄생산의 중노동을 하는 종사자들에게 매주 하루의 휴일은 심한 갈증에 물 한 모금같이 기다리는 날이다. 구정과 추석 등 명절에는 이틀씩 연휴가 되고 법정공휴일이 주중에 있으면 정휴일과 조정하여 연휴가 된다. 7월 31일과 8월 1일 이틀간 하계 연휴가 된다. 정휴일과 연휴일에도 평일에 하지 못한 갱도 수선작업 등을 한다.

　작업직 종사자들은 도급 작업으로 실적에 따라서 노임을 받지만 최일선에서 작업을 지휘하고 감독하는 관리자들은 작업 실적과 노임이 연계되지 않으나 직책상 사명감으로 막장 작업과 인력의 안전을 관리하며 생산목표량을 달성하는 중요한 직책이다. 때로는 생산목표 미달 등의 사유로 상위 관리자에게 문책을 당하고 정상으로 퇴근하지 못하는 경우가 있으며, 사고가 발생하면 형사 피의자로 벌금형을 받는다. 생산직에서 가장 중요한 책임자로 가장 고달픈 직책이 반장이다. 봉급자는 누구나 상급자가 있기 마련이고 직무 성과에 따른 상벌이 있지만 위험한 분진작업장에 종사하는 반장은 불쌍하리만큼 고달프다. 나는 이러한 수고에 조금이라도 위로해 주고 보답하고자 관리자들에게 연휴 기간에 덤으로 특별휴가를 주기로 결심했다.

　반장의 근무는 하나의 작업구역을 24시간 3교대로 갑·을·병 방으로 3명이 배치되어 있다. 평상시 예고 없이 결근하면 해당구역 근무자가 중근한다. 근무자 상호 협의하고 결근하면 예고된 결근이므로 갚아 주는 대근 형식이다. 갱장의 입장에서는 어떠한 경우이든 중근하면 근무의 질이 떨어지기 때문에 탐탁하게 생각하지 않는다.

관리직에게 특별휴가를 실시하기로 했다. 나의 재량으로 특별휴가를 실시하는 것은 사규에 위배되나 부정과 비리와 무관하고 부여된 업무수행에 지장을 주지 않는 범위에서 문책을 각오하고 단행했다. 하계 연휴기간에 방별로 반장 4명을 휴가 전후로 2조로 2명씩 선·후발 근무조로 편성했다. 휴가일 2일을 중심으로 3일을 더하여 5일간 휴가를 주었다. 그 기간에는 겸직하게 했다. 계장과 부갱장 그리고 사무직원들도 정기휴가를 중심으로 연휴 특별휴가를 단행했다. 특별휴가를 단행하기 전에 취업회에 나가서 전 종사자에게 관리직의 고충을 이해시키고 관리직원들을 갱장 재량으로 연휴 특별휴가를 단행하는 것이니 휴가기간 동안 겸직하는 반장을 중심으로 특별 비상근무를 해 달라고 당부하니 종사자들도 좋아하며 박수를 치며 동의했다.

6. 새마을사업 추진과 수상

새마을사업은 1974년 3월 20일자 본사 총무 105-191호로 공장새마을사업 추진 통보가 처음 왔다. 당시에 18대 김덕엽 사장과 나인구 이사가 재임 중이었다. 나는 1974년 7월 1일자 방제갱 갱장에 부임하여 새마을사업을 한 내용 중에 본사 경진대회에서 수상한 내용을 본사가 발행한 새마을사업 발표사례집을 근거로 정리하였다.

왼쪽, 새마을 사업으로 갱 사무실을 신축했다.
오른쪽, 작업 전 취업회.

갱 사무실 신축 갱 사무실을 이전하고자 조용재 소장을 찾아가 건의하니 여러 사람들이 건의해 왔다며 생각해 보자고 했다. 방제갱은 1974년 3월 12일 구사갱에서 광차 추락으로 5명이 순직하는 대형사고가 발생했었다. 연이어 갱외 저탄장에서 난로용 탄을 수집하다 탄더미가 무너져 1명이 순직한 사고로 인하여 사기가 극도로 위축되었는데 내가 부임하고 또 유신 전차갱 담당 윤일주 채탄반장이 선탄과 구내에서 운반사고로 순직하는 사고가 발생했다.

불과 4개월 사이에 사망사고 3건에 사망자 7명이 발생한 것이다. 나는 안정된 업무를 하지 못하고 사고예방 대책 수립에 몰두하고 있을 때 소장이 갱 사무실을 이전할 위치를 물색하자며 565 전차선로 주변을 답사하고 구사갱 입구에 근접한 돌무더기 벌판으로 결정했다. 이전할 사무실 위치를 자세히 설명하면 영동선 동해 방향으로 가는 함백역에 이르기 직전에 우측으로 안경다리 밑으로 두위봉으로 가는 어귀에서 단곡계곡을 따라 올라가면 해발 527의 우측에 광업소 사무실이 있다. 여기서 약 100미터 더 가면 방제갱 사무실이 있고, 여기서 또 1100미터 올라가면 565 방제갱 구사갱 입구라고 언급했다.

단곡으로 들어가는 어귀에서 왼쪽 양지바른 산기슭에 구사갱 입구가 있고 우편 산기슭에는 단곡으로 가는 개거가 있다. 갱 입구와 단곡 개거 사이 도로 옆이 갱 사무실이 이전될 위치로 작업장과 접근성이 좋아 이용이 편리했다. 이 위치는 본시 단곡갱에서 생산된 탄을 권양기 사갱으로 내려서 방제갱에서 생산된 탄과 같이 선탄과로 운탄하던 적출갱의 5복선 운탄선로였는데 1972년 7월 18일 태풍 사라호 때 폭우로 단곡 계곡수가 폐석더미를 밀고 쓸려와 매몰시킨 돌밭이다. 폐석은 막장에서 발파로 모암에서 떨어진 모서리가 쪼개진 날카로운 경석이었으나 폭우로 떠밀려 내려오며 수마되어 미석이 되었다.

갱 사무실을 신축할 위치를 정하고 '물은 언젠가 가던 길로 간다. 자연은 관리하는 것'이라는 말을 기억하며 작업을 했다. 연이은 중대사고로 종사자들은 갱 사무실의 터와 갱 이름이 나빠서 사고가 연발한다고 믿을 정도로 침체된 분위였다. 갱 사무실을 이전 신축할 위치를 정하고 을방 취업회에서 발표했다. 갱 사무실을 이전하는 이유는 작업자들이 동하절 악천후에 장거리를 걸어 다니는 것이 불편하고 인력과 안전관리가 되지 않아 사고가 빈발한다고 설명했다. 사무실 이전에 동의하느냐고 물으니 모두들 좋다며 박수를 쳤다. 당장 올 겨울이 오기 전에 이전공사를 마무리하겠다고 하니 전 종사자들이 환호했다. 이날 취업회에서 이들의 열망을 확인하고 앞으로 많은 일을 할 수 있다는 희망의 빛을 보았다. 취업회가 끝나고 부갱장·굴진계장·사무계장·갑을방 채탄계장·보갱반장과 같이 신축할 사무실의 규모와 배치 등을 상의하여 결정했다. 대기실, 반장·계장·부갱장 사무실, 측량반 회의실을 겸한 갱장실, 샤워실·창고·목수간·대장간을 집약한 구조로 했다. 화장실은 별도로 짓도록 하고 개인별로 업무를 분담했다.

나는 협조부서에 지원받을 일과 대지 조성 작업을 맡고, 부갱장은 각 계장의 책임을 독려하는 일, 사무계장은 각 과로부터 지원받을 일을 매일 방문하여 추진되는 상황을 파악하여 갱장에게 보고하는 일, 굴진계장은 갱 내외에서 소요되는 자재를 수집하여 공급하는 일, 채탄계장 3명은 갑방과 을방 때는 출근한 전 작업자가 매일 취업회 전에 공사에 필요한 돌을 수집하여 하나씩 주어와 지정한 위치에 모아두는 일을 맡고, 보갱반장에게는 축대 및 계단 쌓기 작업을 맡겼다.

취업회에서 발표한 다음 날부터 작업을 착수했다. 노무웅 선탄과장의 협조로 도자를 지원받아 돌밭에서 터를 닦기 시작했다. 사무실이 들어설 자리를 성토하고 바로 뒤편에는 단곡 계곡수가 내려오던 물길을 우편 산기슭 쪽으로 유도하느라고 구축된 콘크리트 옹벽 축대 위에 물이 넘치지 못하도록 둑을 더 높게 성토했다. 갱 사무실에서 갱 입구로 진입할 언덕과 취업회장이 될 광장과 도로도 평토했다.

보갱반장은 축대를 쌓을 주춧돌과 축대용 돌과 경계석 등을 필요한 장소에 모아 달라고 계장들에게 요청했다. 갱 사무실 앞 광장에 분임토의를 할 녹십자형의 조경공사에 쓸 경계석도 미리 수집했다. 갱내에 버려진 콘크리트 지주를 수집하여 광장에서 갱 사무실로 오르는 계단과 갱 입구로 진입하는 계단은 극장식 야외교육장이 되도록 했다. 계단 우측에는 시범 지주를 설치할 공간을 확보하고, 좌측 축대 밑에는 탄질 향상을 위한 막장 폐석 수집 장소를 만들었다.

노정래 자재과장의 협조로 갱목 예산으로 기둥·판자·문틀용 제품을 공급받고, 고건덕 공무과장의 협조로 건재류인 시멘트와 슬레이트·합판·창문용 유리·욕조와 건물 내부의 전기공사를 지원받았다. 공사는 빠르게 추진되었다. 주춧돌이 여기저기 놓여지고 기둥이 세워지고 지붕에 슬레이트가 덮이고 벽체 밖에 판장이 붙고 내부에는 합판이 붙고 창틀에 유리가 끼워지고 바닥에 시멘트가 덮이고 통신선과 전선이 가설되어 전등이 들어오며 완공되었다.

사무실 공사가 진행되는 동안에 광장에서는 축대공사와 갱 사무실과 갱 입구로 올라오는 계단이 완공되었다. 취업회장 뒤에는 경계석으로 녹십자 형태의 통로와 내부 공지에는 계장 구역별로 조경을 했다. 소나무·층층나무·단풍나무·함박꽃 등을 이식하고 구불구불한 나무를 켜서 만든 의자 24개가 사이좋게 마주보며 배치되었다. 단곡의 우측 산기슭에 상수원을 만들고 넘치는 물을 호스로 유도하여 녹십자 안 네 곳에 파이프 관말에 호스를 연결하여 벨브를 달아서 누구나 필요할 때 나무에 급수하도록 했다. 자갈밭 돌무더기 위에 가을에 옮겨 심은 나무가 그 추운 강원도의 겨울을 이기고, 여름에는 그늘을 드리우며 더위를 식혀 주어 작업자들이 좋아했다. 나무에 물을 뿌려 주고 천진난만하게 웃고 떠들며 농담하며 즐기는 모습이 보기에 참 좋았다.

사무실 이전공사가 마무리되어 작업자들은 중앙욕장에서 작업복을 갈아입고 통근차로 565미터까지 와서 안전등을 지급받고 갱외의 녹십자 분임토의장에서 대기하다 취업회를 하고 작업배치를 받은 다음 갱 입구에 대기된 인차를 타고 갱내 작업장으로 들어갔다.

우천과 혹한 때는 실내 대기실에서 취업회를 했다. 갱 입구 계단식 야외 교육장과 실내 대기실에 간이의자를 마련했다. 녹십자 분임토의장에는 각 반별로 작업배치와 휴식 공간이 되었다. 부임한 지 3개월 되는 1974년 10월 4일 방제갱의 갱 사무실이 새마을사업으로 신축 이전이 완료되었다.

수해방지 공사 수해에 대비하여 갱 사무실 뒤 개거 위에 지붕보다 높게 성토했다고 언급했다. 보선 배관반에서 성토한 돌무더기 위에 계곡물이 넘치지 못하도록 콘크리트 기초에 레일을 박아 세우고 레일에 구멍을 뚫어 폐 와이어 로프를 끼워 장애물이 걸리도록 만들었다. 개거에는 장마철에는 계곡물이 70퍼센트 정도 흘렀다.

갱 사무실 주변 석축공사 보갱반에서 개거 위로 다리를 놓고 산기슭에 화장실 기초를 만들고 건물을 지었다. 갱 사무실과 구사갱 입구와 광장 어디서나 잘 보이는 독립 건물로 내부에 건의함을 설치했다.

갱 사무실 주변의 석축공사는 보갱반장이 지정한 위치에 한 교대에 돌 120개씩 모아져서 개거의 축대를 광장의 도로면 높이와 같게 쌓고 갱 사무실의 축대 주변에 화단을 만들었다. 야외 녹십자 휴식소 주변에 경계석과 돌쌓기 작업은 보갱반 오순용 씨의 수고로 메쌓기와 찰쌓기로 마쳤다.

갱 입구 침수방지 공사 구사갱은 신사갱보다 먼저 개발되어 붙여진 이름이다. 생산 작업장이 모두 구사갱에 있어 전 작업자가 입출갱하며 시설장비가 운반되어 폭우로 갱 사무실이 유실되어도 구사갱 입구만은 침수되지 않도록 보호해야 하는 가장 중요한 구축물이다. 그러나 갱 입구는 절벽 아래 형강지주로 시공되어 낙석이나 전석이 되면 직접 피해를 볼 수 있었다. 특히 침수가 용이하여 콘크리트로 6미터 연장하고 주변을 밀폐했다. 조립식으로 골조는 H형 강으로 기둥을 세우고 폐 와이어 로프로 조립하도록 제작했고, 유사시 모래자루를 쌓아서 갱 입구를 차단하도록 했다. 침수에 대비한 차단벽 시공훈련을 했다. 본사에 전보되어 이 사례를 사보에 발표했다.

구사갱 입구 철구조 장치와
모래주머니로 차단한 모습.

갱 입구 출입통제 장치 설치 구사갱 입구는 방제갱에서 가장 중요한 시설인데 일반인도 무단 근접할 수 있어 보안상 무방비 상태로 방치되어 왔다. 갱 입구로 진입할 수 있는 통로는 갱 사무실 앞 광장에서 들어가는 계단통로와 저목장에서 들어오는 통로가 있다. 작업 관계자 이외 출입을 제한하고자 주변에 철책을 하고 철근과 앵글로 통행문을 만들고 잠금장치를 했다. 갱 사무실 앞 광장 취업회장에서 갱 입구로 진입하는 사면은 계단식으로 야외 극장식 교육장을 만들고, 우측 절벽 아래 공지에 실기교육용 시범 지주로 복선 규격, 단선 규격, 콘크리트 2매 쉬, 채탄승 3매 쉬, 분기점 상하 내 목적·겹지주·연결 목적을 설치했다.

갱 입구로 저목장을 옮기고 갱 사무실을 신축 이전하고 인력과 막장작업 관리를 효율적으로 하고자 저목장을 구사갱 입구로 이전했다. 구사갱 입구에서 권양기실 사이의 산기슭 공지에 저목장 부지를 조성하고 차량이 운행하는 도로를 개설했다. 종래 저목장은 갱 사무실과 300여 미터 떨어진 적출갱 입구의 565 선로 옆에 위치하고 있었는데 시계에서 벗어나 있어 보유량을 수시로 파악할 수 없고 도난에 노출되어 있으며 갱목 적재작업이 관리에서 벗어나 있었다. 저목장을 구사갱 입구로 이전하니 갱목의 비축량과 질을 확인하며 필요시 실측하기 편리했으며 도난의 우려도 없었다. 작업배치를 받은 보조공들이 갱목을 선별하여 선로 옆에 모아놓고 작업 개소를 표시하고 입갱하면 조차공이 광차에 적재하여 막장 작업장으로 운반시켜 주게 되니 갱외에서 갱목을 공급하기 위하여 대기하던 시간을 막장 작업시간으로 활용하는 효과도 있었다.

갱 입구에 비상자재 창고 신축 이 방법도 부갱장 때 시행했던 내용이다. 갱내에서 발생하는 사고를 원인별로 분석하면 붕락사고가 전체의 30퍼센트로 고빈도 사고이며, 인명 피해가 없는 붕락사고는 더 많다. 모든 사고는 예방이 최선이지만 사고가 발생하면 신속히 구조하거나 복구하는 것도 차선의 방법으로 피해를 최소화한다고 언급한 바 있다. 붕락사고는 기능공의 숙련도와 작업여건과 깊은 관계가 있어 불가피하게 발생하며 붕락 물체인 석탄을 머리 위에 두고 작업하는 위경사승붕락채탄법에서는 피할 수 없는 사고다. 따라서 붕락사고가 발생하면 구조작업에 필요한 자재를 비축하여 두고 유사시 신속하게 공급하는 것은 구조작업을 단축시키고 때에 따라서는 매몰자의 생환구조에도 절대적으로 선행할 중요한 조치다. 구사갱 입구에서 광차를 대기시키고 적재할 수 있는 위치에 비상자재 보관창고를 신축하고 구조용 파이프도 비치시켰다. 막장에서 연락이 오면 조차공이 광차에 비상자재를 실어 사고 막장으로 직송하여 구조작업 시간과 비상자재 운반 인력을 감소시켰다.

막장에 휴대도구 보관함 설치 이 방법도 부갱장 때 시행한 내용이다. 광량 확보와 기술 개선으로 안정된 생산을 유지하며 부여된 목표가 순조롭게 달성되고 있었다. 사고는 감소하고 작업자들의 노임이 크게 향상되니 사기도 높았다.

종사자들을 위하여 내 권한으로 할 수 있는 일을 찾아서 했다. 막장에서 작업할 때 사용하는 작업도구는 개인 지급으로 휴대하고, 출퇴근하는 불편을 해소하고자 막장 도구함에 보관하여 두고 퇴근하도록 했다. 도구를 수선하는 공구를 지급했다.

혹한에 언 몸 막걸리 한잔으로 녹이고 구사갱은 인차를 타고 퇴근할 때 입기되는 찬바람을 안고 출갱하며 이때 안전모로 얼굴을 가리고 고개를 숙인다. 땀에 젖은 작업복은 얼어서 금속 모형같이 버석버석하다. 인차가 갱 입구에 도착하면 줄달음치며 안전등실로 간다.

방제갱의 갱 입구는 565와 주작업장인 10편은 243로 수직 322미터 차이며 각 편을 연결하는 대피통로를 겸한 풍도와 차단 문 관리가 잘 유지되어 입·배기가 활발했다. 동절기에 기온이 강하하면 통기는 더 활발하여 밤샘 작업을 마친 작업자들이 덜덜 떨면서 인차를 타고 출갱한다. 어떤 작업자는 작업복 위에 두터운 겉옷을 입기도 한다.

한겨울 추운 어느 날 전용 2호차가 부동액이 얼어서 1호차로 출근했다. 사무계장에게 막걸리 두 말과 안주로 노가리와 고추장을 준비시켰다. 사무계 직원을 동원하여 갱 입구 계단 아래 괴탄 난로 2개를 이동하여 막걸리를 따뜻하게 데우고 노가리를 구웠다. 사갱에서 인차를 타고 올라오며 꽁꽁 언 몸으로 출갱하는 밤샘근무 작업자에게 따끈한 막걸리 한 사발과 노가리에 고추장을 찍어 대접했다. 모두가 벌컥벌컥 맛있게 마셨다. 공복에 막걸리의 따뜻한 기운이 언 몸에 퍼지며 추위를 이기고 샤워하고 퇴근하게 했다. 석탄생산의 전초기지에서 작업자에게 술을 대접하는 것은 사규 위반이었지만 밤샘작업과 추위에 수고를 위로고자 결단했다. 막걸리 대접은 화제가 되었고, 주요한 일을 성취하는 힘이 되었다.

무사고 기원 제사 갱 사무실 신축 이전과 주변의 보강공사를 끝내고 무사고 기원하는 제사를 올렸다. 종래에 갱장이 부임하면 택일하여 지내기도 했지만 의무사항도 아니고 제사를 지낸 뒤에 중대한 사고가 연발하는 사례를 경험했으나 연이은 사고로 종사자들의 위축된 마음을 안심시키고 인간이 할 일을 다 한다는 자세로 준비했다.

종사자 중에서 그리스도 신자인 김부래 씨와 몇 분이 찾아와서 기원 제사를 지내지 말라고 요청했다. 나는 이 위험한 작업장에서 소중한 생명을 지켜주고 가정의 행복과 희망을 실현시키는 책임자로서 이들의 마음을 안정시키고자하니 더 좋은 방법이 있으면 제안해 달라하고 했으나 별다른 제안이 없었다.

갱 사무실 뒤 절벽 아래에 장소를 정하고 길을 다듬고 주변을 말끔히 청소했다. 종사자들에게는 제사에 쓸 성미로 백미 한 숟가락씩 가져오라고 봉투를 나누어 주었는데 어떤 이는 큰 봉투에 가득 담아서 가져온 이도 있었다. 백미를 더 구입하여 떡을 넉넉하게 만들어서 전 종사자에게 종이에 싸서 나누어 주었다.

광업소 발표회에서 당한 수모 새마을사업 발표회를 하는 본관 사무실 2층 회의실은 참석자들로 가득했다. 발표 순서는 회의할 때와 같이 방제갱이 제일 먼저했다. 새마을사업 추진 내용 9가지와 관련사진 17장을 첨부하여 새마을사업 시행 전후의 실적을 대비하여 능률은 1973년에 갱 전체 능률 1.09톤/공을 100으로 1974년에 1.41톤/공으로 129퍼센트, 1975년도에 1.31톤/공으로 120퍼센트, 1976년도에 1.46톤/공으로134퍼센트, 1977년에 1.54톤/공으로 141퍼센트로 향상되어 연평균 11퍼센트가 향상되었다. 단 한 푼의 예산지원도 없이 갱 자체로 한 사례였다.

이날 발표회에 방제갱만 대형 차트로 시행 전후의 사진을 첨부하여 알기 쉽게 계수를 대비하여 발표하였으나 타 소속에서는 종이 한 장을 책상 위에 놓고 발표자 혼자서 내용을 읽는 형식으로 내용도 알 수 없었다. 발표가 모두 끝나고 소장이 강평을 시작하며 벼락 같은 고함을 치며 여기가 PR하는 곳이냐 새마을사업 발표회다. 입에 침을 튀기고 손을 흔들며 방제갱에서 발표한 내용을 질타하며 꾸중을 했다. 전 간부와 각 소속의 발표자들이 있는 장소인데 망치로 머리통을 얻어맞는 수모를 당했다. 부당한 강평에 반박하고 싶었으나 참았다.

나는 이 발표회를 통하여 소장 이하 전 간부들의 수준을 짐작하는 계기가 되었으며, 국가의 역점사업인 새마을사업이 있는 한 언젠가 올바른 평가를 받을 것으로 확신하며 더 큰 자신감을 갖게 되었다. 진실은 언젠가 밝혀지고 실적은 공정한 평가를 받으며 부당한 강압은 후회할 날이 있을 것이라고 생각하니 마음이 편했고, 소장의 난동이 가엽고 불쌍해 보였다.

사무실에 와서 사무계장에게 수고했다고 위로하고 어떠한 사람이 이 자료를 요구해도 내 승낙 없이 제출하지 말라고 강력하게 지시했다. 그런데 얼마 후 이승우 노무과장의 전화가 왔다. 오늘 발표한 자료를 새마을계로 보내 달라고 했다. 나는 오늘 전 간부와 발표자들 앞에서 수모를 당하는 걸 보고도 그 자료를 달라고 하느냐며 전화를 끊었다.

두 번째 전화가 또 왔다. 지금 본사에서 내일까지 발표한 자료를 제출하라고 전통이 왔는데 빨리 보내 달라고 사정했다. 나는 잘됐다, 오늘 발표회에서 칭찬받은 자료를 보내면 될 게 아닌가 하고 또 전화를 끊었다. 세 번째 또 전화가 왔으나 그때도 단호하게 거절했다. 급기야 노무과장이 차를 타고 방제갱으로 직접 찾아왔지만 거절했다.

노무과장이 가고 난 후 전기보 사무 부소장이 찾아와서 특유의 너털웃음을 웃으며 방제갱에서 오늘 발표한 그 자료를 달라고 했다. 나는 발표회 강평에서 PR한다고 꾸중을 해놓고 불과 3시간도 지나지 않는데 어떻게 그 자료를 달라고 하십니까? 사무 부소장님은 새마을사업을 관장하고 계시며 오늘 강평하는 자리에 계시지 않았습니까? 제가 예하 간부라고 부당한 요구를 하지 마세요라고 단호하게 거절했다.

경진대회에서 연이어 수상 실적은 언젠가 올바른 평가를 받는다고 믿었는데 그 믿음은 금방 현실이 되었다.

본사에서 새마을사업 사례발표 경진대회를 개최한다는 통보가 와서 참여했다. 본사가 주관한 새마을사업 경진대회 결과 방제갱의 새마을사업은 함백광업소를 넘어 사내에서 가장 우수한 사례로 평가받고 수상했다. 1회의 발표와 2회의 경진대회에서 연속 수상했다. 연이어 우수한 사례로 선정되니 사장의 격려와 표창도 받았다. 사업소장 회의 때 발표하라는 통보를 받고 내가 직접 발표하고 금일봉을 받았다.

새마을사업 발표 경진대회에서 수상한 내용을 요약해서 기술한다.

○ 1977. 9. 22 제1회 새마을 경진대회 협동상 수상
  - 제 목 : 협동작업으로 능률 향상
  - 발표자 : 부갱장 진양섭 - 상금 10만 원, 사보175호에 실림

○ 1978. 2. 22 전 사업소장 회의에서 성공사례 발표
  - 제 목 : 막장 새마을운동과 안전확보 능률 향상
  - 발표자 : 갱장 김정동 - 상금 금일봉
  (석공 사보 제179호, 대한석탄공사 업무개선사례집 제4집
  p.101-109(1978. 9), 1978년 9월 업무개선 사례집 p.10 사보)

○ 1978. 10. 20 제2회 종합경진대회에서 자조상, 근면상 수상
  - 자조상 : 채탄 막장 기술개선 사례
  발표자 : 채탄계장 이창성, 상금 10만 원

  - 근면상 : 막장 상면 교대 시행
  발표자 : 채탄반장 정광식, 상금 10만 원
  새마을경진대회 발표집(1978. 10. 30) pp. 95-133. 1977. 1월

○ 1978년 12월 30일 새마을사업 유공으로 소장 표창

7. 대형사고와 매몰자 구조

사고란 인명과 재산의 피해가 발생하는 것을 말하며, 피해가 없고 재산의 손실만 있으면 인명 무피해 사고라 한다. 사고라는 용어는 재해와 같으며 구조작업이란 사고발생 현장에서 인명을 구조하고 시설을 복구하는 작업을 말한다.

탄광에서 발생되는 사고의 원인을 보면 천재지변과 태풍 등 기상이변 이외에 갱내에서 발생하는 낙반·붕락·운반·가스·출수·화재·화약·추락·전도·전기·기계·전석·기타로 분류하며, 빈번하게 발생하면 고빈도 사고라 하고 낙반과 붕락과 운반에서 발생한다. 낙반과 붕락사고는 갱도와 막장이 붕괴되어 발생하며 암석이 떨어져 발생하는 사고를 낙반사고라 하고, 낙반사고와 붕락사고를 분류할 때 애매한 경우가 있다. 운반사고는 운반 시설과 장비의 결합과 분리, 탈선과 복구작업 중에 많이 발생된다.

나는 최고 수준의 기능보유자로 사고가 발생하면 내 소속과 관계없이 구조작업에 동원되어 참여했다.

굴진 막장 낙반사고 1974년 9월 8일 오전 9시경 김환식 생산 부소장으로부터 자미갱 굴진 막장에서 낙반으로 2명이 순직하는 사고가 발생했으며, 담당 갱장은 휴일에 서울에 갔다 지금 오고 있는 중이니 구조작업을 지휘하라는 지시를 받았다. 나는 즉시 박창병 부갱장에게 유선으로 각 계장·반장에게 공동 비상근무 시행을 지시하고 갱장실에 와서 비상근무 직무를 수행하라고 지시했다. 구조작업은 긴박한 사태임으로 뛰어서 565 운탄선로로 선탄과 구내를 지나서 자미갱 갱외 권양기 사갱으로 내려가서 540에 도착하여 대기한 전차를 타고 자미갱 2사갱 권입 쪽으로 들어가 좌 크로스

사고현장에 도착했다.

　현장은 단선 갱도를 진행하는 굴진 막장으로 선수장치를 시공하지 않고 무 지주 아래서 경석 적재 작업을 하던 중에 약 1톤 가량의 천반의 암석이 낙반되어 2명의 작업원이 동시에 매몰되어 순직한 사고였다. 순직자는 낙반된 경석 밑에 수족이 보이는 상태였고, 작업자들은 구조작업 지휘를 기다리고 있었다. 나는 무지주 구간인 막장의 천반에 낙석방지 조치로 선수장치를 견고히 시공시킨 다음 낙반된 암석을 광차에 적재하고 시신을 수습하여 후송하여 구조작업은 마무리되었다.

　막장에서 무지주 구간에 천반을 타진봉으로 두드리며 부석을 점검하여 처리한 다음 선수장치를 견고히 시공해야 하나 이 사고의 경우도 선수장치를 하지 않고 작업한 것이 원인으로 안전수칙을 지키지 않고 작업하다 일어난 후진적인 사고로 예방이 가능했다. 작업자마다 각기 다른 개소에서 다른 내용의 작업을 하지만 그 작업마다 지켜야 할 안전수칙이 있다. 잠시라도 소홀히 하면 사고가 발생한다. 특히 작업 순서대로 안전수칙을 지키는 일은 자기 생명을 지키는 것으로 안전관리 감독책임자는 작업자들이 안전수칙을 습관적으로 지키도록 교육하고 독려하며, 지키지 않으면 지키도록 감독하고 규제해야 할 책임이 있다. 온 천하를 준다고 해도 바꿀 수 없는 그 소중한 생명을 안전수칙을 지키지 않아 잃고 있으니 정말 안타까운 일이었다.

　갱내 화재사고 1977년 11월 16일 오전 2시 45분경 장성광업소 장성갱 입구에서 1,020미터 지점 제1수갱 225 동력실에서 발생된 갱내 화재사고에 구조대로 차출되었다. 구조작업이 지연되자 각 광업소에서 장성광업소에 재직한 경력이 있는 간부들을 구조대로 동원했다. 함백광업소에서 김환식 기획과장과 내가 차출되어 갔다. 우리가 도착하니 사장이 지켜보는 가운데 성낙진 이사가 구조작업을 지휘하고 있었다.

밤 8시경 각 소에서 차출되어 온 간부들과 장성광업소에 재직하는 채광직 간부를 포함하여 6명을 기획과장실에 모이게 했다. 성낙진 이사는 우리에게 방열복을 입고 자기구명기를 착용하고 배기갱인 철암 풍도로 입갱하라고 지시했다. 이미 구조대가 12명 순직한 뒤라 공포의 분위기로 침울하게 침묵하고 있었다.

철암 배기 풍도는 내가 철암갱 굴진계장과 부갱장을 할 때 직접 관리한 구역으로 잘 아는 갱도다. 이번 화재의 굴뚝으로 어떠한 보안장비를 장착하고 급경사에 매연과 화기를 맞바람으로 장거리 풍도의 사갱으로 내려가서 접근하는 것은 무리라고 판단되었다. 나는 우리 구조대가 배기 풍도로 들어가서 해야 할 임무가 무엇이며, 배기 풍도는 화재의 배기로 고온과 매연이 배기되어 접근하기 어려운 상황으로 알고 있는데 객관적으로 안전하다는 근거를 제시해 달라고 요구했다. 성낙진 이사는 대답하지 못했다. 철암 배기 풍도를 직접 관리했기 때문에 갱도 사정을 잘 안다. 급경사 장거리를 매연과 화기를 맞바람으로 내려갈 수도 없고 더구나 다른 갱도가 없어서 대피도 할 수 없는 외통 갱도다. 이러한 상황에 어떻게 굴뚝 같은 배기 풍도로 구조대원을 들어가라고 하느냐고 물었다. 그때 나를 제외한 참석자들이 너도나도 한마디씩 배기 풍도는 열기와 매연의 위험한 상황으로 보아 방제갱장의 말이 맞으니 구조대원의 안전을 설명해 달라고 요구했다. 우리 일행은 무모한 지시에는 응하지 않았다. 결국 1주일 만에 자연 진화되었다.

화재의 원인이 1수갱 225 동력실 변압기에 휴즈를 규격품을 사용하지 않아 과부하로 발화된 것이 원인으로 결론지었다. 조그마한 휴즈 하나로 인하여 한국의 광업사상 가장 큰 갱내 화재사고가 국영기업체인 장성광업소에서 발생했으니 그 후진성을 알고도 남음이 있다.

화약 폭발사고 1979년 4월 14일 함백광업소 자미갱 입구에서 화약폭발로 대형사고가 발생했다. 나는 이날 평상시와 같이 입갱 준비를 하고 있는데 생산 부소장으로부터 자미갱에서 화약 폭발사고가 발생했으니 빨리 가서 구조작업을 지휘하라는 지시를 받았다. 나는 박창병 부갱장에게 사고발생 사실을 알리고, 갱장실에 와서 공동 비상근무 직무를 지휘하라고 지시했다.

화약 폭발사고는 신체의 손상과 지혈 등을 야기하는 긴박한 사태다. 565 운탄 선로로 선탄과 구내를 지나 자미갱 갱외 권양기 사갱의 선로로 내려가서 540 자미갱 입구의 사고현장에 도착하였다. 사고현장은 참혹했다. 이 곳저곳에서 살려 달라고 절규하는 소리와 사체가 참혹한 모습으로 흩어져 아비규환이었다. 나는 수송계로 연락하여 후송차량을 총동원하도록 연락하고 후송이 지연되어 트럭과 통근용 버스까지 동원했다. 전 관리직원을 동원하여 부상자를 차량별로 명단을 작성하여 후송하라고 지시했다. 사망자는 시신이 온전한 순으로 신원을 파악하여 그 기록과 같이 후송하고, 시신이 손상되어 없는 부위는 찾아서 사지를 맞추어서 후송했다.

이 참혹한 폭발사고의 구조작업을 마무리하고 현장주변을 정리하다 전차 가공선에 금속제가 접촉되어 심한 손상이 난 지점이 발견되어 사고발생의 원인으로 짐작했다. 사고조사는 춘천지방 검찰청 원주지청의 검사의 지휘로 현장을 보존시키고 했다.

사고발생은 당일 갑반 출근자들이 수평갱도의 인차와 인차 대용 광차에 승차하는 과정에서 갱외 화약취급소에서 각 작업 개소에서 사용할 화약을 수령하여 출근자와 같이 동승했는데 굴진용 빗드를 인차에 싣는 과정에서 전차의 가공선과 인차의 앵글이 접촉되어 순간적인 스파크로 인차에 적재된 화약이 폭발한 것으로 추정되었다. 사고발생의 원인은 화약운반 전용차를 사용하지 않았고, 인차에 사람과 화약을 같이 운반할 수 없다는 규정을 지키지 않았으며, 빗드 등 장물을 별도로 운반하지 않았으며, 전차의 가공선에 빗드를 접촉시킨 점 등이다.

나는 이 참상의 사고현장 구조작업을 지휘하고 수습하면서 광산생활을 할 의욕을 잃었다. 이 사고 후에 고광도 신임 사장이 부임하여 본사 안전 감독부를 현장 경험이 많은 인력으로 보강한다는 소식이 들려왔다. 나는 기능공 출신 간부로서 갱장 생활을 5년 가까이 했기 때문에 이번 인사에 전보될 줄 믿었고, 전보되지 않으면 퇴직하려고 결심했다 .

사고발생 당시의 김 소장은 1979년 3월 19일 부임하여 27일 만에 사고가 발생했다. 신임 김 부소장이 나에게 이곳에 계속 같이 근무하자고 하였으나 이번 인사에서 본사로 발령 나지 않으면 회사를 그만두겠다고 말씀드렸다. 이틀 후 객실에서 소장이 같이 근무하자고 권유했으며, 후임 김소장도 같이 근무하자고 하기에 마음을 안정시킬 수 없어 직무를 수행할 의욕이 없어졌다고 말하고, 이번 인사에 본사 근무로 발령이 나지 않으면 퇴사하겠다고 했다.

피로 쓴 유서 이목갱 기능공 최백현 씨는 보수작업을 하다가 갱도가 붕괴되어 매몰된 상태에서 팔에 상처를 내어 그 피로 목수건에 유서를 쓰다 생환 구조된 사례다.

이날 객실에서 간부들과 휴식하고 있는데 이웃 갱인 이목갱에서 채탄승 도중이 붕괴되었다는 연락을 받고 이목 갱장과 같이 작업복을 갈아입고 650 현장에 도착했다. 사고가 발생된 개소는 채탄승의 벽면에 약간의 습기를 머금고 있어 분진도 없고 지열도 없어 작업능률을 올리기에 좋은 조건이었다. 사고현장의 상황은 붕괴 범위도 크지 않을 것으로 보였고, 발생된 지점은 탄중 수직승이 중압으로 찌그러진 협소한 갱도를 하향으로 보수하다 천반의 탄이 붕괴되어 매몰된 사고였다.

매몰된 시간은 1시간 정도 지났는데 구조작업자들은 붕괴된 구간을 복구하느라 기존의 지주 밑에 첫 번째 지주를 시공하고 2번째 지주를 시공하고 있었다. 나는 시공한 지주의 관목 위에 피쪽 성목을 엎어서 꽂게 하고 갱목에 주나(잼줄)로 앞과 뒤쪽 두 곳에 묶고 관목에 매달아서 성목의 뒤편을 강타해서 끝까지 박게 했다. 구조작업자들은 매몰된 사망자를 의식하며 느린 동작으로 작업했다. 나는 빨리 생환 구조시켜야 한다며 독촉했으나 매몰된 지 두 시간이나 지났는데 살아 있다는 것이 말이 되느냐며 내말을 비웃었다. 나는 더 큰소리로 누가 시신을 보았느냐 시신을 확인하기 전에는 살아 있다고 믿고 구조작업을 하라고 거듭 독촉했다.

이렇게 성목 4개를 박아서 천반에 탄을 정지시키고 그 밑에 2번째 지주를 시공했다. 이러한 순서로 3번째 지주를 시공하고자 성목 세 개째를 밀어 넣고 박으니 천반에 선수장치가 헐렁하게 들어갔다. 나는 작업을 정지시키고 붕락된 바닥의 탄을 끌어내라고 지시했다. 2번째 간 쉬 밑에 탄을 끌어내고 있는데 무너진 탄 속에서 불빛이 보였다 구조작업자들의 동작이 빨라졌다. 이어서 "살려줘" 하는 신음소리가 들렸다. 구조작업자들이 그 소리를 듣고 사람이 살았다고 고함치며 미친 듯이 바닥의 탄을 파내며 끌어내렸다. 나는 구조작업자들을 진정시키고 매몰자의 주변을 살피니 갱도가 붕괴되며 지주가 도괴될 때 지주의 각주와 관목의 접합부가 해체되지 않은 상태로 삼각을 이루었는데 그 삼각의 공간에 안전모를 쓰고 안전등이 켜진 상태로 승 입구 쪽으로 매몰자가 쭈그리고 앉아 있었다. 자세로 보아 승 입구 방향으로 탈출하다가 매몰된 것으로 추정했다. 붕괴된 공간으로 통기가 되어 기적같이 생존했다. 바닥의 탄을 끌어내고 무사히 생환시켜 구조작업은 끝이 났다.

구조작업자와 동원된 관리자들은 나를 일러 "방제갱장은 귀신이다. 그러한 상황에서 어떻게 매몰된 사람이 살았다고 판단하고 구조작업을 독촉했나" 하며 "구조작업하는 방법도 큰 광업소에서 온 분은 다르다"고 했으며, 그때부터 나를 귀신이라 했다.

시신을 확인하기 전에는 사망했다고 단정하지 않은 것은 구조작업을 독려하는 목적이기도 했지만 철암갱 부갱장 때 3명이 매몰되었을 때 시신도 확인하지 않고 사망으로 보고했다 큰 물의를 일으킨 적이 있어서 그 후에는 어떠한 사고도 시신을 확인하고 판단하게 되었다.

이번 매몰사고의 경우도 내 경험과 현장 여건으로 보아 생존했을 가능성이 적중했을 뿐이다. 매몰자는 죽음을 앞두고 팔에 상처를 내어 그 피로 천으로 만든 수건에 유서를 쓰고 있었다고 했다. 수건은 유아의 기저귀 천으로 만든 것으로, 탈수와 건조가 잘되어서 탄부들이 많이 이용했다.

구조작업을 마치고 객실에 돌아오니 간부들이 기다리고 있었다. 객실은 간부들이 이용하는 식당이며 휴게실이다. 대다수가 서울에 가족을 두고 주말부부로 사택에 기숙하며 식사와 휴식을 했다. 숙소의 난방과 청소는 사환이 한다. 간부 중에 가족과 같이 사택에서 살림하는 경우도 있다.

객실은 광업소를 방문하는 본사 사장과 임원 간부와 일반 직원들이 출장 와서 숙식하기도 한다. 객실의 규모는 광업소마다 다르지만 함백광업소의 객실은 건물 주변의 넓은 정원이 잔디로 덮여 있고 장미를 비롯하여 정원수가 객실의 역사를 증명하듯 이곳저곳에 버티고 서 있다. 계절에 따라 개나리와 산수유가 노랑물로 산을 물들이고 나면 붉은 참꽃이 이어서 불타고, 벚나무 함박꽃이 피고 청청한 녹음으로 뒤덮였다. 아름다운 단풍으로 물들어 석양처럼 불타다 한순간의 모든 영화를 거두고 낙엽이 되어 하얀 눈에 골고루 덮여 적멸한다.

이 객실 거실의 넓은 홀은 본사 임원이 오면 회식 자리로 이용했다. 침실은 특실 1개는 최고경영자인 사장과 임원이 이용하고, 일반실 2개는 출장 온 간부와 일반 직원이 이용했다. 특실은 임원이 올 때만 사용하다 나중에는 광업소 간부들도 이용하도록 권장했다.

8. 갱장 5년 결산

1974년 7월 1일부터 1979년 7월 5일까지 5년 5일간 갱장으로 재직하였는데 부임 직전 한 해 8명의 재해 사망자수가 부임 후 5년 동안 매년 1명 이하로 크게 줄었다. 경제적으로는 직접 손실을 12억 4천만 원 억제하여 경영개선에 기여했고, 갱 전체 월도급으로 능률을 향상시켜 소득을 높여 잘살고자 하는 희망을 이루게 하며 부조리의 근원을 제거시켰다. 새마을 사업에 전 종사자가 나서 경영 개선의 주인이 되게 했다.

〈표 6-1〉 사망재해 감소와 경제적 효과

구 분	부임 당년	부임 후							
		1975	1976	1977	1978	1979	연평균	감소자	경제적 효과
사망자	8	1	1	0	1	1	0.8	36	1,240백만원

〈표 6-2〉 생산 및 능률 향상

구분		기준년	시행년도				평균	비 고
		1973	1974	1975	1976	1977		
생산	실적(천톤)	169	211	192	206	215	13.5	생산 78년: 216
	지 수	100	151	138	147	154		
능률	전체 톤공	1.09	1.41	1.31	1.46	1.58	12.2	79년: 212
	전체 지수	100	129	120	140	149		
	채탄 톤공	2.27	2.76	2.80	2.99	3.12	9.2	
	채탄 지수	100	118	123	131	137		

〈표 6-3〉 새마을사업 종합경진대회 입상 현황

회 수	시 행 일	주관	발표자	제 목	입상구분	상 금
제1회	1977.09.22	본사	진양섭 부갱장	협동작업으로 능률향상	협동상	십만원
제2회	1978.10.30	본사	이창성 채탄계장	채탄 막장기술 개선방안	자조상	십만원
제2회	1978.10.30	본사	정광식 채탄반장	막장상면 교대제도	근면상	오만원

　1978년도 영월훈련소 관리감독자 교육에 2회 초청되어 수범사례를 1시간씩 발표했다. 1978년 2월 22일 본사에서 1회 전 사업소장회의서 발표했다. 종합적인 결과는 부임하기 전해인 1973년을 기준으로 부임 후 5년과 대비하면 생산은 연평균 13.5퍼센트씩 증산되었고, 능률은 연평균 전체 12.2퍼센트, 채탄은 9.2퍼센트씩 향상되었다. 능률 향상은 소득증대로 이어져서 임금 인상분 외에 더 향상되었다.

7. 본사 근무 시절

1979년 7월 6일부터 1981년 9월 17일까지 41세부터 43세까지
본사 안전감독부 안전감독기사로 근무하다 안전감독과장과 안
전과장을 겸직했고, 1980년 7월 1일-1981년 9월 17일 기술연구
소 채광기술부 보안연구실장을 겸직했다.

1. 사고예방 활동 평가

종래에 시설장비와 갱도 검열을 지적사항 적발 위주의 주관적인 평가제를 사고예방 실적을 객관적인 평가제로 개선했다. 사고가 발생하는 대상과 요인을 노출시켜 정기적으로 광업소 자체로 점검하게 하고, 본사에서는 그 결과를 보고받고 현장을 확인하여 그 실적을 계수로 평가한 내용을 공지시켜 광업소 간에 선의의 경쟁을 유도하여 안전도를 향상시켜 실효성 있는 사고예방이 되도록 했다.

안전감독과는 사내의 9개 광업소의 시설장비와 갱도 검열을 시행하고 평가하여 시상 통보하며 중대한 사고를 조사하고 대내외에 보고하며 재해사례를 시달하는 업무를 했다. 검열대상 광업소는 강원도 태백에 장성, 도계, 정선에 함백, 나전, 영월에 영월, 강릉에 화성, 전남 화순, 경북 문경에 은성, 충남 보령의 성주에 소재했다. 안전과는 안전장비의 구매와 운용 및 소요예산의 확보와 사고 통계관리 등의 업무를 관장했다.

검열은 상하반기로 2회 실시하고, 검열반을 2조로 편성하며 검열대상 광업소를 분담했다. 각 반의 반장은 부장과 과장이 했다. 검열반원은 채

광·전기·기계기사와 직원으로 편성되며, 인력이 부족하면 광업소의 안전감독실 직원을 지원받았다. 검열이 시작되면 1개 반이 먼저 출발하여 분담한 광업소 검열을 마치고 오면 다음반이 출발하여 절반의 인력은 감독부에 항시 근무했다. 검열을 마치고 그 결과를 종합하여 광업소별 지적사항과 개선 발전된 사항을 종합하여 순위를 결정하고 시상할 광업소와 갱과를 결정한다.

본사 근무를 시작하고 1979년도 하반기 종합 안전검열에 참여하였다. 검열결과를 종합하고 지시사항을 정리해 보고하고 시달하는 실무를 담당했다. 검열 결과는 과장을 경유하여 부장 결재를 받고 과장과 부장이 사장에게 보고하여 결재를 받아 시행했다. 검열 결과 종합평가 내용은 지적사항 위주로 시행되어 점검할 대상별 안전실태를 파악할 수 없고, 객관적으로 평가한 근거가 없어 상벌에 대한 문제의 소지가 있었다. 또 최고경영자가 검열 결과로 산하 광업소별 안전실태를 파악하고 투자를 결정하는 근거가 미흡했다.

고빈도로 빈발하는 붕락사고의 경우 주로 붕락채탄과 위험 보수작업 개소에서 발생하는데 광업소별 갱별로 위험작업 개소수가 얼마인지 지금 현재 안전조치를 하고 작업하는 개소수가 얼마며 언제쯤 안전조치가 완벽하게 되는지 검열을 하고 와서도 파악이 되지 않았다. 갱내 화재의 경우도 화재 발생의 주요 원인인 동력실의 변압기 휴즈나 과부하 차단장치를 정격 규격을 사용하였는지, 언제쯤 정격 규격으로 교체되는지도 파악되지 않았다.

본사 안전감독부가 평상시 보안실태와 안전도도 파악하지 못하면서 발생된 재해의 조사보고와 전달 및 지적사항 발견 위주의 업무만 하고 있어 검열제도를 시급히 개선해야 된다고 판단했다. 사고예방 활동을 방치하고 낡은 제도를 답습해 온 그간의 본사 안전감독부 간부와 이러한 문제점도 파악하지 못한 임원 및 최고경영자의 수준을 짐작했고, 대형사고가 연이어 발생되는 원인을 알 수 있었다.

안전감독부는 사고발생 원인을 구체적으로 노출시켜 예방활동 방향을 제시하고 광업소 자체로 점검한 결과를 보고받고 실태를 확인하여 객관적으로 평가하여 동류와 경쟁하도록 해야 된다고 판단했다.

시설·장비·갱도 검열제도의 개선안을 박재근 부장에게 보고하니 몇 가지 확인을 하고 빨리 기안하여 사장의 결재를 올리라 했다. 나는 기사들과 토의를 거쳐서 각 담당별로 분야별 우선순위와 점검대상과 점검내용 그리고 배점기준까지 만들어 초안을 결정하고 기안하여 부장과 같이 고광도 사장에게 보고했다. 사장이 끝까지 보고를 받고 누구의 아이디어냐고 물었다. 부장이 김 과장의 아이디어라고 하니 좋은 제도라고 하며 평가 결과의 달성율 옆에 성취율을 추가하라고 지시했다. 달성율이란 개선할 목표와 실적을 대비하는 것이고, 성취율이란 개선할 총 대상과 실적을 대비하는 것으로 나는 실무자로서 최고경영자의 입장을 고려하지 못한 점을 뉘우치고 업무처리 자세를 변화시키는 계기가 되었다. 검열평가제도가 수정 없이 각 광업소로 시달되어 매 분기마다 안전도를 파악하여 서면 보고받고 종합하여 사장에게 보고하였다. 사고예방 활동 목표를 노출시키고 예방활동 실적을 평가한 결과를 각 광업소에 통보하여 동류와 경쟁시켜 안전도 향상을 제도적으로 유도했다.

이 평가방법에서 광업소 규모와 채굴 여건이 달라서 점검대상이 없는 경우는 형평성 문제로 점검항목과 배점을 제외시키고 평가하여 순위를 결정했다. 이러한 계수 중심의 객관적 검열제로 수검자가 검열자에게 과공하는 비례와 평가 시상 결과에 대한 부정적인 오해의 소지가 근원적으로 차단되어 공정한 평가를 하게 되었다. 이 제도를 시달하고 장성광업소에서 현장확인 검열을 하고 갱내에서 같이 식사하던 소장이 도시락을 엎으며 항의했다. 나는 "사장의 지시를 거역하겠다는 것이냐, 사고를 예방할 대안을 제시하라"고 강경하게 요구하여 제압시켜 감독업무를 장악하고 시행했다.

2. 종합안전대책 수립

종합안전대책 수립 완성 1979년에 대한석탄공사에서 총 858명의 사상자가 발생했다. 발생 원인별로 낙반붕락 171명, 운반 175명, 화약 발파 89명, 가스 1명, 출수 12명, 화재 127명, 전석 96명, 추락 전도 51명, 기계·전기 14명, 기타 122명이다. 상도별로 보면 사망자가 92명, 중상자가 414명, 경상자가 352명이다. 1979년은 대형사고가 함백광업소에서 화약폭발로 82명, 은성광업소에서 갱내 화재로 127명이 발생하여 사상자가 많았다. 유형별 점유율은 낙반붕락 29.3퍼센트, 운반이 27.05, 화약 발파 1.05퍼센트, 가스 0.8퍼센트, 출수 0.3퍼센트, 화재 0.35, 기계 전기 3.6퍼센트, 기타 37.6퍼센트(전석. 추락. 전도 등)며 고빈도 사고인 낙반붕락과 운반사고가 56.30퍼센트다.

이주락 부장의 주도로 종합안전대책을 수립하게 되었다. 사고예방 대책은 구체적으로 안내하는 사전적인 작업이다. 발생된 사고를 유형별 원인별로 분류하여 분석하고 대책을 수립하여 시달한 후 안전운동을 전개하는 작업이 시작되었다. 발생한 사고사례를 중심으로 사고건마다 발생 원인을 직간접적으로 분석하고 사고가 발생되지 않았더라도 사고발생이 예상되는 원인을 또 분석하여 대책을 수립했다. 이 작업은 안전감독부의 채광·전기·기계 담당 이상이 총동원되었으며, 부장이 검토하는 순으로 일과시간이 지난 후에는 야근을 했으며 휴일에도 출근하여 작업했다. 그 결과 유형별 원인별 종합사고 예방대책 책자를 각 광업소로 시달하였으며, 직종별 개인별 휴대용 수칙은 비닐로 코팅하여 배포하여 작업 전에 읽어 보고 작업하도록 했다.

광산 보안영화 제작 대형 광산사고가 연이어 발생하자 교육용 보안영화를 제작하게 되었다. 이주락 부장의 주도로 안상국 채광기사가 전담하여 제작에 착수했다. 제작자를 선정한 후 촬영할 장소는 광산의 현장에서 했다. 시나리오는 각 담당이 발생한 사고의 분야별 유형별로 사례와 예상되는 사고를 중심으로 원인을 분석하고, 피해를 인도적 경제적 측면으로 분석하여 시청자가 공감하도록 했다. 제작하는 데 어려움은 사고현상과 인명 피해의 실상을 재현시키는 과정에서 좁은 갱도 속에서 조명 문제와 작업자가 시나리오와 일치돼 묘사되지 않아서 반복하는 과정에 촬영이 지연되고 위험도 많았다는 고충을 안상국 담당으로부터 들었다. 실제상황보다 더 구체적으로 실감이 나야 효과가 있기 때문에 제작자를 이해시키는 데 어려움이 많았고, 각고의 노력 끝에 대형사고인 화재와 고빈도 사고인 낙반붕락과 운반사고 영화가 제작되었다.

2층 소회의실에서 시사회가 열렸다. 사장·부사장·생산본부장·생산공무 부장이 임석하고, 안전감독부 부장·과장·채광·전기·기계 기사와 담당 그리고 신영영화사 김태호 대표와 실무자가 참석했다. 당시 안전감독부는 부사장 예하였다.

영화의 본 화면 마지막에 "사고를 통하여 안전을 배우지 말라"는 표어가 나왔다. 부사장이 이 영화는 사고가 그만큼 위험하니 예방하라는 내용인데 사고를 통하여 안전을 배우지 말라니 앞뒤가 맞지 않는다고 지적했다. 나는 사고예방을 강조한 것이라고 말씀드렸다. 그 표어는 안전감독부에서 전 직원들과 최초에 시사회를 끝내고 토의하는 시간에 내가 위험작업에 종사하는 작업자와 관리자들이 광산 보안영화를 보고 영화의 핵심을 각인시키기 위하여 영국 산업박물관 현관 입구의 표어를 넣자고 제안하여 넣었다.

그 후 같은 시기에 광업진흥공사에서 제작한 보안영화와 대한석탄공사에서 제작한 영화를 동력자원부 보안감독 직원들과 양사의 관계자들이 연석하여 시사회를 했다. 영화 상영이 끝나고 대한석탄공사에서 제작한 광산 보안영화가 더 우수하다는 평가를 받았다. 담당 안상국 채광기사의 또 다른 실력이 인정되었다. 이 영화의 필름은 각 광업소로 배포되어 광산안전 보안교육 때 시청각교재로 활용되어 많은 호평을 받았다.

작업복 및 보안장구 공급 대한석탄공사는 1950년 11월 1일 창립되었는데 18대 김덕엽 사장 재임 때 작업복이 처음 지급되었다. 지급품으로 안전장화와 마스크 작업용구인 삽·톱·줄·곡괭이·도끼 등이다.

안전모 제작 공급 갱내에 입갱할 때는 직위의 고하를 막론하고 작업복을 입고 안전모를 쓰고 안전장화를 신고 안전등을 휴대하고 방진 마스크를 착용한다. 입갱에 필요한 용품은 정기적으로 지급해 준다. 국영기업체인 대한석탄공사가 창립된 역사는 길지만 이때서야 안전모의 규격품을 제작하여 공급했다. 색상은 관리직원과 내빈은 백색으로 작업자는 황색으로 구분했다. 안전모 제작은 박가수 감독과장의 주도하여 하운 기사가 제작하느라 수고가 많았다. 그 후 민주화 때 관리자의 백색 안전모가 권위적이라며 황색으로 통일되었다 한다.

화약 운반자루 제작 공급 1979년 4월 14일 함백광업소 자미갱 갱 입구에서 화약폭발로 대형사고가 발생한 것은 폭약과 뇌관을 구분하지 않고 화약을 같은 자루에 넣어서 운반했기 때문이다. 화약취급 규정대로 화약 운반 전용차를 이용하도록 하고 전용 운반대로 폭약과 뇌관을 구분하여 사용하도록 제작하여 전 광업소에 공급하였다. 화약류 운반 전용 운반대는 폭약과 뇌관의 평상시 사용 수량을 파악하여 크고 작은 두 규격으로 제작하였다. 색상은 적색 바탕으로 했으며, 뇌관을 삽입한 도화선도 별도의 용기를 제작하여 공급했다. 안상국 기사의 주도로 하운 기사의 전담으로 제작되었다.

3. 갱 전체 월도급 실적

광업소에서 생산현장의 책임자로 매주 간부회의 때 각종 지표를 회의실 현황판에 나타난 실적과 부진한 분야의 원인과 대책을 보고하면서 계수로 실적을 관리를 했기 때문에 현장실무는 부담이 없었다.

안전감독부 안전감독기사로 보직되어 생소한 업무는 경험이 없어 업무 분장과 전임자들이 시행한 서류로 파악했다. 그러나 각 광업소 현장에서 발생한 사고처리는 현장경험으로 상황을 신속하고 정확하게 파악하고 지시할 수 있었다.

하루는 생산부장이 불렀다. 부장은 문을 열어놓고 출입문을 등지고 소파에 앉아 서류를 보고 있었다. 나는 "부장님 저를 찾았습니까?" 하고 인사했다. 부장님은 내 얼굴도 보지 않고 "자네가 방제갱장할 때 협동작업이 잘되었느냐?" 고 물었다. 나는 "예"라고 대답하며 "왜 그러십니까?" 하고 물었다. 부장은 "그러면 지금은 왜 안 되느냐?"고 했다. "무엇이 안 되느냐"고 물으니 "지금 생산이 잘 되지 않는다"라고 했다. "지난 5년간의 실적을 보시면 알지요. 내가 떠난 뒤에 생산이 되고 안 되는 것은 후임자 몫이지 그것까지 전임자가 책임질 수 없지요"라고 하니 부장은 "협동작업 때문에 생산이 안 된다"고 했다.

나는 "생산이 안 되는 원인으로 후임자가 판단하였다면 되도록 하면 되지요. 방제갱은 탄층 구조상 하부로 내려갈수록 바닥이 드러나고 있어 생산량을 조정해 달라고 수차 건의했습니다. 부조리의 온상인 작업조별 일도급을 갱 전체(협동) 월도급으로 개혁하여 전 작업자들이 선호하는 직접부 단일 직종으로 통일시켜, 사고를 예방하고, 능률과 노임 향상으로 증산하며 경영을 개선시킨 5년간의 실적이 있습니다. 부장님이 도계광업소 소장으로 계실 때 기초 작업이 잘된다고 전 소에 알려져 저도 현장을 보고 왔는데 부장님이 떠나신 후 지금 잘 안 된다고 합니다. 제가 방제갱장을 할 때는 갱 전체 월도급이 잘되었는데 지금 안 된다고 하니 부장님과 저 같은 사람을 양성해야 된다고 생각합니다. 광차 추락 대형사고로 인책 인사의 후임으로 보직되어 사고발생을 예지하는 안전캘린더를 창안하고 전 종사자가 안전요원으로 비상근무를 시행하여 사고를 예방했다. 새마을사업과 기술개선으로 산하 17개 갱 중에서 가장 우수한 갱으로 운영했는데 이는 제 능력입니다. 이제라도 부장님 같은 기술자를 양성하도록 하세요.

안 되면 되도록 하는 것이 최고경영자와 고급관리자들 몫인데 이 경우는 책임을 누가 져야 합니까? 인사의 원칙대로 적재적소에 배치하고 승진과 보직이 되도록 해야 한다"고 말했다. 부장은 "자네 말이 옳아" 하며 대화를 끝냈다.

4. 연구논문

연구논문 발표 안전감독부 감독과장으로 근무하며 국영기업체인 대한석탄공사가 민영 탄광을 선도하면서 광산의 보안에 대하여 발표된 것이 없어 의아했다. 작업장은 심부로 깊어지고 대형사고는 늘어나 인적 물적 손실을 예방하는 대책이 절실했다. 사고예방은 인도적으로 종사자의 인명과 신체를 보호하고 사회적 피해를 줄이며 경영면에서 경제적 손실을 억제시켜야 하나 사고가 발생한 뒤 시간이 지나면 잊어버리는 것이 현실이다. 발생된 사고사례를 분석하여 대책을 수립하여 체계적으로 추진하도록 정보를 전달해 주는 매체가 없어 아쉬웠다. 안전관리 업무 담당자들에게 사고예방에 도움이 될 만한 정보를 전달해야 된다고 판단했다. 반장 때 탄먼지에 바랜 『석탄산업』지를 틈틈이 읽어 보았고, 채탄계장 때는 배포도 받아 보았으나 난해한 부분이 많았다.

사내에서 정기적으로 간행하는 계간 『석탄산업』지에 "재해가 경영에 미치는 영향"에 대하여 연구한 논문을 발표했다. 사고로 인한 경영측면에서 경제적 손실을 지난 5년간 자료를 분석했다. 1979년에 대형사고가 겹치면서 손실이 급격히 늘어나 원가부담이 크게 증가하여 「재해가 경영에 미치는 영향」이라는 연구논문을 『석탄산업』지에 게재하였다. 논문의 주요 내용은 다음과 같다. 1975년부터 1979년까지 5년간 사고가 원가에 미친 영향을 보면, 총원가에서 보상비점유율은 1975년 4.7퍼센트에서 76년 4.75퍼센트, 77년 5.3퍼센트, 78년 6.1퍼센트, 79년 9.2퍼센트이며, 생산원가에서의 점유율은 1975년과 76년 6퍼센트에서 77년 6.7퍼센트, 78년 7.5퍼센트, 79년 11퍼센트로 급격히 늘어나 경영에 큰 부담을 주는 것으로 나타났다. 1926년 미국의 안전기사 하인리히(H.W Heinrich)는 간접손실은 직접손실의 4배가 된다고 했다. 1979년도의 총원가는 톤당 18,369원, 생산원가는 톤당 15,315원, 재해보상비는 톤당 1,698원이다. 1980년 12월 사내 계간지 『석탄산업』 제62호(pp.70-90)에 발표한 논문의 목차는 다음과 같다.

1. 서론
2. 재해 발생 여건
   가. 인원증가/ 나. 갱도유지 m 증가/ 다. 자재소비 증가/ 라. 시설규모 확대
3. 재해 감소와 증산 및 능률 향상
   가. 생산 규모의 확대/ 나. 공당 능률향상/ 다. 재해 감소
4. 재해 분석 비교(석공/민영)
   가. 생산 및 재해/ 나. 위험률/ 다. 상도별/ 라. 원인별/ 마. 요인별/ 바. 대형사고
5. 재해가 경영에 미치는 영향
   가. 보상비 증가/ 나. 원가에 미치는 영향
6. 결론. 관련 통계 및 표 27종

『석탄산업』지는 사내 경영 전문지로 각 부서의 전문 업무의 연구결과와 업계의 동향 및 관련 국내외 정보를 소개하는 정기간행물로 관리자와 업계에 배포되는 권위지였다.

갱내 침수방지 대책 발표 전임지인 방제갱의 침수방지공사 사례를 1979 년 사보에 발표하였다. 사례 내용은 언급했기로 줄인다.

5. 대형사고 구조와 조사

갱내 화재사고 1979년 10월 27일 은성광업소 은성갱에서 갱내 화재사고 로 44명이 사망하고 83명이 부상하여 127명 사상하는 대형사고가 발생하 였다. 화재의 원인은 갱내에서 생산된 석탄을 사갱에서 상부로 운반하는 벨트 컨베이어의 전동모터에 케이블을 접속한 테이프가 진동으로 벌어진 틈 사이로 탄진이 들어가 합선으로 발화되었다. 케이블이 연소되며 벨트 컨베이어에 인화되어 화재로 번져 매연이 입기되는 통기와 같이 유독가스 가 되어 막장으로 들어가 작업자들이 호흡하여 질식한 사고다.

이날 잠실3단지 집에서 통근차를 타러 가며 휴대용 라디오로 뉴스를 듣 다가 깜짝 놀랐다. 전날밤 궁정동 안가에서 박정희 대통령이 시해되었다 는 뉴스였다. 통근차를 타고 옆자리에 같은 부서에 근무하는 김용필 기사 에게 귓속말로 이 뉴스를 전하니 놀라며 한 사람 두 사람 알게 되어 모두 들 알게 되어 차안이 술렁이며 운전기사에게 라디오를 켜라고 했다. 뉴스 는 반복해서 방송되고 있었다.

사무실에 도착하니 은성광업소에서 갱내 화재가 발생했는데 부장과 현 장으로 출장 가라는 명령이 기다리고 있었다. 출근 복장으로 승용차로 가 며 뉴스를 들었으나 은성광업소 화재 뉴스는 나오지 않았다.

광업소에 도착하여 김 소장에게 인사하고 작업복으로 갈아입고 구조현 장에 가서 성낙진 이사의 지휘로 구조대원들이 입갱할 때 착용하는 구조 장비를 최종 확인점검하고 입갱시키는 임무를 부여받았다. 교대근무자도 없이 계속 혼자서 임무를 수행하느라 무척 힘이 들었다.

갱내 화재는 진화되었고 사망자를 포함한 구조작업도 종료되었다. 광업소에 사고조사본부에 상주 지방검찰에서 온 검사가 직접 지휘하며 사고현장 출입을 금지했다. 나는 본사의 안전감독 기사로서 사고조사를 할 책임이 있으나 검사의 지시로 현장출입이 금지되어 접근하지 못했고 조사의 진행상황도 알 수 없어 막연하게 대기했다. 나는 본연의 책임을 수행하려고 하운 기사와 갱 입구에 쳐놓은 출입금지 표식이 걸린 줄 밑으로 들어가 화재가 발생한 컨베이어 사갱으로 내려가며 조사했다.

벨트와 케이블이 연소되고 남은 재가 컨베이어의 바닥 철판에 고스란히 남아 있었다. 화재의 흔적이 끝나는 지점에 전동 모터와 연결하는 인입선이 모터에 고정된 전선과 결속한 테이프가 모터의 열에 벌어진 틈 사이로 탄진이 들어가 합선으로 발화 연소되어 하얀 재가 고스란히 쌓여 있었다. 누가 보아도 최초 발화지점이라는 것을 알 수 있었다. 현장 사진을 찍고 객실로 돌아왔다.

사고원인을 정리하고 있는데 본사 공무부장이 와서 "출입이 금지된 사고현장에 왜 들어갔느냐?"며 거세게 소리치며 사고원인에 대하여 일체 함구할 것과 검사의 문책이 있을 것이라고 했다. 나는 "출입금지구역에 입갱한 것은 잘못인 줄 알지만 내 직책상 회사의 입장에서 사고조사를 해야 하기 때문에 입갱했으며, 현장을 변형시키지 않고 그대로 보존되고 있으며, 검사가 문책한다면 그 책임은 지겠다"고 했다.

갱내 출수사고 1981년 1월 6일 은성광업소 은성갱에서 갱내 출수로 8명이 사망한 대형사고가 발생했다. 이주락 부장은 사고현장으로 가고 내가 본사 상황책임을 담당했다.

사고발생 원인은 중단채탄 막장에서 상부의 고갱도에 고여 있던 갱내수가 직하부에서 채굴하는 막장으로 쏟아져 석탄과 폐석이 밀려나와 작업자 전원이 매몰하여 사망한 사고였다. 붕락채탄 방법상 불가피한 인재였다. 당초 9명이 사망한 것으로 파악했는데, 이옥철 씨가 승 하부의 운반갱도에 들어갔다 출수사고를 면하여 8명이 되었다.

구조작업은 쏟아진 탄과 경석으로 갱도의 철재 지주가 휘어지고 광차와 축천차도 찌그러져서 장해물이 되어 제거하느라 매몰자 구조와 갱도 복구에 시간이 지연되었다.

본사 상황책임자로서 직원들은 교대로 근무했지만 꼬박 3일 밤낮을 새우며 자리를 지켜야 했다. 수시로 구조작업 진행상황을 임원진과 동력자원부에 보고했다. 사고발생 3일째 휴일에 대중탕에 가서 몸을 씻고 내복을 갈아입고 오니 그 사이에 사장이 다녀갔다고 했다.

갱내 출수사고 1979년 10월 19일, 장성광업소 장성갱 225 0크로스 1승 입구에서 130미터 지점의 붕락채탄 막장에서 출수되어 3명이 사망하고 1명이 구조되는 대형 출수사고가 발생했다.

이주락 부장과 청량리에서 밤기차로 내려가 이튿날 새벽에 철암역에 내려 광업소에 도착하니 구조작업은 완료된 뒤였다. 매몰자 중 유일하게 구조된 동생 김해동(金解東) 반장이 입원해 있는 장성 중앙병원에 가서 그 상황에서 생명을 보전한 동생의 얼굴을 보니 만감이 교차했다. 위경사승 붕락채탄법에서 인재와 같은 출수사고가 반복 발생하고 있어 채광기술자로서 무능함을 자책했다.

채탄승 붕락 1981년 8월 27일 금요일, 나전광업소 궁대갱에서 채탄승 도중이 붕괴되어 2명이 매몰 사망하는 사고가 발생했다. 사고발생 당일은 모르고 퇴근했다. 다음 날 출근하니 안전본부장실로 오라는 전갈이 왔다.

2층 김상섭 안전본부장이 어제 나전광업소에서 발생한 매몰사고가 구조작업이 어려운 모양이니 출장 갈 준비를 하고 빨리 가자고 했다. 4층 사무실에 와서 주요업무를 지시하고 승용차로 출발했다. 가는 길에 영월광업소에 들려 김광식 소장과 점심식사를 하고 비행기재를 넘어가는데 얼갈이 채소를 실은 트럭들이 석양빛을 안고 꼬리를 물며 상행하고 있었다. 정선읍에서 조양강을 오른쪽으로 끼고 북평면 항동에 소재한 나전광업소 객실에 들러 작업복을 갈아입고 사고현장이 있는 여량리 궁대갱 사무실에 도착하니 석양이 산봉우리를 넘어가며 갱 사무실 유리창을 붉게 비추고 있었다.

사무실 앞에서 김인환 관리계장의 안내로 박 소장을 만나서 인사했다. 류 갱장은 보이지 않았다. 나는 현장을 확인하려고 곧바로 입갱했다. 사고현장은 갱 입구에서 가까운 거리였다. 채탄승 도중이 붕괴된 지점은 연질 미분탄으로 하부의 연층 갱도와 중복된 개소로 채탄승 붕락의 원인은 하부 연층 갱도의 천반 측벽의 연질 미분탄이 솔솔 빠지며 형성된 공동으로 상부의 승 갱도의 바닥이 침하되며 붕괴되었다. 갱도 복구는 기능자가 아니면 시간이 많이 걸릴 상황이었다. 함백광업소 김 안전감독실장이 구조대를 인솔하고 왔다가 철수하였다는 말을 듣고 그 이유를 알만 했다. 그러나 나는 생각이 달랐다. 갱도 붕락으로 공동은 미분탄으로 이미 채워졌고, 구조작업은 분탄 갱도 복구 경험이 있는 기능공이 하면 쉽게 완수할 수 있다고 판단했다. 나전광업소 기능공들은 갱도가 중복되어 붕락된 사실을 알고 접근도 하지 못하고 있었다.

곧바로 갱 사무실에 나와서 안전본부장과 소장에게 상황을 보고하고 장성광업소의 구조대원을 지원을 받자고 했다. 그러나 소장이 강력히 반대했다. 나전광업소의 기능공도 많은데 안 된다고 했다. 나는 "나전광업소 기능공이 못하기 때문에 함백광업소 구조대원까지 왔다가 구조하지 못하고 돌아가지 않았느냐. 이러한 조건에서 구조할 수 있는 기능공은 장성탄광 기능공밖에 없다. 그리고 갱도가 중복되어 붕괴된 사실을 알고 있는 이 광산 기능공들은 겁을 먹고 구조작업을 하지 못하니 지원을 받자"고 거듭 건의했으나 소장은 강력히 반대했다.

"구조작업 복구가 지연되어 내일 일요일을 넘기게 되면 방송으로 전국에 알려져 사회적인 물의가 되고 회사의 나쁜 이미지로 사장이 문책당하고 소장은 당연히 옷을 벗어야 한다. 사소한 자존심을 생각하지 말고 구조작업을 빨리 끝내야 한다"고 거듭 주장했다. 그리고 언급한 철암갱 출수사고로 6명이 매몰 순직했을 때 안전감독실 구조대를 지원받자는 내 제안을 당시 갱장이 강력히 반대하였지만 옆에서 듣고 있던 이광모 소장이 구조대를 지원 받으라고 동의해 주어 조기에 완료했던 사례를 들어 구조대를 지원 받자고 거듭 주장했다.

소장이 반대하니 안전본부장이 김 과장 말대로 장성광업소의 구조대원을 지원 받자고 했다. 소장은 큰소리로 '니가 알아서 해라' 하며 손을 내저었다. 나는 절반의 승낙으로 알고 본부장에게 "장성 소장에게 연락하시면 2시간 이내에 도착할 수 있습니다" 하고 나는 장성광업소 안전감독실 오해석 주임에게 최고기능자는 그곳에 남겨두고 구조기능공 4명을 보내라고 했다.

관리계장 김인환 씨에게 구조대원이 거처할 방과 침구며 입갱할 장구와 작업복 등도 준비시키고, 사고현장에 다시 들어가서 구조작업에 필요한 자재를 준비시키고 구조작업을 보조할 인력을 편성하여 장성 구조대를 기다렸다. 구조대는 예정시간보다 빨리 도착했다. 구조대로 온 일행과 반갑게 인사하고 숙소에 가서 사고 내용을 자세히 설명해 주고 나도 현장에서 같이 있을 테니 안심하라고 했다. 구조대를 4개조로 편성하여 대기자는 충분한 휴식을 취하게 했다. 나는 장성광업소에서 온 김태상 씨와 구조작업을 시작했다. 지열에 시신이 부패한 악취로 견디기 어려워서 살충제를 상자로 사다놓고 뿌려도 그때뿐이었다.

구조작업은 예상한 대로 잘 진행되었다. 간 쉬 1틀을 시공하고 관목 위에 천반에 살장을 판장으로 마루 깔듯이 촘촘하게 붙여서 끝까지 밀어 박았다. 그리고 2틀을 시공하고 교대시켰다. 다음 교대 작업자가 와서 같은 방법으로 3틀을 시공하고 4틀째 시공하기 위하여 살장을 박고 바닥에 탄을 긁어내는데 매몰자의 안전장화 끝이 보였다. 구조작업장은 갑자기 분주해졌다. 서둘러 4틀을 시공하고 교대시켰다. 다음 구조작업은 매몰자 구조로 같은 방법으로 5틀째 시공하려고 천반에 살장을 다 박고 바닥에 탄을 긁어내는데 매몰자가 고개를 숙이고 앉은 자세로 승 입구 쪽을 향하고 있었으며, 바로 등 뒤에 매몰자 한 사람이 같은 자세로 있는 것이 보였다. 매몰자는 도괴되는 지주에 장화가 끼였고, 우측 팔이 타주에 감겨 있었다. 시신을 보며 하는 구조작업은 긴장되어 전신에 땀이 흘러 탄먼지와 범벅이 되었다. 구조대는 시신 주변에 있는 탄과 장애물을 제거하고 시신을 움직여 보았으나 꿈쩍도 하지 않았다. 몇 번을 시도해도 그대로였다.

구조대원을 뒤로 물러나게 하고 내가 갱도 바닥에 앉아 시신을 내 사타

구니에 끼고 두 팔은 시신의 허리를 감아서 안고 깍지를 꼈다. 팔에 힘을 주며 발과 다리를 막장으로 버티며 내 앞으로 끌어당기니 시신의 관절이 이탈되는 소리가 우드득 우드득 했다. 그래도 시신은 움직이지 않았다. 나는 시신을 향해 빨리 나가자 가족들이 밖에서 애타게 기다리고 있다고 주문을 외우듯이 말하고 긴장을 풀었다. 그리고 다시 힘을 주며 시신을 끌어안고 당기니 시신이 내 가슴 위에 엎어져 얼굴을 맞대고 있었다. 구조대원의 도움으로 시신을 판장 위에 안치시키고 승 입구로 내려 보내며 대기하라고 지시하고 마지막 시신 한 구도 구조하여 구조작업을 끝냈다.

6. 상위 부소장 보직 사양

구조작업을 마치고 객실로 돌아와 몸을 씻고 거실에 나오니 탁자를 앞에 두고 본부장과 앉아 있던 소장이 "니 나전으로 온 나"라고 말씀하셨다. 나는 "무슨 말씀입니까?" 하고 반문하니 "니가 나전 와서 부소장을 해라"고 했다. 나는 "그것은 안 될 말씀입니다"라고 대답했다.

소장은 "뭐가 안 되느냐?"고 하며 이유가 뭔지 말하라고 했다. 나는 "첫째, 이 광업소에는 저보다 호봉이 높은 지만식 기획과장이 있습니다. 둘째, 회사에 채광 직종에 저보다 호봉이 높은 사람이 있습니다. 셋째, 저는 현장에 근무하느라 아이들만 서울에서 공부하고 있는데 이제는 돌보아 주어야 하는 중요한 시기입니다. 서울에 간 지가 불과 2년 정도입니다. 저는 서열에 어긋나는 인사로 구설에 오르기 싫습니다"라고 했다.

소장은 "니를 함백광업소 방제갱장에서 본사로 내가 데려왔는데 오라는데 왜 안 온다고 하느냐"며 화를 냈다. 그때 본부장이 "김 과장 말이 모두 맞아, 거기에 한 가지 오지 못할 사유를 추가하면 김 과장은 내가 필요해"라고 했다. 소장은 이렇게 어려운데 도와주지 않는다며 더 큰소리로 화를 냈다. 작별인사를 하고 헤어지는데 소장이 사장에게 직접 얘기할 테니 그리 알라고 했다. 나는 대답하지 않고 본부장과 승용차로 출발했다. 밤샘 구조작업에 지친 피로로 차 안에서 곯아 떨어졌다. 내 몸을 흔들기에 눈을 뜨니 본부장이 김 과장 집이 어디냐고 묻기에 잠실 주공아파트 5단지라고 하니 단지 입구에 내려 주었다.

이튿날 출근하여 출장복명서와 재해발생 보고서를 정리하여 부장에게 보고했다. 오후에 본부장이 호출해서 내려가니 사장이 어젯밤 나전 소장이 김 과장을 부소장으로 발령해 달라고 요구하기에 순서가 아니라며 거절했다고 했다. 본부장도 광업소에서 소장이 요구하는 것을 내가 순서가 아니라며 거절했다는 말을 들었다고 했다.

부소장 보직을 사양했다는 소문이 사내에 알려졌고, 서열에 해당하는 사람은 소장이 거절하거나 본인이 사절하여 그 중요한 부소장은 공석이 되었다. 부소장 보직을 사양한 후 뜻밖에 사실을 알았다. 첫째, 나전광업소는 그해 8월 말까지 순직사고가 6명이 발생하여 당시 부소장이 사고로 인책 퇴사했는데 사고를 예방할 방안도 없이 부임했다가 또 사고가 발생하면 문책으로 희생될 것이 분명하며, 둘째, 사외 도급업체의 생산수량 검탄 비리로 관련 직원들이 춘천지방검찰청 원주지청에 줄줄이 불려 다니는 시련을 받고 있으며, 셋째, 지역과 기관의 유대가 원만하지 못하여 지역출신 국회의원을 포함하여 대외적으로 어려움이 있다는 사실과, 넷째, 탄폭이 빈약한 저질탄으로 수입이 적고 사고 빈발로 인한 보상비 부담이 많으며, 개갱계수가 높아서 수익이 안 맞아 폐광된다고 했다.

9월 17일 안전본부장의 호출을 받고 가니 어제 나전 소장이 사장에게 부소장에 김 과장이 아니면 누구도 받을 수 없다며 회사가 필요해서 보직하는데 본인이 거절하면 사표를 받으라고 요구했다며 분위기가 심상치 않다고 했다. 나는 한동안 머뭇거리다 내일 가부를 말씀 드리기로 했다. 퇴근하여 아내에게 회사의 분위기를 말하고 나를 필요로 한다니 서울 일은 아내에게 맡기고 일단 부임해 보기로 했다.

18일 출근하여 본부장실로 바로 가서 나보다 서열이 앞선 사람들은 나전광업소의 어려움을 알고 보직을 기피한다고 하니 내가 가겠다고 말씀드리니 본부장이 어려운 결정을 했다며 일단 부임해 보라고 하며 이번 인사는 김 과장이 희망해서 가는 것이 아니라는 것을 사장 이하 모두 알고 있으니 오해 받을 게 없다고 했다. 사무실에 올라와서 이주락 부장에게 말씀드리고 나전광업소는 탄폭이 빈약한 미분탄이지만 비교적 균일하여 좋은 채탄법이 만들어질 것 같다고 하니 부장은 "해보지 않고 말하지 마시오"라며 핀잔을 주었다. 나는 각 광업소마다 적용하고 있는 채탄법에 관심을 갖고 있었기에 더 이상 말하지 않았다.

나전광업소 소장에게 부임하겠다고 전화를 하며 말미를 달라고 하니 한 달도 좋다고 했다. 나는 인계할 서류를 정리하고 오후에 국회 의원회관에 가서 심명보 의원과 동자부 보안과 김남규 과장에게 부임 인사를 하고 돌아와서 부장과 부원들과 같이 영등포 호박집에서 송별 식사를 하고 본사 근무를 마쳤다.

1981년 8월 27일 나전광광업소 궁대갱에서 대형 붕락 매몰사고로 2명이 사망한 구조작업을 마치고 20여 일이나 지난 1981년 9월 18일 금요일 나전광업소 부소장에 보직되었다.

겸직 업무를 마치지 못하고 1980년 5월 1일 기술연구소 채광기술부 보안
연구실장 겸직 발령을 받았다. 당시 안전감독과장과 안전과장을 겸직하고
있었는데 기사들과 담당들이 업무를 잘 처리해 주어 부담 없이 두 업무를
관장했다. 그러나 연구 직종에 종사한 경력이 없어서 부담이 되었으나 고
광도 사장의 특별한 배려로 알고 있었다.

기술연구소 보안연구실장은 이희오 소장 예하로, 일체의 지시가 없고
알아서 하는 업무였으며, 국동순 씨가 배치되어 있었다. 연구과제를 '진폐
예방대책'으로 정했으나 부소장에 보직되어 과제를 마치지 못한 아쉬움이
있다.

8. 부소장 시절

1981년 9월 18일-1986년 2월 9일까지, 43세부터 48세까지 나 전광업소와 은성광업소에서 부소장으로 재직했다.

부소장은 소장을 보좌하는 직책이며 보안관리자다. 보안관리자는 광산 보안법으로 관리사항과 준수사항이 명시되어 있다.

보안관리자의 관리사항은 ① 광산 보안에 관한 계획의 작성 ② 보안시설의 설치 변경 및 운영 ③ 공해의 방지 ④ 보안규정의 제정 및 변경 ⑤ 보안교육 ⑥ 재해의 원인조사와 그 대책 ⑦ 부보안 관리자와 보안계원의 지휘감독 ⑧ 기타 중요한 보안사항으로 되어 있다.

보안관리자의 준수사항은 ① 위험의 염려가 있을 때는 이에 대치할 응급조치를 취할 것 ② 재해가 발생한 때에는 응급구호 조치 또는 위험방지 조치를 취할 것 ③ 시설과 재료를 정기로 검사하고 정비사항을 확인할 것 ④ 보안관리자·보안계원 기타 광산 종업원에게 보안상 필요한 지시를 할 것 ⑤ 광산 내를 정기 또는 수시로 순시할 것 ⑥ 보안관계 중요사항을 기록하여 보존할 것 ⑦ 보안감독자 또는 보안감독계원으로부터 통보받은 사항의 시정조치 및 그 결과를 보안감독자 또는 보안감독계원에게 통보할 것 등이다.

1. 나전광업소에서

진경사계단식장벽채탄법 창안 1981년 9월부터 1984년 11월까지 1,160일간 재직하며 붕락사고를 근절시키는 채탄법을 창안하여 경영을 개선시키고 야간작업 폐지와 증산기반을 완성하는 등의 일을 했다.

나전광업소는 1962년 6월 27일에 개발되었고, 현 조직기구는 소장과 부소장 예하에 1실 2갱 7과로 안전감독실 옥갑갱·궁대갱·기획과·관리과·공무과·지질과·선탄과·자재과·비상계획과에서 1,100여 명의 종사자가 연간 24만 톤을 생산하며 매년 30억 원의 적자로 운영되고 있었다. 적자의 원인은 채탄 막장이 빈번하게 붕괴되어 매몰사고가 연발하여 사고비용이 많이 발생되고, 탄질이 낮아서 수입이 적고, 탄층이 빈약하여 능률이 낮고, 채수율이 떨어져 굴진비가 많은 데 있었다.

주 생산을 하는 옥갑갱은 생산된 탄을 610 갱외에서 티푸라로 처리하여 자동차로 운탄하여 선탄과로 운반하고 있었다. 이러한 자동차 운탄방법을 410 갱내로 운탄하기 위하여 동부 전차갱을 굴진하고 있었다. 탄층의 부존상태는 연속성이 좋은 정연한 구조로, 평균 탄폭은 0.8미터로 하반 위에 1/2은 고질 괴탄이고, 그 위의 1/2은 저질 분탄이며, 평균경사는 40도 이상으로 연장은 16킬로미터다. 편간 수직 30~40미터마다 편을 개설하여 위경사승붕락채탄법으로 생산하고 있었다.

21일 월요일 청량리역에서 아침 기차로 출발하여 오후에 영월역으로 마중 나온 이용완 관리과장과 같이 노동부 영월지방사무소와 동자부 영서출장소, 정선에 군청·경찰서·영림서에 인사하고, 광업소에 도착해 소장에게 인사했다. 그리고 노동조합, 여량의 북면사무소와 경찰지서, 지역의 김상원 씨, 북평면 이춘택 씨 등 출장소 경찰파견대에 인사하고 사무실에 와서 기획과장에게 광업소 현황 유인물을 받아서 퇴근하여 객실에서 저녁 식사를 하고 숙소인 사택으로 왔다.

사택은 솔밭 속에 빨간 벽돌 단독으로 별장 같았다. 조양강이 들판과 산을 끼고 굽이돌아 경관이 좋았다. 사택의 구조는 방 3개·주방·거실·욕실이 구비되어 있었다. 이 사택에 기거하며 식사는 객실에서 한다.

22일 화요일, 아침에 일어나 밖에 나가니 가을 공기가 맑았다. 출근하여 조회시간에 의례적인 부임 인사를 했다. 사무실 주변 각 갱, 과를 찾아가 인사하고, 지질과 조남찬 과장으로부터 광구분포와 지질도를 보고 작업현장을 파악했다.

23일 수요일 7시 40분, 옥갑갱 갑방 취업회에 인사하고 윤치병 갱장에게 작업현황 도면을 보며 설명을 듣고 막장 작업장을 순회했다. 오후에는 갱외에 탄 처리장과 경석 처리장 그리고 갱외 자동차 운탄작업 현장을 순회하고 3시 40분 을방 취업회에 인사하고, 밤 11시 40분 병방 취업회도 인사하고, 갱외에서 야간작업 현장을 순회했다.

24일 목요일은 궁대갱에 가서 인사하고 현장순회를 했다.

25일 금요일은 오전에 사외도급 북평구·가평구, 오후에 옥갑구·궁대구 순으로 인사하고 생산현장 순회를 마쳤다.

26일 토요일은 오전에 선탄과의 검탄 및 선탄시설과 저탄 관리와 역두 출하현장을 순회하고, 오후에는 나전광업소 장기개발계획으로 추진하고 있는 옥갑갱 410 동부 전차갱 관통 굴진 막장을 순회했다. 동개소의 굴진 작업여건이 좋은데 진행속도가 부진했다.

27일 일요일은 공휴일로 쉬었다.

28일 월요일 오전에 옥갑 갱장과 같이 입갱하여 상부편을 향하여 진행하고 있는 채탄 막장인 2편 522 위경사승 본승 채준 막장에 다시 가서 붕락사고의 주된 원인을 설명 들었다. 탄폭은 비교적 균일하나 상반 밑에 연질 미분탄에 협석이 끼여 있는 저질탄이며, 하반 위에 붙은 괴질은 고질탄이다. 막장 탄의 평균열량은 6급인 4,300kcal/kg이지만 출하되는 탄질은 최하급인 8급인 3,891kcal/kg다. 막장 탄질보다 출하 탄질이 떨어지는 이유는 막장이 붕락되면 상반 밑에 저질 미분탄이 먼저 쏟아져서 막장 진행을 포기하는 경우가 많아서라고 했다. 지주는 3매 인형 쉬로 숙련된 기능공이라도 붕락사고는 불가피하다고 판단했다. 상부편까지 편간 수직 40미터를 23도의 위경사로 100미터 정도 진행하는데 막장 붕락이 5회, 도중 붕락은 더 많이 발생해서 사망사고가 발생한다고 했다. 채탄법상 본승의 연장만큼 지승도 진행하기 때문에 붕락사고는 빈번하며 이때도 탄층 상부의 저질인 연질 미분탄이 붕락되어 탄질 관리도 안 되고 계획생산도 할 수 없다고 했다. 막장의 탄층을 보고 대책이 없어 마음이 무거웠다.

진경사계단식장벽채탄법 10월 6일 화요일, 오후 2시경 옥갑 갱장으로부터 채탄 막장이 붕괴되었다는 연락을 받았다. 막장 붕락은 인명피해가 없으면 계장·반장선에서 조치하는데 소규모 광산인 이곳에서는 소장까지 보고가 올라갔다. 그 이유는 붕락으로 복구작업이 지연되어 생산목표를 달성하지 못하기 때문이다. 막장에 도착하여 확인하니 상반 밑에 연질 미분탄이 붕락되어 복구하는 지주를 세우고자 막장의 탄을 성목으로 막고 각주 자리의 탄을 긁어내면 연질 미분탄이 솔솔 빠져 작업이 늦어지고 있었다. 이런 경우 막장의 탄을 저지시킬 수 있는 장치가 있으면 좋겠다고 생각했다. 구조작업을 일시 중단시키고 기능공에게 밀려나온 탄을 막장에서부터 단계적으로 막아놓고 작업하면 하부에서 작업할 때 전체의 탄이 밀리지 않아서 좋지 않겠느냐고 물었다. 기능공은 그렇게 하면 좋지만 방법이 없다고 했다.

나는 막장과 가장 가까운 위치에 우측 각주와 좌측에 노출된 인형 지주의 각주 아래 중간지점에 바닥을 파고 타주를 기울게 세우고 우측 각주와 타주에 두터운 판장 성목을 걸치고 망치로 탄더미 속으로 깊이 박고 판장 성목을 1미터 정도씩 잘라서 끝을 창살같이 다듬어서 걸친 성목에서 막장 쪽으로 비스듬하게 꽂으며 망치로 내리쳐서 갱도 바닥까지 들어가게 촘촘하게 박으며 탄을 막으라고 했다. 그렇게 뒤로 물러나며 3단계로 같은 방법으로 막아놓고 구조지주를 시공하니 막장 탄이 한꺼번에 밀려 나오지 않고 틈새로 새어나오는 탄을 막으니 능률적으로 진행되어 저녁 10시경에 구조작업이 끝났다.

막장이 언제 붕괴될지 모르는 조건이라 안심할 수 없었다. 갱장의 말로는 한번 붕락되면 복구작업하는 데 24시간 이상 소요되는데 오늘은 일찍 일이 끝났다고 했다. 한 개 편에서 상부로 채탄승을 4-5개 진행하며, 붕락을 위한 지선의 진행도 본승 길이보다 더 많이 하기 때문에 붕락사고 발생은 일상적이라 했다.

매장된 석탄을 안전하고 값이 싸게 좋은 탄을 남김없이 능률적으로 생산하는 것은 이 광산의 최고 채광기술자인 나의 책임이다. 그러나 마땅한 방법 없이 순진한 작업자들의 소중한 생명을 희생시키고 그 가정의 평화를 파괴하는 죄악만 반복할 수 없어 이 조건에 적당한 방법을 찾을 수밖에 없는 절박한 처지였다.

10월 9일 금요일 퇴근하고 객실에서 간부들과 저녁 식사를 마치고 휴식하고 있는데 20시경 옥갑갱장으로부터 채탄승 도중이 붕괴되어 막장에 2명이 매몰되었다는 연락을 받았다. 불과 3일 전에 채탄승 도중 붕락사고가 있었는데 나는 연이은 붕락사고 발생에 무척 당황했다. 급히 갱장과 같이 현장으로 가며 관리과장에게 소장님께는 보고하지 말라고 했다.

현장에 도착하니 전날 갱장과 같이 순회했던 개소였다. 채탄승 도중에 인형 쉬의 각주의 측벽 위의 상반 밑에 붙어 있던 미분탄이 성목 사이로 솔솔 빠지면서 공동이 확대되며 각주를 도괴시켜 갱도의 도중이 붕락된 것으로 추정되며 붕괴 범위가 확대되고 있었다. 막장에 압축공기는 공급되고 있어 매몰자의 생존은 확인했다. 붕락지점에서 막장까지는 약 10여 미터로 갱도 복구작업이 지연되면 붕괴 범위가 확대되어 막장 작업자가 매몰 사망하는 위급한 상황이었다. 지난번 막장이 붕락되었을 때와 같이 붕괴된 탄을 최대한 막으며 복구 지주를 시공하여 4시간 만에 매몰자들을 구출했다. 연이은 붕락사고가 현 위경사승채탄법을 개선을 결심하게 하는 결정적인 계기가 되었다.

이튿날 10월 10일 토요일 출근하여 소장에게 지난밤 채탄승 도중이 붕락되어 막장에 2명이 매몰되었다 구조된 사실을 보고했다. 소장은 밤늦게 차 소리가 들려서 무슨 일이 있나 하고 걱정했다고 말했다. 상황을 확인하고 말씀드리려고 보고하지 않았다고 하며 채탄법을 바꾸지 않고서는 붕락사고를 막을 방법이 없다고 하니 채탄법을 바꾸는 것이 그렇게 쉬운 일이 아니니 붕락되지 않도록 주의하라고 했다.

채탄법 창안 나전광업소에서 채탄하는 위경사승붕락채탄법은 우리나라의 모든 광산에서 적용하고 있는 채탄법으로, 붕락 물체인 탄층을 위에 두고 그 밑에서 채굴하기 때문에 탄층의 붕괴는 물리적으로 불가피했다. 하부 편에서 상부 편까지 상향으로 관통채준하는 방법을 역으로 탄을 밟고 채탄하면 붕락될 물체가 없어진다는 역발상을 하게 되었다.

지난 경험에서 탄을 밟고 채준탄을 끌어올리는 방법은 장성광업소 철암갱 채탄법 개선계장을 할 때 38도의 암석승에 모노레일로 장비와 자재를 운반했고, 함백광업소 방제갱장을 할 때는 23도의 채탄승에 모노레일로 자재를 운반했다.

상부 편에서 하부 편으로 관통 채준탄만 모노레일로 끌어올리고 관통된 후에는 채굴된 탄은 관통 갱도로 내리면 된다고 판단했다. 채굴한 공간에 지주시공은 장성광업소 금천갱 하층탄을 개발하고 성공시킬 때 지주를 타주로 시공하고 채굴한 공간의 유지는 타주 시공 거리를 조정하면 된다고 생각했다.

하향 채준으로 관통되면 갱도의 연장은 진경사로 사거리 60미터다. 양벽면은 120미터로 동시에 채굴하는 방법으로 상부에서 탄을 밟고 하향으로 일정한 거리를 유지하며 순차적으로 제 2-3의 막장을 연속하여 진행하여 채굴하면 계단이 형성된다고 판단했다. 하단 작업자의 보안을 위하여 상단에서 채굴된 탄을 공간으로 유도하는 판장을 설치하고 유탄 속도를 조절하는 장치를 하면 된다.

이렇게 되면 붕락의 근원이 기술적으로 완전히 제거되어 붕락사고가 발생할 수 없고, 탄층 하부의 고질 괴탄도 완전히 채굴하게 되어 탄질이 높아지며, 생산 막장을 인위적으로 조절할 수 있어 대량생산과 능률 향상으로 노임이 획기적으로 향상될 것이다. 또한 붕락사고의 근원이 없어지고 건전경영을 할 수 있다.

　퇴근하여 사택에서 새로 창안하는 채탄법을 설명할 도면을 그리느라 밤을 지새웠다.

창안한 채탄법 시행 10월 12일 월요일 소장에게 붕락사고 예방을 위해서 채탄법을 개선하자고 하니 "전임 부소장과 현 기획과장이 모두 대학을 나왔고 나보다 호봉도 높은데 그 사람들이 하지 못한 일을 어떻게 하겠다고 하느냐"며 큰소리로 거부했다. 나는 "그러면 그 사람들을 부소장으로 보직하지 오기 싫어하는 나를 불러다 놓고 학벌과 호봉 얘기를 하느냐. 지금이라도 늦지 않았으니 적임자로 보직 하세요"라고 했다.

　평상시 실무능력도 없으면서 학벌과 호봉만 높아서 상위직에 기생하는 무늬 기술자들을 경멸하고 있었기에 좀더 자극적인 말을 했다. "대학을 나오고 호봉과 직위만 높으면 무얼 합니까? 나전광업소가 개광된 이후 역대 소장이 13년간에 10명입니다. 그중에 소장님과 같은 우리나라 광산에서 최고 실력자라고 하는 국립대학 광산과 출신이 7명이지만 지금과 같이 붕락사고만 반복해서 발생시켜 작업자들만 희생시켰고, 경영적자로 광산을 폐광 위기로 만들었습니다. 채탄법 개선의 성패와 관계없이 붕락사고를 예방하기 위한 노력을 해보는 것이 이 광산의 경영책임자인 소장님의 도리라고 생각합니다. 사고로 인한 인도적인 죄책과 경영위기를 극복하기 위하여 소장님이 용단을 내라"고 했다. 또 "붕락사고가 또 발생하면 전임 부소장 같이 내가 인책 사퇴하겠지만 소장님도 책임을 면할 수 없으니 붕락사고를 예방할 방법을 가르쳐 주면 시키는 대로 해보겠다"고 했다.

　담배를 연거푸 피우던 소장이 "좋다! 그러면 어떻게 하자는 것이냐? 대안도 없이 말로만 채탄법을 개선하자고 하는 것은 누구나 할 수 있는 말이다. 어디 한번 대안을 제시해 보라"고 했다. 나는 밤새워 그린 어설픈 전개도를 탁자 위에 놓고 차근차근 설명했다. "현재의 위경사승붕락채탄법은 붕락물체인 탄층을 위에 두고 작업하기 때문에 막장과 탄중갱도의 붕락은 물리적으로 붕락을 유도하는 방법이다. 이러한 조건을 역으로 붕락물체인 탄층을 밟고 내려가며 채준하여 하부 갱도와 관통시키면 붕락될 물체가 근원적으로 없어지니 붕락사고가 일어날 수 없다. 그리고 하부와 관통이 되면 그 다음 문제는 쉽게 해결될 것 같다"고 했다.

소장은 "어떻게 내려가며 채준할 수 있느냐? 말도 안 되는 일은 생각하지도 말라. 이때 나오는 탄은 어떻게 처리하느냐? 질통으로 짊어지고 올리느냐?"며 또 소리쳤다. 나는 "그 문제는 모노레일로 운반하면 간단하게 해결할 수 있다'고 했다.

소장은 다시 "지주는 어떻게 시공하느냐?'고 물었다. "지주는 현재의 인형 3매 쉬로 하지 않고 타주로 한다고 하니 소장은 더 큰소리로 "무슨 말이냐? 지주를 3매 쉬로 하여도 채탄 갱도가 자꾸 붕락되는데 어떻게 타주로 채탄승을 유지한다는 말이냐! 점점 안 될 말만 한다"며 "그만 나가라!"고 또 소리쳤다. 나는 "붕락물체인 탄층을 밟고 채탄하기 때문에 붕락될 물체가 없는데 무엇이 붕락이 되느냐"고 하며 "지주는 지압에 견디면 되고, 타주로 하는 지주는 상하반을 바로 받쳐 주기 때문에 확실하고 안전하다"고 했다. 그리고 반장 때 타주로 지주를 시공했던 경험을 설명했다.

소장은 "당신 말대로 되면 좋겠지만 우선 하향으로 관통시킬 수 있을지 확신할 수 없고, 40도가 넘는 급경사의 벼랑 위에서 어떻게 작업을 할 수 있느냐?'고 물었다. "막장에서 채탄작업은 탄을 밟고 하기 때문에 벼랑이 아니며, 채굴 공간의 급경사에 통행 문제는 채굴할 때 시공한 타주에 발판을 걸치면 안전하게 통행할 수 있다"고 했다. "종래 하부 편에서 상부 편까지 위경사승 1개를 관통시키는 데 10회 이상 붕락되어 2개월 정도 걸렸고, 상부 편으로 4-5개의 채탄승을 올리는 데 1년 이상 걸리고, 붕락사고도 50번 이상 발생되었지만 한 개편에서 탄층의 중앙지점 한 곳만 관통시키면 된다"고 했다. 또 "하향 진경사로 채탄하면 붕락사고가 없어지고, 관통 기간은 한 달도 걸리지 않는다"고 말했다.

소장은 한참을 생각하더니 "그러면 채굴한 공간의 낙반은 불을 보듯 한데 어떻게 하느냐?"며 다그쳤다. "내 경험에 의하면 낙반이든 붕락이든 징조가 있으며 채굴 공간은 상반의 상태에 따라서 타주나 목적을 시공하면 되고, 자연 상태로 두지 않는 한 완벽한 방법은 없고 나전 탄층에서는 이 방법이 가장 안전하다"고 했다.

깊은 한숨을 쉬며 한참을 생각하던 소장은 "그러면 채탄법 개선과 현장의 모든 일을 다 맡길 테니 알아서 하고 사고가 발생하면 그 책임도 지라"고 했다. 예상한 대로 소장은 판단만 서면 부하를 전적으로 믿고 맡기는 분이라는 것을 본사에서 부장으로 있을 때 잘 알고 있었기에 처음부터 허락이 떨어질 줄 알았다. 나는 최선을 다 하겠다고 말하고 나왔다. 이제 채탄법 개선의 책임은 내게 주어졌으며, 어떠한 사고가 발생할지도 모르는데 책임을 지라는 지시를 무모하게 받아들였다. 무식하고 미련하며 공명심의 노예라는 뒷말을 의식하지 않고, 인명피해와 경영위기의 이 광산을 구원하는 책임을 스스로 도맡았다.

하향 진경사 채준 부소장실에서 지만식 기획과장, 윤치병 옥갑갱장, 조남찬 지질과장, 고석면 공무과장에게 창안한 채탄법을 설명하고 책임을 분담했다. 지질과장은 하향 채준작업을 시작할 위치를 선정하고, 갱장은 하향작업을 할 갱도 준비를 하고, 공무과장은 모노레일과 막장에서 채굴한 탄을 운반하는 적재함과 배수용 펌프를 준비하고, 기획과장은 소요되는 예산을 지원하며, 작업 명칭은 '하향진경사관통채준'으로 정하고 도면을 만들라고 지시했다.

공무과장이 시설과 인력이 부족해서 못한다며 손을 흔들며 제발 일 좀 만들지 말라고 했다. 나는 장성광업소 철암갱 정철진 배관반장도 모노레일을 만들었는데 무슨 기술이 더 필요하다고 그러느냐, 절단하고 용접만 하면 되니 자재와 예산이 문제되면 말하라고 했다.

점심식사를 하고 지질과장이 선정한 옥갑갱 1편 565. 33 크로스 현장에 도착하여 도면을 보며 갱장의 의견을 듣고 탄층의 중간지점인 현위치로 정했다. 갱장에게 광차가 운행할 수 있도록 분기점의 분기지주(경쉬) 시공과 선로부설 및 압축공기 배관과 에어호이스트 설치를 11월 14일까지 마치고 15일부터 작업할 수 있게 하라고 지시했다.

11월 15일 토요일 객실에서 아침식사를 하고 곧바로 옥갑갱으로 가서 채탄작업자 3명과 같이 현장에 도착했다. 하향 채준작업을 시작하는 입구는 채굴된 석탄은 1톤 광차에 수적 작업으로 적재했다. 보갱 작업자들은 모노레일이 운행할 갱도 분기점의 지주(경쉬) 위에 차량 쉬 4매를 얹어서 시공했다. 배관공은 에어파이프를 설치하고 보선공은 선로를 연장하느라 매우 복잡했다. 채탄작업자들은 탄을 밟고 안전하게 2미터를 하향으로 진행했고, 지주는 타주 9본을 시공했다. 갱도의 중앙 타주와 우측 벽쪽 타주의 원구 위에는 두께 3센티미터 길이 1.2미터의 판장을 천반과 물리도록 시공하여 모노레일을 설치하게 했다.

당일 을방과 병방에서도 수적 작업으로 석탄을 적재했기 때문에 막장 진행은 매 교대에서 2미터에 타주 6본씩 시공했다. 모노레일을 설치하고 부터는 막장 진행은 매 방 3미터 지주 3쉬에 해당하는 타주 9본씩 시공했다. 하루에 막장 진행 9미터에 타주 27본씩 시공했다. 막장작업은 탄을 밟고 하기 때문에 붕락의 위험이 전혀 없고, 막장에서 채굴된 탄은 0.2톤 용적의 적재함으로 높이 0.4미터의 작고 낮아 쉽고 편이했다.

막장 작업자 3명 중 기능공 2명은 좌우로 나누어 탄을 밟고 채굴하며 타주를 시공하고 채굴된 석탄을 적재함에 싣는 작업을 했다. 보조공은 광차가 대기된 상부 편에서 적재함에 적재된 탄을 신호에 의하여 에어호이스트(모노레일)로 끌어올려 광차에 자동으로 쏟아붓고 적재함을 막장으로 내렸다. 갱도의 통행로는 에어파이프 배수용 호스를 설치했다.

적재함의 모노레일 운반신호는 사갱에서 조차공과 권양기 운전공 사이에 하는 방법으로 했다. 광차가 대기된 상부에 에어호이스트 옆에 쇠파이프로 만든 종을 달아 두고 막장에서 설렁줄을 당기면 종소리에 맞추어 에어호이스트를 운행했다. 막장에서 작업하는 기능공들은 붕락의 위험이 전혀 없고 진행도 석탄생산량도 더 많이 나온다며 좋아했고, 관리자들은 붕락사고의 요인이 없고, 순회가 용이해서 좋아했다.

성공 하향 진경사 관통채준이 진행되는 동안 관통된 이후에 막장 채탄 방법은 계단식 장벽채탄으로 계획했다. 관통된 갱도의 탄 벽면은 한 면의 연장이 60미터며, 두 면은 120미터로 전체 벽면을 동시에 채굴하는 방법으로 상부의 벽면에서 막장면의 넓이를 6미터로, 하부로 6미터씩 진행될 때

제2 막장을 순차적으로 연속 채굴하면 계단이 형성되고, 두 면에 20개의 막장을 동시에 채굴할 수 있었다. 채굴하는 막장의 길이는 6미터이나 작업자의 안정된 작업과 채굴한 탄을 철판을 깔지 않고 유탄되도록 막장 바닥의 경사를 30도 기울기로 하여 벽면의 길이가 7미터가 되었다. 두 벽면의 연장 120미터에 20개 막장의 길이는 140미터로 장벽 채탄이 되었다. 종래 위경사승채탄법은 막장의 넓이가 2미터 미만이다.

석탄을 채굴한 공간이 확대되어 낙반사고의 보안문제는 반장 때 하층탄을 개발하여 성공시켰을 때 채굴 공동관리 경험으로 상반의 상태와 낙반의 전조를 살펴 조치하면 안전하다고 판단했다. 그러나 이곳 나전탄광의 채굴 공간의 상태는 경험하지 못했기 때문에 공개적으로 확인했다. 취업회에 나가서 막장을 장벽으로 넓히고 계단을 형성하며 동시에 작업하는 문제는 하향 진경사 관통채준작업을 경험했기 때문에 쉽게 이해했다. 그러나 막장 채굴로 확대되는 공간에서 작업하는 문제는 나도 자신이 없어 경험에 의존할 수밖에 없었다. 나는 종래 위경사승붕락채탄을 하면서 채굴한 고갱도와 관통이 났을 때 채굴 공간에 상반이 붕괴된 현상을 본 사람이 있으면 말해 달라고 하니 채굴한 공간이 그대로 있었다고 했다.

장성광업소 금천갱에서 하층탄을 개발하여 채탄할 때 채굴 공간을 관리한 경험으로 낙반이 되기 전에는 전조가 있다는 사실과 타주 보강과 목적을 시공하고 상태가 위험하면 일단은 대피하여 관망하면 된다고 했다. 낙반의 전조로 타주가 휘어지고 부러지며 터지는 소리가 나며 이슬 같은 먼지와 작은 덩어리가 떨어지는 현상이 있으니 채굴한 공간에서 일어나는 조그마한 소리나 낙석 등을 관찰해야 된다고 했다.

탄폭이 갑자기 2미터 이상 커지거나 상반이 겹쳐진 곳은 접촉면이 불안정하다는 증상이니 직하부 주변에 타주시공 간격은 상반의 경도에 따라서 극 경질에는 1.8미터, 경질에는 1.6미터로, 연질에는 1.2미터로, 극연질에는 1미터로 하고 특히 상반이 겹쳐진 곳과 괴상인 경우에는 그 주변에 간격기준 없이 촘촘하게 부목을 얹어 세우고 목적을 시공해야 한다고 했다.

장성광업소 금천갱 하층탄은 하층 위에 상반이 있고, 그 위에 탄폭이 4미터 이상인 본층탄을 채굴하여 생긴 공간에 물이 고이고, 상반과 탄으로 채워져서 지층이 이동된 상태였다. 그 하부에 평균 탄폭이 1.5미터인 하층탄을 채굴하여 지압이 동압으로 작용하여 그 공간에 타주를 시공하고 퇴각하며 공간이 좁아진 상태를 확인했다. 이곳 나전탄광은 태초의 지층 그대로 평균 탄폭 0.8미터 내외의 좁은 탄을 채굴하기 때문에 상당기간 상반이 붕괴되지 않을 것으로 판단되는데 안전하지 않겠느냐고 했다. 위경사 승붕락채탄작업을 할 때 채굴된 공간 유지 상태와 지난날 내 경험을 소상하게 설명하니 계단식 장벽채탄의 채굴 공간 유지를 이해했다. 당일 갑·을·병방 취업회에 나가서 같은 내용을 설명해 주었다.

막장 작업은 매 교대 3명씩 배치하여 기능공 2명은 막장에서 타주 9본씩 시공하여 한 교대에 3미터씩 진행했고, 1명은 갱목을 운반했다. 채탄량은 탄폭에 따라 차이가 있으나 평균 15–20톤 생산했다. 상단과 하단에서 동시에 채굴하면 상단에서 채굴된 탄이 하단 작업자에게 전석되는 사고를 막고자 각 단마다 채굴된 탄을 안전하게 유도하는 이동식 유도장치를 하여 채굴 공간으로 유탄시켰다.

내리는 탄의 가속도로 타주가 도괴되는 사고를 방지하고자 시공된 타주의 바닥에 판장을 걸쳐 속도조절장치를 고정시켰다. 과속조절장치는 채굴 공간의 통행용 발판으로 겸용했고, 이설 시간을 줄이고자 이동식 철재 줄

사다리를 부갱장 심형보 씨의 제안으로 제작하여 편리하게 이용하였다.

채굴된 석탄은 하반의 경사로 과속조절 장치로 유탄되어 하부 편의 비탄 방지장치를 겸한 홉바로 들어가 첸 컨베이어로 광차에 적재되었다. 첸 컨베이어는 장성광업소에서 2대를 전용 받아 최초로 사용했다. 제안공로로 사장 표창을 시상했다.

채굴한 공간을 경석 처리장으로 활용 탄광은 폐수와 분진으로 대기와 하천이 오염되고 폐석 처리장은 임야와 농경지를 훼손시켜 경작지가 줄어들고 작업이 끝나면 원상복구를 하는 비용이 발생하며 집적수의 유출로 피해가 크다. 종래 폐석은 갱외로 운반하여 처리하고 공차를 다시 막장으로 끌고 들어가서 경석을 적재한다. 나전광업소의 경우 갱내에서 석탄을 채굴한 공간은 그대로 폐기되어, 채굴한 공간에 폐석을 충진시키는 방법으로 채굴 공간의 상부에서 경석을 처리하고 공차를 굴진 막장에 투입한다. 채굴된 공간은 채탄량보다 굴진량이 적기 때문에 천연 경석 처리장으로 폐광될 때까지 사용할 수 있어 충진할 때 사용하는 측개식(옆으로 열리는 형태) 광차를 제작하였다.

현장 방문이 이어지고 진경사계단식장벽채탄법이 성공하자 업계에서 견학을 많이 왔다. 종래의 위경사승붕락채탄법에서 붕락사고가 빈발하고 채수율이 떨어지며 자원을 매장하고 탄질 저하로 경영악화의 절박한 시기에 개발한 새로운 채탄법을 설명했다.

1982년 초에 대한석탄공사 노동조합 나전광업소 전승근 지부장이 채탄 막장을 방문했다. 지부장은 조합원들이 현재 개선된 채탄법은 붕락사고가 발생할 수 없어 안전하고 작업하기도 쉽고 생산도 많이 된다며 이구동성으로 좋아해서 현장을 직접 보러 왔다고 했다. 채탄 막장과 채굴 공간을 둘러보며 작업자들과 인사를 나누고 채굴 공간에 앉아서 "부소장님은 엘리트 중에 엘리트요"라 했다. 나는 "무슨 말씀이요? 나는 대학도 나오지 못했는데 무슨 엘리트냐"고 했다. "대학을 나오고 직위만 높으면 뭣합니까? 현장에서 사고 없이 생산 잘하고 조합원 소득을 높여 주면 그보다 더 좋은 일이 어디에 있나요. 그게 엘리트가 아니면 누가 엘리트입니까?" 하며 일간 본사에 가서 알린다고 했다.

1982년 3월 10일 근로자의 날 지부장님으로부터 노사협조 감사장을 받았다. 근로자의 대표에게 받는 감사장은 시민상과 같은데 채탄법을 창조하여 탄부들의 소중한 생명을 보호하고 소득을 높여 준 결과였다.

1982년 상반기 본사 검열 때 이주락 안전감독부장이 다녀가고 김상섭 안전본부장이 와서 채탄 현장을 순시했다. 본사 임원으로는 제일 먼저 왔다. 김 본부장은 작업현장을 순회하고 채굴 공간에서 이 채탄법과 관련하여 본사로부터 어떠한 상훈을 받았느냐고 물었다. 나는 받은 게 없었다고 했다. 그 후 본부장이 보고하니 부정적이라는 얘기가 들려왔다. 빈번한 붕락의 근원을 완전히 제거시켜 붕락사고를 영구히 예방하고 건전경영을 실현한 사실도 모르는 일탈에 실소했다.

1983년 하반기에 성낙진 생산본부장이 출장을 왔다. 성 본부장도 나전광업소 소장에 재임했던 분이다. 작업 현장을 순시하며 채굴 막장과 채굴 공간을 감탄하며 순시했다. 막장에 목재 타주를 수압지주로 대체하면 어떠냐며 사용을 권유했다. 나는 수압지주는 중량이 무거워서 경사진 막장에서 한국인의 체형에 맞지 않고 채굴할 때 시공하고 막장이 진행되면 다

하향 막장에서 적재함에 석탄을 싣는다.　적재함이 모노레일에 매달려 있다.

매달린 적재함을 에어호이스트로 올린다.　적재함의 탄을 상부에서 광차에 쏟는다.

시 해체시켜 목재로 교체해야 되기 때문에 이중 작업을 할 필요가 없다고 했다. 본부장은 장성광업소에서 사용하지 않는 것이 있으며 무겁지 않다고 했다. 나는 나전광업소의 원가에 포함되기 때문에 사용하지 않겠다고 하니 장성광업소 계정으로 정리되었다며 사용을 계속 권유했다. 나는 불필요한 고가품을 사용하지 않겠다고 했다. 본부장은 일단 사용해 보는 게 어떻겠느냐며 또 의견을 물었다. 더 이상 거절하지 못하고 시험용으로 몇 개만 보내 달라고 하여 공급되었다. 대한석탄공사의 채광직의 최고위 기술자인 안전본부장과 생산본부장 그리고 안전감독부장이 현장을 확인하고 칭찬과 위로를 했다.

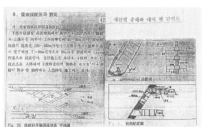

진경사계단식장벽채탄법을 사보에 발   종래 채탄법과 평면도 비교.
표했다.

진경사계단식장벽채탄법으로 명명 진경사계단식장벽채탄법의 명칭은 진경사는 상하 편간 관통을 시킬 때 탄을 밟고 하향 진경사로 진행하기 때문에 진경사와 하향을 하나의 뜻으로 했고, 종래의 위경사승붕락채탄법과 구분하느라 '진경사'라고 했다. 계단식은 채굴 막장을 하향으로 순차적으로 연속 전개하여 채굴하는 형태에 따라서 붙여졌고, 장벽이란 채탄 막장의 벽면의 길이가 7미터로 종래 2미터보다 길고, 관통된 갱도의 양 벽면 120미터에 20개의 막장을 순차적으로 계단을 형성하면 140미터 막장을 동시에 채굴할 수 있어 '장벽채탄'이라고 했다. 이 채탄법을 편의상 요약한다면 '진경사채탄법'이다. 채준작업과 채굴작업이 하향 진경사로 채탄하기 때문이다.

1981년 12월 이후 본사와 사보 및 정부와 업계 그리고 대한광산 학회지에 '진경사계단식장벽채탄법'이라고 발표했으며, 계단식이나 장벽식으로 요약하여 발표하기도 했다.

진경사계단식장벽채탄법 창안 경위
(1) 언 제 : 1981년 11월 15일 하향 진경사 관통채준 시작
(2) 어디서 : 대한석탄공사 나전광업소 옥갑갱 0편 33 크로스

(3) 누 가 : 김정동 (당시 부소장)

(4) 무엇을 : 위경사승붕락채탄법을 진경사계단식장벽채탄법으로 개선

(5) 어떻게 : 탄층을 위에 두고 채탄하는 방법에서 탄층을 밟고 채탄

(6) 왜 : 붕락사고 근원을 제거하여 인명보호와 건전경영 실현

(7) 진경사 하향채준 관통일 : 1981년 12월 6일, 편간관통 23일 소요

(8) 진경사계단식장벽채탄 시작일 : 1982년 1월 2일

(9) 진경사계단식장벽채탄 기간 : 1990. 6. 30 휴광될 때까지 8년 7월

"진경사계단식장벽채탄법" 보고 및 발표

(1) 1982. 2. 12 본사 1차 차트 보고 생산. 안전 부소장 장회의 때

(2) 1982. 2. 23 정부 보고 1982년 동자부 영서출장소

(3) 1982. 3. 대한광산학회지 제19권 특집1호 발표(3월 보고, 11월 게재)

(4) 1982. 7월호 사보에 생산성 향상에 대한 전망 발표

(5) 1982. 7월호 위 사보 장벽식채탄으로, 윤치병 옥갑갱장

(6) 1982. 7월호 위 사보 장벽식채탄으로, 유석항 궁대갱장

(7) 1982. 9. 29 본사 2차 지침서 보고 기획 032-69 생산 안전, 개발

(8) 1983. 5.16 황지광산 보안지도소 전국광산 보안관리, 감독자회의

(9) 1983. 9월호 사보에 발표, 진경사계단식장벽채탄법

(10) 1983. 12월호 사보에 발표, 증산기반을 세우고

(11) 1987. 4. 21 석탄개발 및 보안 국제 심포지엄 발표

대한광산학회에 발표 나전광업소 채탄법 개선사례를 관련사진 25장을 첨부하여 1982년 3월에 대한광산학회에 발표하여 그해 11월에 학회지 제19권 특집 1호에 게재되었다. 한국자원공학회에서 나전광업소 채탄법 개선사례로 공개했고, 창안자인 필자는 진경사계단식장벽채탄법의 개요를 인터넷에서 검색할 수 있도록 공개했다. 대한광산학회는 한국자원공학회로

개칭되었다.

진경사계단식장벽채탄법의 의의 기술적으로 탄층을 밟고 채탄하여 붕락의 근원이 없어지는 채탄법이며, 인도적으로 붕락사고로 인한 인명피해를 영구히 제거하여 인간존중을 실현하고, 사고비용 감소와 수입증대 및 증산으로 소득향상 등 건전경영에 기여했다.

> 진경사계단식장벽채탄법의 구체적인 효과
> (1) 붕락사고의 근원이 제거되어 소중한 생명을 영구히 보호했다.
> (2) 붕락사고가 근절되어 사고로 인한 직간접 비용을 감소시켰다.
> (3) 채탄 막장을 인위적으로 조절하여 계획생산과 증산을 할 수 있다.
> (4) 채굴 막장을 장벽으로 진행하여 능률이 획기적으로 향상했다.
> (5) 완전채굴로 채수율이 향상되어 개갱 개수 감소와 굴진 비용을 감소시켰다.
> (6) 고질 괴탄도 완전 채굴되어 탄질이 1등급 향상되어 수입이 증대되었다.
> (7) 채굴 공간의 낙반 전조를 파악할 수 있어 사고를 예방했다.
> (8) 능률과 노임이 향상되고 야간작업 폐지로 삶의 질을 향상시켰다.
> (9) 채굴 공간을 경석처리장으로 활용하여 광해 방지와 비용을 줄일 수 있다.
> (10) 경영위기의 광산을 건전경영으로 개선시켰다.

채탄법 창안의 기술적 배경 진경사계단식장벽채탄법은 분질 탄층을 밟고 채굴하면 붕락될 물체가 없어진다는 물리와, 하향으로 채굴된 석탄을 모노레일로 끌어올리고, 채굴한 공간의 지주를 타주로 시공했던 경험과, 채탄 막장을 계단식 장벽으로 하고, 전석 방지와 과속 방지는 채굴하면서 실험한 결과로 완성한 독창적 기술이다.

1981년에 8월 말까지 탄층 붕괴로 4회에 5명의 사망사고가 발생하여 전임 부소장이 인책 사퇴했다. 1981년 11월 15일 진경사계단식장벽채탄법을 창안한 이후 1990년 6월 30일 휴광될 때까지 8년 7개월간 붕락사고는 1 건도 발생하지 않아 43명의 인명을 구원한 결과로 나타났다. 붕락사고는 전체사고의 30퍼센트로 붕락의 근원이 기술적으로 제거되어 나전광업소의 사고감소 결과는 〈표 9-10〉과 같이 연도별 사고통계로 내가 창안한 채탄법이 구원이라는 사실이 통계로 증명되었다. 그러나 내가 개발한 이 진경사계단식장벽채탄법을 후임 상급자가 계단식 채탄법이라는 유사명칭으로 도용하여 자원공학회에서 유공자로 표창을 받는 어처구니없는 일이 있었다. 이 부분에 대해서는 하고 싶은 얘기가 많지만 생략하기로 한다.

밤샘작업 개혁 진경사계단식장벽채탄법이 확산되어 작업 막장 수를 조정하고 능률이 향상되어 1983년 1월 야간 심야작업인 병방을 폐지하고 2교대 작업을 단행했다. 탄광작업은 하루 24시간을 3교대로 8시간씩 갑방·을방·병방(밤샘) 작업으로 한다. 병방 작업을 하고 나면 생체 리듬의 변화로 체중이 줄어 손목시계가 헐렁해진다. 또한 심야 수면시간에 남편을 출근시킨 가족들의 고통은 말이 아니다. 흔히들 탄광에 병방 작업만 없으면 할 만하다는 말이 있다. 어떻게 병방 작업을 없앨 수 있을까 고심하다 진경사계단식장벽채탄작업 구역이 순조롭게 확대되며 능률이 향상되어 검토하게 되었다. 병방 작업을 폐지하면 작업장의 유지와 생산량 감소 그리고 야간수당 지급이 되지 않아 노임이 감소한다. 그러나 작업장 유지는 나전광업소의 여건상 안전하고 생산량 감소는 채굴 막장수를 임의로 조절할 수 있고, 노임문제는 채탄법 개선구역이 확산되고 인원을 2교대로 집약하면 능률이 향상될 것으로 판단했다.

이덕주 기획과장과 2교대 작업을 극비에 검토한 결과 채탄능률을 10퍼센트 정도만 올리면 가능하다는 결론이 나왔다. 진경사계단식장벽채탄 구역이 확대되어 시행계획을 준비시켜 소장에게 보고하였다. 노동조합 전승근 지부장에게 연락하여 부소장실에서 기획과장과 같이 2교대 작업계획안을 설명하니 지부장은 임금만 보장된다면 무조건 좋다고 했다. 나는 하루 정도 여유를 줄 테니 노조 집행부와 대의원들에게 사전에 얘기하면 나는 이틀 후 각 방 취업회에 나가서 작업자들에게 설명하겠다고 하니 좋다고 동의해 주었다.

노동조합에서는 대의원 간담회를 긴급히 소집하여 지부장이 설명하고, 나는 그 다음 날부터 2일간 연속 옥갑갱과 궁대갱 갑·을·병반 취업회에 나가서 2교대 작업계획을 설명하며 임금은 보장할 테니 나를 믿으라고 했다. 진경사계단식장벽채탄법을 성공시켜 붕락사고의 근원을 영구히 제거하고, 장기 증산기반인 동·서부 전차갱을 관통해 나전광업소의 밝은 미래가 펼쳐지는 실적을 모두들 신뢰하고 환영했다.

탄광에 3교대 병방 작업을 광업사상 최초로 2교대 작업으로 순조롭게 개혁했다. 또한 2교대 작업으로 능률이 향상되어 노임이 보장되어 작업자와 가족들이 크게 환영했다. 출근시간을 조정하고 현장 상면 교대로 시간을 단축하여 밤 10시 전에 작업이 완료되었고, 간부들은 객실에서 휴식하다 을방 작업이 마무리되었다는 보고를 받고 숙소로 돌아가서 마음 놓고 편히 수면을 취할 수 있게 되었다.

이렇게 나전광업소는 창안과 개혁으로 생동하며 발전되어 갔다. 사보

1983년 9월호 25쪽에 이덕주 기획과장이 "병방(丙方)이 없어졌다"는 제하에 내용을 자세히 소개하였다.

도급제도 개혁 갱 단위 월도급제는 이 책의 갱 전체 월도급제의 개혁의 개요와 효과를 자세히 언급하였다. 나전광업소의 갱 단위 월도급은 진경 사계단식장벽채탄법과 2교대 작업에 이어 또 하나의 개혁이다. 1983년 4월부터 시행했으며 사보 1983년 9월호에 정해지 기획계장이 발표한 기대효과의 내용 중 제목만 옮긴다. "첫째, 재해 발생의 직접적인 요인을 제거할 수 있다. 둘째, 생산성을 향상할 수 있다. 셋째, 임금관리에 공정을 기할 수 있다. 넷째, 부조리 발생요인을 제거한다"고 기술하였다.

증산기반 구축 나전광업소의 옥갑갱과 궁대갱 및 사외도급에서 생산된 탄은 선탄과까지 자동차로 운탄했다. 장기개발계획으로 항골을 중심으로 410 동부 전차갱도는 2,750미터 계획에 남은 1,591미터 굴진하여 옥갑사갱과 관통시키고, 서부 전차갱도 1,519미터를 굴진하여 북평 사갱과 관통시켜 갱내로 전차 운반으로 나전 역두의 선탄과까지 운탄할 계획이었다. 부임 당시 서부 전차갱은 갱 입구도 개설하지 않았다.

동부 전차갱 관통 동부 전차갱은 1979년 5월 1일 갱도규격 3.0m×2.4m로 착수하여 1983년 9월 14일 총연장 2,750미터를 완공하였으며, 공사기간은 4년 4개월로 공사비는 5억4천만 원이 투입되었다. 1981년 9월 26일 토요일 오후에 공무과장과 옥갑갱장이 같이 동부 전차갱의 작업현장에 처음 순회하였다. 굴진 막장의 진행속도를 확인해 보니 월평균 28미터밖에 진행하지 못하여 동개소의 작업여건으로 보아 부진한 실적이었다. 갱장에게 사유를 물어보니 경석 처리작업 부진으로 막장에 공차가 적기에 투입되지 않아서라고 했다.

경석 처리작업은 굴진 막장에서 적재한 경석차를 축전차로 갱외 경석 처리장의 선로로 밀어넣고 작업자들이 인력으로 하나하나 분리하여 경사면에 전복시켜 쏟아붓고 경석차 속에 남은 경석을 수작업으로 긁어내고 공차를 다시 선로 위로 올려서 공차와 연결하면 축전차가 막장으로 운반하여 굴진 경석을 적재했다. 갱외 경석 처리장에서 경석차를 사면으로 전복시킬 때 경석차가 비탈진 아래로 밀려 내려가면 이를 인력으로 선로까지 끌어올릴 때 공차의 방향이 틀리면 또 인력으로 돌려서 맞추어야 한다. 굴진 막장에 가서 작업상 애로사항을 물었더니 공차 반입이 늦고, 지주용 자재가 부족하며, 착암기 고장이 잦아서 작업이 자주 중단된다고 했다. 애로사항을 해결해 줄 테니 규격대로 표준시공 완전굴진을 하고 광차에 경석을 적재할 때 살수를 철저히 하라고 당부했다.

갱외에 나와서 갱장에게 굴진 막장에 착암기와 빗드의 예비품을 지급하여 고장이 나면 막장에서 교체하여 사용하도록 하고, 지주 시공용 스틸 아치와 갱목을 갱 입구에 충분히 비축시키고, 입기와 배기용 선풍기 두 대를 설치하여 각 선풍기마다 풍관의 길이를 40미터 이상 연장하여 발파 연기를 신속하게 배연시키고 막장에 신선한 공기를 밀어넣어 배연 시간을 단축시키라고 지시했다. 갱장에게 사면에 굴러간 경석 공차는 에어호이스트를 설치하여 기계적으로 끌어올리라고 지시했다. 공무과장에게 공차의 방향을 전환시키는 기계적 방법이 없느냐고 하니 턴테이블을 설치하여 사용하면 된다고 했다. 만들면 시간이 얼마나 걸리느냐고 하니 자재와 부품만 준비되면 3일이면 설치가 가능하다고 했다. 나는 즉시 만들라고 지시했다.

서부 전차갱 관통.

굴진 속도가 빨라졌다. 부임 전 1979년 5월 1일 작업을 착수하여 1981년 9
월 18일까지 40개월간 월평균 28미터밖에 진행하지 못하던 굴진을 작업자
들의 고충을 해결해 주어 1981년 9월 28일부터 1983년 9월 14일 관통될 때
까지 표준시공 완전굴진으로 월평균 66미터 진행되어 38미터 더 늘어나
235퍼센트로 향상되었고, 1,591미터를 진행하여 총연장 2,750미터를 관통
시켜 작업자들의 노임이 크게 향상되었다.

　서부 전차갱 관통 동부 전차갱 관통 굴진이 정상적으로 진행되고 있을 때
서부 전차갱 굴진 준비를 했다. 서부 전차갱의 갱 입구를 개설할 위치의
임야 소유주와 임대나 매수문제가 지연되고 있어 관재담당에게 그 이유를
물으니 산의 소유주가 정선지역에서 덕망이 높은 분이라 감히 섭외를 할
수 없다고 했다. 어떻게 하면 되느냐고 물으니 소장이나 부소장이 나서야
된다고 했다. 나는 접촉은 해보았느냐고 물으니 그러지 못했다고 했다. 소
장에게 보고했느냐고 하니 그러지 않았다고 했다. 매수나 임대 지시를 한
지가 한 달이 지났는데 진척되지 않아 심하게 추궁했다. 임야 소유주의 연

락번호를 알아서 방문을 통보하니 선선히 응낙해 주셨다. 소장에게 외출 승인을 받고 정선읍 내의 홍태식 선생님 댁을 방문했다.

부임한 이후 대외관계는 평온했다. 특히 창안한 채탄법 적용으로 붕락 사고의 근원이 없어져 사고가 근절되고, 능률도 높아지며 생산도 잘되고, 동부 전차갱 굴진이 고속으로 진행되어 노임이 많아진 사실이 알려져 나 전광업소가 장차 희망의 광산이라고 할 때였다.

관리과장과 같이 홍 선생 댁 문밖에서 통기하니 거실 문이 열리며 인자한 목소리로 들어오라고 했다. 나는 수인사를 하고 명함을 건네고 단도직 입적으로 광산개발과 관련하여 소유의 임야 200여 평을 임대하거나 매각하여 달라고 하니 홍 선생은 부소장이 새로 오셔서 광산이 활기차게 운영된다는 이야기를 들었다며 정선에 기관장과 유지들이 많이 기대한다고 했다. 그리고 뭐든지 도울 테니 광산을 발전시켜 달라고 하며 임대고 매각이고 다 필요없으니 광산 개발이 잘되면 지역 발전에 도움이 되니 마음대로 사용해도 좋다며 허락해 주었다.

우리는 감사의 인사를 하며 지역 어른의 기대를 명심하겠다고 화답하고 돌아왔다. 나는 진심으로 감사했고, 광산 발전을 위해 더 노력하겠다고 다짐을 했다. 관리과장에게 사용할 면적만큼 임대료를 지급하라고 지시하고 소장에게 보고하니 잘되었다고 하며 좋아했다.

서부 전차갱 관통 굴진은 경석 처리장이 갱 입구에 근접하였고, 막장작업을 지원하기에 아주 좋은 조건에 동부 전차갱에서 작업하던 단련된 반장과 기능공을 배치하여 능률적으로 진행되었다. 1982년 2월 2일 갱 입구를 개설하여 1년 6개월에 월 평균 84미터의 속도로 1983년 8월 25일 1,519미터를 관통시켰다. 이렇게 나전광업소의 장기 증산기반을 완전히 구축하

왼쪽, 고석면 공무과장이 막장막이 사용법을 사보에 발표했다.
오른쪽, 유영석 부갱장이 막장막이 사용법을 설명하는 모습.

고 작업자들의 노임도 굴진 능률이 높아진 만큼 크게 향상되었다.

동·서부 전차갱 연결교량 설치 동·서부 전차갱 관통에 맞추어 두 전차갱을 연결하는 항골계곡 교량 설치공사를 마치고 선로 부설을 완료하고 탄 처리시설 공사도 완료하였다. 옥갑·북평 두 구역에서 생산된 탄을 갱내로 운반하여 통합처리하게 되었다. 운반선로를 선탄과까지 연장하는 공사는 선로부설에 소요되는 부지매입과 민가의 이주보상 및 정선-강릉간의 국도 위를 횡단시키는 공사에 소요되는 예산이 광업소가 경영적자로 계속 존속여부가 불투명하여 중단되었다.

막장막이 (기계)장치 개발 진경사계단식장벽채탄법을 적용할 수 없는 막장에 붕락 방지용 막장막이 장치를 개발했다. 제작 초기에는 완전 백지상태였는데 고석면 공무과장의 지휘로 최지철 기계계장과 신무길 기계반장의 아이디어로 수정하고 보완하여 이상적인 막장막이를 만들었다. 착암

기의 휘드를 지지대로 하여 지주의 관목과 막장 면을 접촉시켜 레바로 신
축하며, 접촉면은 두꺼운 철판으로 막장을 저지하는 막장막이가 광업사상
최초로 개발되었다. 사보 1982년 7월호 25쪽에 고석면 공무과장이 "막장
막이로 붕락 방지"를 발표했다.

실기교육장 설치 진경사계단식장벽채탄법으로 막장 붕락사고가 영구히
발생하지 않는 안전한 작업장이 되었고, 동·서부 전차갱을 관통시켜 장기
증산기반 구축도 완료하였다. 다만 진경사계단식장벽채탄법을 적용할 수

실기교육장에서 차
트 교육 중이다.

실기교육장에서
교육받는 모습.

없는 조건의 채탄 막장의 붕락사고를 예방하고자 기계적 막장막이 장치를 개발하여 비치하여 두고 사용하도록 했으나 기능공의 기능을 숙련시킬 필요가 있어 실기교육장을 설치해 운영했다. 교육장의 위치는 매 교대 취업회와 작업배치를 하는 서부 전차갱 입구 좌측 사면에 콘크리트로 갱도 골격을 만들었다. 탄층이 부존한 형태대로 상하반과 탄층의 경사로 나전광업소의 채탄승에 시공하는 인형쉬를 표준지주로 하고 연질탄 대신 모래를 채워서 막장의 붕락을 막으면서 지주를 시공하는 실기교육장으로 만들었다. 실기교육 막장은 붕락되는 모래를 막고 나오는 모래는 인력으로 갱도의 상부로 옮기도록 하여 막장을 잘 막으면 모래가 적게 나오기 때문에 기량을 다하여 실기연습을 하게 했다. 교육주관은 기획과 안전담당이 하고, 인원선발은 매주 2명씩 갱장이 했다. 부소장·안전감독실장·기획과장·갱장·부갱장·안전주임이 매주 1시간씩 지도했다.

분묘 침하 과실 궁대갱의 0편 430 좌 하반갱도의 채탄승은 지표와 가까워서 약간의 습기가 있고 공기가 신선하여 작업조건이 좋아서 채준 진행 속도가 빨랐다. 지표에 근접하여 산화된 표토를 확인하고 퇴각하여 아주 단기간에 채탄작업을 마쳤다. 채굴이 끝나고 상당한 기간이 지났는데 지질과장이 궁대갱 지표의 송계계곡 부근의 분묘가 침하되었다는 보고를 했다. 나는 아차하면서 궁대갱 0편 좌 하반갱 채탄승 생각이 났다. 지질과장과 급히 현장에 도착하여 확인하니 송계계곡 하상에서 갱 입구 쪽으로 수평으로 약 5-6미터 떨어진 지점에 지표에서 수직으로 약 6-7미터 침하되어 있었다.

분묘 복구방법을 검토해 보니 침하된 수직 공동으로 구조작업자를 들어가게 하는 방법은 보안상 위태롭고, 분묘가 침하된 공동의 측면을 장비로 파내려가면 지표가 계곡의 하상보다 낮아서 계곡수를 유도하고 임야를 훼손하며 시간이 많이 걸리는 문제가 있었다. 연고자를 탐문하여 통보하고 방법을 강구하기로 했다. 얼마 후 연고자의 거주지를 확인하고 지질과장과 정선읍 신월리에 거주하는 자손들의 집을 방문했다. 우리는 방안에 들어가 엎드려 절을 하고 직책과 성명을 말씀드리고 명함을 드렸다. 그리고 사건 내용을 사실대로 자세히 말씀드리고 사죄했다. 어른은 조부님의 묘소라고 하며 그런 줄도 몰랐는데 찾아와서 통보해 주니 고맙다고 했다.

우리는 복구작업의 보안상 애로를 사실대로 말씀드리며 가족의 요구대로 하겠다고 하니 한참을 생각하더니 돌아가신 조부님의 유골을 수습하다가 생사람을 다치게 해서는 도리가 아니라며 그 상태대로 장례를 치르겠다고 했다. 우리는 그 넉넉한 선처에 감사드리며 장례비는 유족이 원하는 대로 드리겠다고 하니 장례비도 많이 필요없다고 하기에 그렇게 할 수 없다고 하며 내일 찾아오겠다는 약속을 하고 돌아왔다.

작업조건이 좋은 것만 보고 지표를 확인하지 않아 큰 실수를 저질렀기 때문에 자괴감으로 괴로웠다. 다음 날 장례비를 전달하고 진심으로 사과했다. 분묘의 봉분과 함께 침하된 고인의 영혼이 구원되고 자손들의 평화를 진심으로 기원했다.

위기에서 탈출 막장을 순회하다 통로가 막혀 독 안에 든 쥐 신세가 되었는데 휴대용 손망치로 틈을 내어 구명도구가 되었다. 옥갑갱에서 갱장으로부터 당일 갑방에 작업배치 내용을 듣고 같이 입갱했다. 채탄 막장 상단에는 발파할 준비를 하고 있었다. 순회를 마치고 하부 계단으로 내려가며 순회할 충분한 시간이 지나면 발파하라고 지시하고 하단으로 내려갔다.

최하단을 순회하고 하부 편으로 내려가니 당일 갑방에서 통로를 밀폐해 놓아 아찔했다. 상단에서 발파하면 굴러오는 탄에 매몰될 수밖에 없었다. 시간은 흘러가고 발파 시간은 다가오고 통로는 막혔고, 독 안에 든 쥐 신세가 되어 안절부절했다. 순간적으로 손에 들고 다니는 손망치로 제일 위쪽에 붙은 판장에 박힌 못 주변을 쪼아서 못과 판장을 분리하였다. 초능력일까. 우리 둘은 있는 힘을 다하여 분리된 판장을 앞으로 당겨서 부러뜨리고 판장 한 장이 붙어 있던 공간으로 빠져 나왔다. 독 안에서 탈출하여 죽음의 위기를 모면했다.

이 사건은 갱장이 당일의 작업배치 내용도 파악하지 않고 상급자를 안내한 잘못이며, 절박한 위기상황에서 손에 들고 다니는 망치 하나로 판장을 뜯고 탈출했다. 통상 관리자들의 망치는 긴 나무자루 지팡이지만 이 망치는 헤머 부분과 손잡이가 일체형 금속으로 손잡이에 촉감이 좋고 간편하며 타진·파쇄·파내기 등 기능을 고루 갖추고 있었다. 이번의 경우는 생사의 위기에서 판장에 박힌 못 주변을 쪼아내고 판장을 뜯어내는 도구로 쓰였다. 이 망치는 조남찬 지질과장이 '광산기술자필휴' 책과 함께 선물해 준 것으로 구명의 도구가 되었다.

소장 부부의 기원 탄광에는 여자가 출근길을 건너가면 부정 탄다고 하며, 까마귀가 짖으면 사고가 난다며 집으로 되돌아가 출근하지 않는 경우가 있다. 광산에서는 무사고를 기원하며 산신에게 제사를 지낸다. 1984년 초 여름 어느 휴일에 옆집 공무과장이 소장 사택에서 굿을 한다며 함께 가자고 했다. 나는 굿판에 부정 탄다며 거절하니 굿을 하는 이유가 사고 없이 탄이 많이 나오게 한다며, 간부들이 협조를 안 해서 일이 잘 안 된다는 말이 치마폭으로 돌고 있으니 가자고 했다. 나는 그러면 간부들 없이 굿만 하면 잘되겠네 그러한 억지가 어디 있느냐며 거절하다 무슨 말 꼬투리가 되기 싫어서 같이 갔다.

소장 사택 내실에 들어서니 동쪽 벽에 금빛 부처님상이 모셔졌고, 촛불 2개가 타고 그 앞에 삭발한 승복차림의 남자가 다리를 절면서 꽹과리를 두들이며 염불을 했다. 나와 공무과장은 시키는 대로 촛불 앞에 3배하고 뒤로 물러서 있었다.

얼마 후 갱 입구로 간다고 했다. 나는 불쾌했으나 소장 내외가 하는 일이라 참았다. 1호차에 소장 내외와 승복차림의 남자가 타고 우리는 2호차로 서부 전차갱 입구에 내렸다. 승복차림의 남자는 갱내를 들여다보며 또 꽹과리를 치며 염불을 하고 끝이 났다. 굴진을 해서 광량을 확보하고 공정관리만 하면 탄은 나오는데 인간이 할 일에 최선을 다 하지 않고 염불만 하면 어느 신이 들어 주실까 생각하며 소장을 이해할 수 없었다.

순직자 묘 참배 1982년 9월 30일, 옥갑갱 1편 우 5 크로스에서 낙반으로 순직하고 연고자가 없어 시신도 인도하지 못해서 북평 공동묘지에 영면한 김상출 씨의 묘소에 참배했다. 내가 이 묘소를 참배한 이유는 보안관리자로서 책임을 망인에게 사죄하고 특히 유족도 없어 치묘나 제사 등 돌볼 사람이 없는 초라한 무연고 토분이 세월에 할퀼 걸 생각하니 더 불쌍했다. 종이컵에 소주를 부어놓고 재배한 다음 "형제여, 미안하오, 다 내 책임이며 잘못이요, 나는 당신의 고향인 은성으로 가기 위해 오늘 이곳을 떠나야하오, 부디 영면하소서"라고 작별인사를 하고 나전을 떠났다.

2. 은성광업소에서

1984년 11월 22일부터 1986년 2월 9일까지 46세부터 48세까지 445일간 은성광업소에서 부소장으로 재직했다. 박재근 소장은 전임지인 나전광업소에서 진경사계단식장벽채탄법을 시작할 때 현장의 일체업무를 맡겼던 분이다.

소장이 이번 인사에서 다른 소장들이 나를 받아 주지 않으려고 해서 갈 곳이 없었다고 했다. 나는 채탄법을 창안하여 붕락사고를 근절시키고 능률을 높여 병방 작업을 폐지하여 삶의 질을 개선하였으며, 소득을 높여 주고 건전경영을 실현한 사실을 모함하니 그 수준을 알 만하다고 말하고 나왔다.

현황파악 은성광업소는 경상북도 문경군 가은읍 왕능리에 소재하며 대한석탄공사에서 생산 규모가 장성·도계·함백·화순 다음 순이다. 조회에 나가 의례적인 부임 인사를 하고 지역에 인사 가며 박재길 기획계장에게 1984년 각 소속의 업무추진계획을 내 책상 위에 놓아 달라고 부탁했다. 노동조합을 방문하여 김호건 지부장과 이장희·남정설 두 부지부장에게 인사하고, 가은읍장·지서장·직영 연탄공장 정영도 사장·대한통운 정태원 사장·욕장관리 대표 김태명 사장에게 인사했다.

은성광업소는 1933년에 개광된 49년의 노령 광산으로 개광 이후 계속 적자로 운영되어 왔고, 조직기구는 소장·부소장 예하에 1실 1갱 7개과로 안전감독실과 본갱이 있고, 기획·공무·선탄·지질·관리·자재·비상계획과·감사실에 총 재적인원은 904명으로 연간 25만 톤 정도를 생산하고 있었다. 관리직원은 133명이며, 사외도급은 기획과 관리로 신광구역은 이재

환 사장·마롱 마장구역은 김옥환 사장이 맡고 있었다. 현황을 파악하고자 각 갱 과실을 순회하며 사고예방과 생산부진 대책 그리고 자립경영을 위한 수입증대와 원가절감 방안을 당초 계획과 추진 실적을 확인했다.

[은성 본갱] 1933년 개광 당시 채굴을 시작한 단일 갱이다. 부임 이튿날 갱장실에서 갱장과 부갱장·개발계장·사무계장과 같이 작업구역을 파악했다. 3교대 근무 생산계장 3명은 참석하지 않았다. 막장작업 현장인 16편에 입갱했다. 막장의 공기는 지열과 첸 컨베이어의 전동기에서 나오는 열로 무더웠고, 화약 발파 연기와 작업자들의 땀에 젖은 작업복에서 피어나는 수증기로 앞이 보이지 않았다. 비지땀을 흘리며 지열과 습기로 헐떡이며 호흡하는 작업자에게 가장 힘들고 어려운 일이 무엇이냐고 물으니 더워서 미칠 것 같다고 했다. 찜통 같은 작업장에 작업자를 남겨두고 수고하라는 인사만 하고 나오며 열악한 작업환경을 시급히 개선해야겠다고 결심하니 마음이 조급했다. 현장순회를 마치고 기획과 안전담당에게 통기계통에 설치된 국부 선풍기와 차단문 관리현황을 파악했다.

[공무과] 김일호 과장, 강창현 전기계장, 이원식 기계계장, 한정교 토건계장, 강홍석 통신계장과 면담하면서 갱내화재 예방대책을 들었다. 지표에 영강의 하상 복개와 도수로 공사를 동절기 전에 마치겠다고 했다.

[지질과] 최연묵 과장과 장명희 계장과 면담하면서 탄층의 매장 상태를 파악하고 협탄층 개발을 위해 지질도상에 채굴이 완료된 구역을 편별로 구분하여 채색하고 갱도에 나타난 좌우 양 벽의 탄폭과 경사와 매장량을 계산해서 제출하라고 지시했다. 협탄층 개발의 출발이다.

[선탄과] 김태성 과장과 신현태 계장과 면담하면서 막장 탄의 검수와 운

탄 및 경석 처리와 급별 출하 판매 등의 업무 흐름을 파악했다.

[안전감독실] 김재옥 실장과 심만섭 안전감독주임과 면담하면서 안전감독 계원들의 주야간 근무상황과 담당구역 배치 내역을 파악하고 갱내 출수사고와 화재예방 및 대형사고에 대한 감독활동을 파악했다.

[기획과] 안상국 과장과 박재길 기획계장, 진태삼 측량계장, 조성상 전산계장, 김병승 기술계장과 면담하면서 손익 규모가 1983년에 793백만 원 적자였고, 1984년에는 5억 원 적자 목표라고 했다. 개광 이후 만성적자의 광산을 1984년에 고질탄 증산으로 흑자 계획을 검토하기로 했다.

[자재과] 원용국 과장과 하상익 자재계장, 이영훈 화약계장과 면담하면서 갱내 상용자재인 갱목의 비축량을 확인하고, 예산에 구애받지 말고 충분히 공급하여 갱도 보안이 되도록 당부했다.

[관리과] 김동수 과장과 고병덕 노무계장, 강차정 서무계장, 박무철 급여계장, 윤석산 경리계장, 고기환 새마을계장과 면담하며 평상시 신뢰받는 노무관리로 생산적인 유대관계를 유지해 달라고 했다.

[비상계획과] 정봉길 과장, 이화백 계장, 이용대 중대장과 면담했다.

[감사실] 우세구 담당과 전일선 계원과 면담했다.

주요 과제 선정 갱과 실을 순회하며 인사를 겸한 면담을 하고 파악한 내용으로 추진할 과제를 선정하여 안상국 기획과장과 같이 박재근 소장에게 보고했다.

첫째, 사고예방을 위해 보안관리자인 부소장이 갱 과장과 전 보안관리 직원들의 근무기강을 확립한다.

둘째, 작업환경 개선으로 통기 전용 소구경 수갱을 개설하여 근본적인 통기대책을 본사와 협의하여 추진한다.

셋째, 막장의 인력 위주 작업을 기계화하며 현재 사용하고 있는 첸 컨베이어는 철수한다.

넷째, 경자립은 당년에 5억 원 적자 목표를 탄질을 높이고, 근거리 수요처를 확보하고 운송비를 줄이며 재해 감소에 따른 손실비용 감소와 영강의 하상 복개공사를 공기 이전에 완공하여 전력요금을 감소시켜 5천만 원 흑자로 수정하여 개광 이후 49년 만에 최초로 흑자경영의 원년이 되도록 하겠다고 했다.

소장은 나전광업소에서 진경사계단식장벽채탄법으로 개선하고자 담판하던 때와는 전혀 다른 자세로 끝까지 보고를 듣고 일체를 위임하는 자세로 말했다. 광산사고 예방은 부소장이 책임지고 보안관리 기능강화 등 소신껏 추진하고, 작업환경 개선방법과 인력작업 기계화도 아주 좋은 발상이라고 했다. 다만 현재 중단에 설치하여 사용하는 첸 컨베이어는 여러 사람이 철수해 달라고 건의해 왔는데 본사의 지시사항이니 철수하지 말라고 했다. 나는 막장 여건을 고려하지 않고 설치하여 보안확보와 능률향상의 장애가 되고 있으니 본사와 협의하여 철수하겠다고 하니 알았다고 했다. 경영자립 원년 실현에도 흔쾌히 동의했다.

나는 소장의 결심을 받고 본사 생산부 장석호 생산과장에게 중단에 설치한 첸 컨베이어는 갱도가 협소하고 곡선이 많아서 막장은 한 개소인데 첸 컨베이어 4대가 설치되어 국부 통기에 장애로 온도상승의 원인이 되고 통행에 불편을 주며 작업환경의 악화로 능률이 떨어지고 있다고 보고했다. 신규 구역부터 중단 갱도를 계획 굴진으로 직선화하여 전 구역으로 확대하고, 선풍기로 막장에 신선한 공기를 넣어 주고 더운 지열을 배기시키면 작업환경이 개선되어 기계화 채탄을 확대시킬 수 있으니 현재 설치된 첸 컨베이어는 철수하는 것이 좋겠다고 건의했다. 갱도 조건을 구비하고 더 확대시키겠다는 합리적인 나의 건의를 본사가 반대할 이유가 없었다. 당일 오후에 송재규 이사님의 승인을 받았다는 연락이 왔다. 갱장에게 첸 컨베이어 철수를 지시했다. 첸 컨베이어를 본사의 지시라고 설치해 놓고 고통 받던 작업자들과 관리자들은 부소장 덕분에 철수시켰다며 좋아했다.

안전기강 확립 대형사고가 수차 발생한 갑종 탄광에서 재발할 요인이 항시 잠재하고 있어 보안관리자인 내 책임으로 광산 보안일지 기록으로 안전관리 기강을 확립했다. 그간에 발생된 사고가 보안관리 직원이 책임을 소홀히 한 것이 원인이었기에 안전관리 기강을 확립하기로 한 것이다. 평상시 보안관리 직원이 사고예방 활동을 보안일지 기록으로 유지하여 사고가 발생하면 책임을 명확히 하기로 했다. 시행 초기에 일부 간부들의 반발로 시행이 답보상태였다. 신속한 이행수단으로 전 종사자들에게 공개적으로 의견을 듣기로 하고 취업회에 나가서 "본갱에서 발생한 화재사고는 한두 사람의 부주의로 44명이 순직했다. 이러한 사고가 재발되지 않도록 그 책임을 명확히 하려고 보안일지 기록으로 법적 근거를 유지하려고 하는데 일부 간부들이 보안관리자인 나의 지시를 따르지 않고 있다. 광산보안법으로 선임된 이 광산의 보안관리 책임자로 각 보안관리 직원들의 안전기강을 신속히 확립하여 사고를 예방하겠으며, 소장님도 소신껏 추진하라고 지시했다. 여러분의 의견을 듣고 싶다. 사고예방 활동 근거를 보안일지 기록으로 유지시켜 사고발생의 책임을 명확히 하여 사고를 예방하고자 하는데 동의하느냐"고 하니 전원이 박수를 치며 "옳소"라고 소리치며 호응했다. 그 이후 누구도 불평하지 못하고 이행되었다. 안전관리 기능은 조기에 확립시키고 직접 소통으로 신뢰를 쌓는 계기가 되었다.

그리고 각 갱 과장에게 사고예방 활동의 기본방향은 본사 안전감독부에서 시달한 안전점검 평가 내용과 분야별 종합안전대책을 지침으로 시행하도록 했다. 특히 갱내 화재 이후 난연성 케이블과 방폭형 장비의 교체를 계획대로 추진하고, 안전감독실의 지적사항과 매분기 자체 검열과 매 반기 본사 검열과 동자부 검열 지적사항의 조치 결과를 파악하여 예방활동을 관리했다. 그 결과 재해자수는 1983년에 42명보다 14퍼센트가 감소(36명)되었다. 인도적으로 인간존중을 실현하고 재해보상 등 경제적 손실이 감소되어 자립경영에 기여했다.

기술개선과 협탄층 개발, 막장의 작업환경 개선 채탄 막장에서 지열과 가스 등 위험에 노출되어 작업하는 환경을 근본적으로 개선시켜 인간답게 작업하도록 통기 전용 수직공 개설을 계획했다. 작업장의 심부화로 갱도 연장이 길어지면서 통기의 저항요소가 늘어나 막장에는 가스가 정체되고 온도가 상승되며 오염된 공기가 정체되어 보행에 지장을 주는 열악한 상태였다.

이러한 심각한 문제를 통기 계통의 차단문 점검자를 지정하여 관리하고 맹갱도의 작업구역에 통기 전용 수직공을 관통시켜 통기시키면 적은 비용으로 작업환경을 조기에 개선할 수 있다고 판단했다. 주 작업장인 16편에서 상부 15편으로 소구경(400mm-500mm) 통기 전용 수직공을 관통시키는 방법으로 천공 위치를 선정하고 설계하여 작업량과 소요예산을 산출했다. 이러한 통기 방법은 사내에서 처음 시도하기 때문에 본사 생산과장에게 16편의 열악한 작업환경을 설명하고 맹갱도 쪽에 배기 전용 보조 수직 공을 개설하도록 예산을 조치해 달라고 하니 계획서를 제출하라고 하여 본사에 제출하여 사업이 급속도로 추진되었다. 그 후 보다 근본적인 통기 수갱이 1986년 4월 11일 지표에서 (182) 착공되어 해저 8편까지 305미터가 준공되었다. (『대한석탄공사 50년사』와 사보 1986년 9월호 p.8에는 1986년 8월 25일 11시 공사비 3억 8천만 원을 들여 332미터 통기 수갱 착공으로 되어 있다.) 이 통기 수갱 관통으로 열악한 작업환경에서 시원하게 작업하도록 작업자들의 숨통을 터 주었다.

인력작업 기계화 막장에서 인력으로 하는 중노동을 기계화하여 능률을 높이고 소득을 향상시키는 계획으로 첫째, 암석승에 슈트에 탄과 경석 슈트를 구분하고 경석 슈트 위에 모노레일을 설치하여 등짐작업과 자재와 장비운반을 기계화한다. 둘째, 중단 막장에서 첸 컨베이어에 수적하는 작업을 적재기를 개발하고, 막장 탄은 첸 컨베이어에 이적할 때 사용하는 삽 대신 수집 장비를 개발하여 기계적으로 끌어넣게 한다. 셋째, 중단에서 탄층으로 굴진할 때 입구 방향으로 정(正)자형으로 진행하고, 첸 컨베이어 위로 풍관을 설치하여 신선한 공기를 공급한다.

적재기 제작 시작 막장에서 석탄이나 경석을 삽으로 광차에 싣는 수적 작업과 채굴 막장의 탄을 첸 컨베이어 선단에 삽 대신 긁어 넣는 장치를 기계화하는 방법을 추진했다. 수적 작업을 기계화하는 적재기는 김일호 공무과장과 이원식 기계계장과 김석동 기사와 같이 논의하였으나 광업소 자체 시설과 기술로는 불가능하여 본사에 제작을 요청하기로 하고, 채굴 막장에서 삽 대신 탄을 긁어 넣는 장치의 개발은 자체로 제작하기로 했다.

이원식 기계계장과 김진림 공작반장이 협의하여 동력은 압축공기를 사용하는 채탄 막장 기계화가 시작되었다.

적재기는 1985년 하반기에 도착했으나 변곡점이 고정식으로 제작되어 규격이 커서 수정해야 했다. 갱도를 직선으로 굴진하고 탄층을 따라서 첸 컨베이어를 설치하여 수집 장치를 부착하면 기계화는 전 막장으로 확산되고 적재기를 투입하지 않아도 된다. 적재기는 첸 컨베이어와 규격이 같아서 호환성이 좋다.

수집기구 개발 막장의 탄을 삽이나 곡괭이로 첸 컨베이어에 긁어 넣는 작업을 수집기구를 제작하여 첸 컨베이어 앞에 부착시켜 사용하게 했다. 수집기구는 삽(쪽삽) 정도의 크기로 착암기의 휘드를 개조하여 탄을 긁어서 당기고 상하좌우 회전으로 조작하는 방식으로 제작하기로 했다. 제작

첸 콘베이어 선단에 사용하는 수집기를 개발했다.

은 기계계장과 공작반장 전담으로 수차 수정하여 시제품이 완성되어 시험 사용했다. 막장 기계화 작업은 김일호 박무일 공무과장과 이원식 기계계장, 김석동 기사, 김진림 공작반장의 수고가 많았다.

협탄층 개발 방치한 협탄층 개발을 시도하여 성공시켜 자원을 활용하고 증산과 탄질 향상으로 자립경영에 기여했다. 협탄층이란 좁은 탄층을 말하는데 일반적으로 탄층 중에 탄폭이 가장 넓은 탄층을 개발하여 채탄하고 탄폭이 좁은 탄층은 개발하지 않고 방치한 탄층이다. 은성의 협탄층은 매장 형태가 연장성이 없고 운반갱도에 안경 모양으로 점점이 나타났다.

지질과에서 채굴이 완료된 운반갱도에 나타난 협탄층에 관심을 갖고 지질도에 나타난 탄폭 1미터 이상은 채굴할 가치가 있다고 판단했다. 지질과장에게 협탄층 개발을 시도해 본 일이 있느냐고 물으니 그러지 않았다 했다. 의아하게 생각하며 협탄층을 확인하기로 했다. 장명희 지질계장에게 협탄층의 위치를 표시하여 탄폭과 심도를 표시한 협탄층 분포 총괄표를 만들도록 했다.

지질과장과 협탄층이 매장된 현장을 조사하려고 입갱했다. 제2사갱의 10편에서 16편까지 5개편에 탄폭이 1미터 이상인 9개소를 1차로 실사하고자 먼저 10편부터 내려가며 확인하게 되었다. 10편 운반갱도는 배기된 연기와 습기로 앞이 보이지 않아 지주를 더듬으며 들어가는데 머리카락을 잡아당기듯이 주뼛하며 선뜻한 기운이 온몸을 감싸는 느낌에 멈칫하는 순간 풀썩 하는 소리가 나며 갱도가 붕괴되어 경석이 내 발목까지 덮쳤다. 뒤에 따라오던 최 과장이 내 허리를 잡아당겼다. 나는 찰나에 매몰을 면했다. 나의 육감과 지혜로는 이 위험을 예지하지 못했고 불과 한 발짝 사이에 위기를 모면한 일은 물리적이나 우연의 일치라고 할 수 없었다. 생사의 위기에서 5번째 구조되었다. 결정적인 위기에서 생명을 구조하여 주신 분이 있다고 생각하며 내 생명은 내 의지만으로 되는 게 아니라고 또 믿게 되었다. 나를 구해 주신 분이 누군 인지도 모르고 서두르지 말라는 경고로 생각했다.

잠시 정신을 수습하고 안전등 불빛으로 도면을 확인하니 협탄층이 있는 갱도는 직선 운반갱도인데 우리는 어둠속을 더듬으며 우측 갱도로 들어가 있었다. 다시 삼각분기점까지 물러 나와서 직선 운반갱도로 들어가서 협탄층을 확인했다. 협탄층의 현장조사를 시작하는 첫 출발점에서 매몰사고의 위험을 당하고 그 충격으로 협탄층 개발의 들뜬 마음은 싹 날아갔으나 정신을 가다듬고 차분하게 16편까지 현장조사를 마쳤다. 협탄층 개발은 사갱의 권입에서 가깝고 갱도 보수를 하지 않고 작업을 할 수 있는 제2사갱의 10편부터 착수하기로 했다. 10편 권입에서 약 200미터 거리로 탄폭은 우측 벽 쪽이 0.5미터, 좌측 벽 쪽은 1미터 정도였다.

갱 사무실에 나와서 갱장에게 이 개소를 탐탄해 보자고 하니 그런 개소는 얼마든지 많고도 많다며 내 말을 무시했다. 나는 생산책임량도 달성하지 못하고 확보광량 부족이라는 이유만 대고 책임을 회피하며 반대하는 태도를 질타하고 갱장이 불응하면 현재의 채탄인원은 그대로 생산작업을 하고 보갱인원으로 탐탄작업을 하면 적은 양이지만 생산이 되고 작업자의 인건비도 해결된다. 내가 직접 탐탄작업을 지휘할 테니 작업자 2명과 전입한 박영환 반장을 배치하라고 지시하니 동의했다. 탐탄작업을 시작하는 첫날 박 반장과 보갱 작업자 2명이 현장에 도착하여 탄층을 중심으로 운반갱도에 겹지주로 탄도와 인도를 구분하여 시공했다. 오후에 인도 쪽에 사다리를 설치하고 탄폭이 벌어진 좌측의 겹 지주 관목 위로 천반의 석탄을 파내고 탄폭의 범위대로 지주 1쉬를 시공하고 이어서 0.75미터 간격으로 2번 지주를 시공했다. 다음 날은 탄폭이 조금씩 벌어져서 3번 4번 5번 지주를 시공하니 탄폭이 갱목 규격인 길이 1.8미터를 자르지 않고 시공할 만큼 채탄 막장이 벌어졌다. 3일째 작업을 마치고 4일째 막장을 갱장에게 인계했다.

나는 이 개소에 매일 입갱하여 막장의 진행과 탄폭의 변화를 관찰하며 어떤 날은 오전 오후 연거푸 현장에 갔다. 승 입구에서 12미터 정도 진행하였을 때 탄폭이 줄어들기 시작했다. 탄폭이 1미터 이하로 줄어들어 뒤로 물러 나와서 우측 암석이 처음 노출된 지점에서 암석을 좌측 벽에 끼고 승 입구 방향으로 지승을 개설하여 진행시켰다. 탄폭이 벌어져서 진행이 잘되었다. 막장을 약 7미터 정도 진행하다가 붕괴되어 복구하려고 했으나 붕락채탄승 복구작업 기능이 없다고 판단하고 작업을 중지시켰다. 아무리 조건이 좋은 채탄법이라도 기능공이 감당할 수 없는 작업을 강행하면 사고로 이어지기 때문에 붕락채탄으로 전환시켰다. 공차가 대기된 권입과 가까워서 2톤 광차를 승 입구까지 밀고 와서 석탄을 적재하기 때문에 운반 작업은 능률적이었다. 한 교대에 4명씩 투입되어 하루에 12명이 100톤 이상 생산되니 책임량 달성에 허덕이던 갱에는 활기가

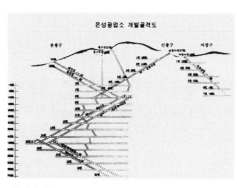

은성광업소 개발골격도.

넘쳤고 새 탄통을 찾았다는 소문은 작업자들의 입으로 번져나가 가은시장에 화제가 되었다. 협탄층 분포 총괄표를 본갱의 굴진계장에게 전달하여 탄폭 1미터 이상인 개소를 채탄하는 데 필요한 갱도 보갱 작업량을 조사하여 비치하도록 했다. 이 작업을 하느라 장명희 지질계장의 수고가 많았다. 조사된 협탄층 개발 분포는 〈표 8-1〉과 같이 10편에서 16편까지 5개 편에 갱도에 나타난 탄폭이 넓은 쪽을 기준으로 평균 탄폭이 1미터 이상인 개소가 9개소 10퍼센트이고, 0.3미터 이상이 45개소 45퍼센트이며, 0.3미터 이하가 30개소 36퍼센트로 가채광량은 〈표 8-1〉과 같이 총 83,200톤이었다.

지질 분야에 종사하지 못했지만 은성광업소의 협탄층은 안경 모양으로 매장된 상태인데 확보광량 부족으로 생산목표 미달의 갈급한 때에 개발에 도전하여 보석을 최초로 개발하였으니 보람도 컸다. 그 많은 전임자들이 방치한 협탄층을 개발하여 국가적으로 에너지자원을 확보했고 증산으로 원가를 절감하며 고질탄 생산으로 수입 증대로 자립경영에 기여했다.

〈표 8-1〉 협탄층 개발분포 총괄표(1984. 11월)

| 편별 | 구 분 | 탄폭 별 개 소 수 | | | | 평균 연장 m | 평균 탄폭 m | 평균 |
		0.3m 이하	0.30- 1.0m	1.0m 이상	계			
10편	개 소 수	7	3	1	11	42m	0.4m	25m
	가채광량	2,000	2,500	2,000	6,500	42m	0.4m	25m
11편	개 소 수	5	5	0	10	31m	0.3m	025m
	가채광량	1,300	3,600	0	4,900	31m	0.3m	025m
12편	개 소 수	2	5	3	10	25m	0.9m	025m
	가채광량	500	3,400	3,300	7,200	25m	0.9m	025m
15편	개 소 수	9	6	1	16	33m	0.5m	46m
	가채광량	3,300	10,200	2,300	15,800	33m	0.5m	46m
16편	개 소 수	7	26	4	37	35m	0.7m	39m
	가채광량	3,900	26,700	18,200	18.8	35m	0.7m	39m
계	개 소 수	30	45	9	84	34m	0.6m	35m
	가채광량	11,000	46,400	25,800	83,200	34m	0.6m	35m

병목 구간 확대 적출갱은 갱내로 들어가고 나오는 입구 갱도다. 공차선과 실차선이 설치된 복선 갱도로 탄차와 자재차 등 장비를 운반할 때 잠시 대기하며 사갱과 연결되는 갱도다. 적출갱도에 광차가 대기되어 있으면 통행할 공간이 좁아서 교대시간에는 인차에서 내린 퇴근자와 인차를 타려는 출근자가 탄차 위로 기어서 통행했다. 개광 이래 방치된 이 병목 구간을 확장시켜 자유롭게 통행하도록 했다. 이 지점은 암석이 굳은 극경질의 무지주 구간으로 개당시에 1톤 광차를 사용할 때 굴착된 상태로, 우측 벽 아래는 대구경 압축공기를 공급하는 파이프와 양수용 파이프가 설치되어 있고, 위쪽에는 고압동력선과 통신 및 전등선이 설치되어 있었다. 1975년 후반에 1톤 탄차를 2톤 차로 교체하여 사용하면서 갱도를 확장하지 않아 통행이 불편하고 특히 사갱 조차작업은 보안상 아주 위험한 개소였다.

이러한 위험 개소를 발견하고 갱장에게 개선할 대책이 없느냐고 물으니 기존의 시설 때문에 어쩔 도리가 없다고 했다. 사실 나도 마땅한 방법이 없었다. 그러나 보안관리자인 내가 위험 개소를 발견하고 방치하면 직무유기의 책임이 있고 작업자에게 안전작업을 하라고 말만 하면 책임을 모면하기 위한 꼼수가 되므로 근원적으로 제거해야 했다. 기존의 적출갱을 입구에서부터 100여 미터 전체를 확대하려니 작업기간이 길고 비용이 만만치 않았다. 화약 발파작업은 기존 시설의 보호와 인근 주택과 주민의 보안에 문제로 할 수 없었다. 대책을 고심하다 전임지인 나전광업소에서 화약계장 양원도 씨의 주선으로 화약 세미나에 참석하여 무진동 폭약을 사용하면 소음 없이 기존시설을 보호하고 의도하는 대로 확장이 가능하다는 정보를 들은 기억이 났다.

자재과 이영훈 화약계장에게 무진동 폭약을 알고 있느냐고 물으니 들은 바 있으나 사용해 보지는 않았다고 했다. 그러면 시험용으로 20킬로그램만 긴급 구입하고 그 사용법을 배워 오라고 했다. 화약계장은 허가 문제로 시간이 걸린다고 하기에 최대한 빨리 구입하라고 지시했다. 며칠 후 화약계장이 무진동 폭약은 폭약이 아니고 팽축 시멘트로 허가 없이 판매되는 물품이라며, 20킬로그램을 구입해 왔다. 갱장에게 적출갱을 확장할 굴진 준비를 시키며 착암공 1명과 보조원 1명을 배치하라고 지시했다. 현장에서 천공할 위치와 방향을 일일이 표시하고 천공작업을 마쳤다. 벽쪽 상단부터 천공한 구멍에 시차를 두고 2일간 시멘트에 물을 혼합하여 삽입하고 다지며 입구를 밀폐시켰다. 24시간이 지나면 구열이 일어난다고 했는데 이틀이 지나도 아무런 반응이 없었다. 갱장과 관리자들이 조소했다. 24시간이면 파쇄된다더니 꿈쩍도 하지 않는다고 노골적으로 비웃었다. 나는 아무런 대꾸도 못하고 협소한 병목 구간의 갱도 확대계획은 허사가 되었다고 실망했다.

그런데 3일이 지나자 처음에 삽입한 순서대로 암벽이 벌어지기 시작했다. 지렛대로 갈라진 암석을 떼어냈다. 그리고 3일간의 시차를 두고 암벽이 모두 소리 없이 벌어져 계획한 대로 갱도를 확장할 수 있었다.

협소하고 위험한 병목 개소를 시설도 이설하지 않고 작업지장 없이 조용하게 필요한 넓이로 확대시켜 혼잡한 교대시간에도 많은 사람들이 자유롭게 왕복통행할 수 있게 되었다. 또 장비 및 장물 운반작업이 안전하게 운행되어 조차공들이 좋아했다. 불과 하루 전에 나의 면전에서 조소하며, 하는 일마다 험담하던 일부 간부들이 무언으로 굴복했다. 개광 이래 방치된 병목 구간의 위험한 개소를 그 많은 간부들은 지나쳤는데, 내 눈에 띄어 많은 사람들을 자유롭게 통행하게 하였으니 누가 내 능력을 시험하려고 예비해 둔 것 같았다.

자립경영을 실현 흑자경영의 새로운 전기를 마련했다. 개광 이래 최초로 흑자 전환이라는 위대한 역사를 창조한 은성인들은 밝은 미래를 바라보면서 보람의 땀을 흘릴 것이다"라고 사보(1985. 3 p.6)에 발표했다. 은성광업소는 개광한 지 49년 만에 최초로 흑자경영을 실현했다. 광산사고를 예방하고 석탄 증산과 탄질 향상으로 수익은 증대하고 비용은 감소시켰다. 협탄층은 현재 작업하는 구역이 아니고 채굴이 완료된 구역에 매장되어 방치된 탄층으로 굴진비도 들지 않는다. 책임량을 달성하지 못하는 절박한 이 위기에 협탄층 개발을 성공시켜 증산과 고질탄의 생산점유율을 높여 수입 증대로 자립경영의 원년이 되었다.

고질탄 증산으로 수익 증대 기업은 이윤추구가 목적이며, 수입을 증대하고 원가를 절감하는 수단과 노력으로 경영합리화를 실현한다. 석탄은 상품으로 탄질이 따라서 등급이 결정되고 등급마다 값이 다르다. 탄의 등급은 최하 9급서 특 1급까지 10등급이 있으며 등급 간에 가격 차이가 있다. 같은 1톤이라도 전임지인 나전광업소 탄은 9급인데 은성광업소의 탄은 특 1급으로 가격이 10배 차이가 난다. 탄질은 생산하기 전의 막장 탄질과 생산한 이후의 탄질과 선탄한 후 출하 탄질로 구분하는데 출하 탄질로 판매하기 때문에 수입의 기준이다. 이때 선탄한 탄질별로 구분하여 출하 탄질에 맞추어 혼합하여 화차에 적재한다. 막장 탄질이 좋아야 탄질을 높일 수 있으며, 막장 탄질은 고질인 생동탄과 저질인 재채굴탄으로 구분한다. 저질은 1차 채굴한 구역을 다시 채굴하는 구역의 탄질이다. 1983년에 생동탄과 재채굴탄의 구성비는 83:17이었는데 본갱의 고질 협탄층 생산과 사외

도급 신광구의 고질탄 증산으로 1984년에 89:11로 고질탄의 비중을 높여 수입증대로 자립경영을 실현했다.

비용 절감 고질탄의 생산 비중을 높여 탄질을 향상시키는 근본적인 작업과 선탄시설인 스크린의 크기를 (25m/m에서 19m/m로) 줄여서 경석을 많이 골라내고 탄질을 높여 판매하여 수입을 늘이고 탄질별로 구분 저탄하여 출하 전후에 분석하여 공신력을 확보하고 근거리 수요처 확보로 철도 운반비를 절감하며 미출하량을 확보하는 데 김태성 선탄과장의 노고가 많았다. 비용 절감은 노두에 영강의 지표수 유입을 억제하기 위하여 안상국 기획과장은 공사예산 확보, 최연묵 지질과장은 공사위치 선정, 김일호 박무일 공무과장은 공기를 단축하느라 노고가 많았다. 사업내용은 하상에 점토를 피복하는 작업량이 1,764m³다. 도수로 공사의 길이가 350미터, 폭이 6미터, 두께는 1.3미터로 시공했다. 갱내 출수량은 1980년 분당 6.23m³, 톤당 13.6m³이나 매년 계속 공사로 1984년에 분당 3.47m³ 톤당 7.09m³로 감소시켜 전력사용량은 톤당 76.62KWH에서 59.23KWH 감소되고 전력료는 톤당 4.61원에서 3.372원으로 감소되어 생산비의 13.1퍼센트에서 10.1퍼센트로 감소되었다. 각종 소요재료의 관리는 필요한 자재는 충분히 공급하고 낭비를 억제하는 방법으로 개선하고, 목재 지주를 철재 가축 쉬와 철망(Wire Net)으로 대체하여 생산비의 9퍼센트에서 7.85로 절감시켰다. 1984년에 5억 원 적자목표를 5천만 원 흑자로 개광 이후 최초로 자립경영의 원년이 되었다. 1984년 경영평가에서 최우수광업소로 선정되어 1985년 1월 박재근 소장이 고광도 사장으로부터 최우수광업소 우승기를 수여받았다. 1985년 2월 28일과 7월 29일 본사에서 주관한 직장정화추진위원회에 수범사례로 발표되었다. 자립경영 주관하여 실현한 원년에 참여한 보람이 크다.

　사고예방 방치한 운반시설을 활용하여 사고요인을 제거하고 비용 감소와 능률을 향상시켰다. 본갱의 최하 심부인 16편에서 생산된 탄을 2톤 탄차에 적재하여 3사갱 권양기로 끌어올려 15편에서 중개차로 운반하여 처리하고 공차를 다시 16편으로 내려서 운탄했다. 사갱에 탄차 운반은 16편에 탄을 처리하는 티푸라 설치 예산이 확보되지 않았기 때문이다.

　사갱에 위험작업인 탄차 운반을 16편에서 생산된 탄을 16편에서 처리할 경우 그 효과를 안상국 기획과장에게 검토하게 한 결과 사갱에 노후 광차를 운행하다 추락하는 운반사고의 요소를 제거할 수 있고, 15편 중개 축전차와 작업자 6명을 생산 작업에 투입하여 생산인원이 증원되어 능률 향상의 효과가 있으며, 동력 소비가 톤당 78.72원에서 58.50원으로, 26퍼센트 절감하는 효과가 있다고 했다. 16편의 컨베이어 시설은 홉바에서 사갱 벨트 컨베이어까지 스크레파 첸 컨베이어가 설치되어 있어 생산된 탄만 처리하면 벨트 컨베이어 운반으로 간단히 해결할 수 있었다. 문제는 16편에 탄차를 전복시키는 장치가 필요했다. 소 내에 보유하고 있는 광차의 규격별 대수를 파악한 결과 갱외 선탄·경석 처리용 2톤 규격의 덤프형 광차 20대가 방치되어 있어 실물을 확인하고 채대영 탄차반장에게 갱내에서 사용할 수 있도록 주행부와 탄차를 전복시키는 활차를 탄차별로 점검하도록 했다.

　소장에게 16편에서 생산된 탄을 사갱의 탄차 운반에서 컨베이어 운반으로 개편하겠다고 하니 탄 처리가 가능하냐고 했다. 나는 16편에 사용하는 2톤 탄차를 덤프카로 대체하고 홉바 상부에 덤프카를 전복시키는 장치만 설치하면 간단하다고 하니 좋다며 한번 해보라 했다. 공무과장에게 덤프카 전복장치인 가이드 레일을 설치하라고 지시하고 점검이 완료된 덤프카를 16편에 투입하여 1985년 1월 19일부터 16편에서 생산된 탄은 16편에서 처리하여 벨트 컨베이어로 운반하고 15편에 운행하던 중계차 1대와 종사자 6명을 채탄작업에 배치했다. 이 개편으로 중계차에 종사하던 운반 작업자 6명이 개편방안을 철회하도록 노동조합에 진정하여 김호건 지부장과 이장희·남정설 부지부장이 와서 사전에 통보하지 않고 시행했다고 거칠게 항의했다.

나는 사갱에 광차 운반작업은 보안상 위험하여 사고를 예방하고 불필요한 중복 작업을 개선시켜 인력과 장비를 생산작업에 배치하여 능률을 향상하며 전기료를 절감하고자 시행했는데 이러한 일을 노조에 통보해야 하느냐고 반문했다. 지부장은 시행하기 전에 노조에 알려주면 진정하거나 건의하면 이해시켜 설득하면 부소장도 편하다고 했다. 나는 좋은 제안이다. 앞으로 업무개선으로 인원을 감축하는 경우는 사전에 알려주겠다고 했다. 그러나 보안관리 직원의 고유업무인 사고예방과 생산관리 및 작업배치는 간여하지 말라고 하니 잘 알겠다며 협조하겠다고 했다. 그 후 지부장이 와서 대의원 대회가 있으니 참석해 달라고 했다. 나는 공개 망신을 주려는 것이라 생각하고 거기에 왜 내가 가느냐고 물으니 인사를 겸해서 대회를 빛내기 위해서라고 했다. 나는 위계로 판단하고 취업회에 나가서 인사했는데 대의원 대회까지 또 갈 필요가 있느냐고 말했으나 참석하겠다고 동의했다.

대회 날 시간에 맞추어 참석했다. 지부장이 개회를 선언하고 박수로 환영해 주었다. 그리고 부소장이 바쁘니 인사부터 먼저 받자고 했다. 나는 단상에 올라가서 "부소장은 소장을 보좌하는 직책이며, 이 광산에 종사하는 사람과 광산시설의 보안을 총책임지고 있는 광산보안법상의 보안관리자입니다. 사고를 예방할 책임이 나에게 있고 사고가 발생하면 그 책임도 나에게 있습니다. 앞으로 어떠한 사고가 발생하더라도 내가 그 책임자"라고 단호하게 말했다. "어떠한 사고가 발생될지 모르면서 책임자라고 말하는 어리석은 관리자가 있습니까? 나는 그러한 책임과 각오로 법이 허용하는 범위에서 보안관리 직원을 통솔하여 사고를 예방하겠다고 취업회에서 공개적으로 말했습니다. 지난 1979년 10월 27일 갱내 화재로 한국광업사상 가장 큰 대형사고와 1981년 1월 6일 대형 출수사고가 이 광산에서 발생했습니다. 그 사고의 원인은 광산의 경영자와 간부의 잘못으로 발생했다는 것을 여러분들도 잘 알고 있는 사실입니다. 이러한 사고가 두 번 다시 발생하지 않도록 하겠습니다. 현장을 순회하며 사고를 예방하고 경영에 도움이 될 일을 찾아서 개선시키는 것이 나의 임무입니다. 이러한 모든 일들은 이 광산에 종사하는 사람들과 일터를 지키기 위한 일이지만 오해를 받지 않도록 하겠으며 지부장님과 협의하여 잘 처리하겠습니다. 여러분들도 나의 직책상의 임무를 역지사지하여 지부장님께 건의하시고 내가 현장에 자주 가니 언제라도 대화하고 꼭 이 자리에서 질문할 일이 있으면 말하십시오"라고 했다. 아무도 말하려 하지 않자 지부장이 "오늘 부소장님의 말씀을 잘 들었으니 은성광업소와 지역사회가 발전하도록 적극 협조합시다. 특히 이제까지 많은 간부들이 사고가 발생하면 책임을 면하려고 했는데 김정동 부소장님은 공개적으로 책임이 있다고 말씀하시니 그 진심을 신뢰하는 뜻으로 박수로 답하자"고 하니 우렁찬 박수소리가 터져 나왔다. 나는 잠시나마 공개망신을 주기 위한 위계라고 생각했던 일이 부끄러웠다.

은성광업소는 참 좋은 광산이다 탄의 질이 최상급 고질로 보물과 같다. 다만 채굴 여건이 심도가 깊고 온도가 높으며 가스·화재·출수·운반 등 모든 대형사고가 언제든지 발생할 요인이 잠재된 보안상 악조건을 모두 가지고 있으며 탄층도 불규칙하게 매장되어 있다. 그러나 그 위험성과 악조건은 실체가 모두 드러났기 때문에 기술자의 관리와 개선의 대상일 뿐이다. 이 광산을 안전하고 값이 싸게, 좋은 탄을 남김없이, 능률 높여 증산하면 보물 같은 광산이 된다고 확신했다. 막장의 작업환경을 개선시켜 메탄가스를 희석시키고 온도를 낮추어 신선한 작업여건을 부여하고 인력 위주의 작업을 기계화로 개선해 능률을 높여 작업자의 노임을 높여 주어 잘살게 해 주며 흑자경영으로 자립하는 광산으로 만들 수 있다고 판단하니 마음이 즐거웠다.

이렇게 좋은 탄광이 적자광산이라는 불명예로 49년이라는 긴 세월을 자나온 데 대해 그간의 경영자들을 이해할 수 없었다. 나는 기필코 자립경영이라는 든든한 간판으로 바꾸어 달기로 결심하고 종사자의 인명을 보호하고 회사경영에 도움이 되는 일은 어떠한 어려움도 마다하지 않고 도전해 보고 싶었다. 은성(恩城)이라는 지명은 가은의 은(恩)자와 마성(麻城)의 성(城)자를 합친 지명이라고 하니 선인들께서 은혜의 성인 은성(恩城)이 될 것을 예측한 혜안의 지명으로 믿으며 내가 은혜의 성이 되고 은혜가 더해지는 가은이 되도록 가꾸는 주인공이 되겠다고 마음으로 다짐하며 계획한 과제를 차근차근 추진하여 실현했다.

첫째, 광산사고를 감소시켜 인간존중을 실현하고 사고비용을 절감했다.

둘째, 막장 작업환경을 근본적으로 개선하는 통기수갱 건설계획이 확정되었다(1986년 4월 11일 통기수갱 305미터 준공). 셋째, 막장의 중노동을 개선하고자 적재기가 구입되어 변곡점을 수정 중이고, 수집 장치는 적재기에 조립하여 사용을 준비하고 있었다. 넷째, 자립경영 실현은 협탄층 개발과 신광구역 고질탄 증산 및 탄질 향상 등 비용절감으로 수익을 증대했다. 다섯째, 적출갱의 병목 구간을 확대시켜 자유롭게 통행하게 했다. 여섯째, 16편에서 생산된 탄을 기존 시설인 벨트 컨베이어 운반으로 개편하여 사고요인을 제거하고 비용을 감소시켰다. 이 실적을 1985년 7월 29일 본사 직장정화 수범사례로 발표했다.

순직자 묘에 참배하고 떠나다 막장에 신선한 작업환경과 고된 인력작업을 기계화로 쉽고 편하게 능률을 높여 소득이 향상되는 모습을 눈앞에 두고 부임한 지 1년 4개월인 1986년 2월 10일 정월 초 2일에 함백광업소 안전감독실장으로 전보되어 이임하기가 아쉬웠다.

1985년 9월 10일 11:50경 은성갱 16편 5크로스 우2 중반갱 좌1우승 입구 밑에서 연층 보수작업을 하다 출수사고로 김명환 씨가 순직했다. 수범사례를 발표하려 본사에 출장 중에 통보를 받고 급히 내려와 사고현장을 확인하고 갈전리 상가를 찾아가서 고인의 명복을 빌고 유가족을 위로하며, 광산 보안관리자인 나의 책임이라고 사죄했다.

떠나기 전날 학천정 부근에 안장된 묘지를 찾아갔다. 1회용 종이컵에 소주를 부어 놓고 재배한 다음 "형제여 미안하오! 다 내 잘못이요. 나는 이제 또 다른 곳으로 가야 합니다. 언제 이곳에 다시 올지 모르겠소. 부디 영면하소서." 재배하고 사령장을 받으려 서울 본사로 갔다.

산업전사 위령탑에 헌화 2014년 10월 31일 석우회에서 폐광된 은성광업소의 산업전사 위령탑에 참배하려 퇴임한 간부 92명과 같이 방문하게 되었다. 일행과 같이 8시에 출발하는 버스로 방문길에 올랐다. 은성광업소에 근무했던 동생 김건동(본사 기획과장)과 동서 안상국(도계광업소 안전감독실장)도 같이 갔다.

당일은 가을비가 내리고 운무가 자욱하여 도로의 시계가 흐려서 버스는 거북이걸음으로 운행했다. 수안보 톨게이트를 나가니 경찰 순찰차가 우리가 탄 버스를 안내해 주어 마음이 든든했다. 산협 포장도로를 느리게 빠져나가 밭에 세워진 위령탑에 11:20분경에 도착했다.

비가 와서 우산을 쓰고 헌화하고 참배했는데 은성광업소 노동조합 전 지부장 김호건 회장(전 시의회 부의장 대한석탄공사 노동조합장, 은성광업소 지부장 6회 연임)과 안전감독실 주임이던 심만섭 회장(가요강습악기 교습회장)이 정장을 하고 분주하게 우리 일행을 안내하고 있어 반갑게 인사했다.

나는 위령탑에서 1985년 순직한 김명환 씨의 이름 앞에서 구원의 기도를 드리며 만감이 교차했다. 여기서 문경시장이 선물로 준 사과 2개씩 받고 시장님의 애향심에 감사하며 예절의 고장 맛을 보았다.

일행은 다시 차를 타고 석탄박물관에 근접한 식당에서 한식 산채백반에 올갱이국으로 식사를 하며 이 지방의 특산 오미자 향토 막걸리로 반주를 했다. 식사하고 문경석탄박물관을 둘러보고 버스를 타고 상괴리 봉암사(鳳巖寺)에 도착했다.

일주문으로 들어가서 경내에 봉암사 희양산문(曦陽山門) 태고선원(太古禪院)을 지나 조실 전 앞에서 송서암(宋西庵) 조실 스님을 찾아뵙고 인사드렸을 때 시종 스님을 시켜 시렁 위에 홍시를 내어주어 입안에 감을 물고 선문답을 하던 일이 생각났다. 그 후 조실 스님은 종정에 오르셨다. 지금은 열반에 드신 큰스님의 생전의 인자하던 모습이 떠올랐다.

조남찬 회장과 나전광업소 재직 때 김용학(지질계장) 사장을 만나 반갑게 인사하고 우산을 쓰고 기념촬영을 했다. 대야산 선유동 계곡을 지나 용추폭포 입구에서 일행은 산행을 하는 팀과 근처 식당에서 기다리는 팀으로 나뉘었다. 나는 호흡곤란으로 식당에서 휴식하다 산행에서 돌아온 일행과 같이 닭고기 버섯전골에 산채백반으로 이 지방의 특산 향토 오미자 막걸리로 반주하며 저녁 식사를 했다.

김 회장과 심 회장이 이곳까지 와서 일행을 안내해 주어 고마웠다. 일행은 흐린 날씨에 계획된 일정을 모두 무사히 마치고 식사를 맛있게 했다. 입에 당기는 오미자 막걸리잔을 돌리며 김 회장의 인간미 넘치는 화술과 재치로 재직 시절 이야기를 나눴다. 김 회장이 이날 현금 일백만 원을 찬조하여 식당 지붕이 날아갈 듯한 박수를 받았다.

좌석의 중앙에서 술잔을 권하던 김호건 회장님이 나를 향해 오며 회중에게 은성광업소 부소장으로 재임하며 회사의 발전과 종사자들을 위하고 노사협조를 원만히 하였다. 떠나기 전날 순직자 묘소까지 찾아가 참배한 사실과 조합원과 지역의 평판이 좋았다고 말하며, 내 앞에 와서 무릎 꿇고 엎드려 정중하게 큰절로 인사하고 두 손으로 술잔을 권했다. 나는 당황하며 손을 흔들어 사양해도 막무가내였다.

이 자리에는 전직 이사·소장·부장·과장 등 경력자 90여 명이 임석한 자리인데 현직에서 퇴임한 근로자의 대표로부터 공개적으로 공대를 받았다. 너무 당황했다. 지난날 함백광업소 안전감독실장으로 전보된 후에 은성광업소에서 재직한 공로에 대하여 김호건 지부장이 감사패를 보내주었다. 이는 생전의 공로에 대하여 사후에 내리는 추서로 생각했었다. 근로자의 대표가 지난날의 공로를 공개하며 공대해 주어 상 중에 최고의 상인 시민상을 받은 것 같아 몸둘 바를 몰랐다. 예하의 공적도 판별하지 못하고 부정적인 일탈과 사실을 변조하고 사취하며 모함하는 행태를 경험한 나로서는 이보다 더 큰 보람이 없었다.

김호건 회장의 실화는 기록으로 사보(1982년 6월호)에 실린 대담에서 '노조생활 8년에 지부장 2년, 불신의 싹은 진실에 약하다'라는 제하에 대립의 시대는 가고 협력의 시대로 노사관계 이전에 인간관계가 선행되어야 한다고 강조했고, 은성의 생명은 광업소이며 광업소가 끝나는 날 은성의 생명도 끝난다며 종업원과 광업소를 동시에 사랑한 지부장이다.

노조사무실 조직현황판에 870여 명의 종사자 명패를 걸어두고 고충처리와 분규의 소지를 미리 파악하여 직접 찾아가서 어려움을 함께 나누고 격려한다고 했다. (석공 사보 1988년 4월호 p.22) 일체감을 바탕으로 내일을 열어가는 은성노조 제하에 대구매일신문 1987년 9월 15일자에 평소 노조 간부들이 광원들의 고충처리에 열성적이어서 어느 정도 일체감이 조성된 상태였기에 거센 분규의 흐름을 막을 수 있었다고 했다.

1987년 8월 6일 대한석탄공사 산하 함백광업소에서 파업소요가 처음 발생했다. 6일째인 11일 07시 30분에 나는 소요현장에 나가서 단 한 차례 10여 분 설득으로 소요군중을 평화적으로 종식시키고 귀가시켰다. 7일 도계, 10일 장성·나전광업소로 확산되었으나 은성과 화순광업소는 지부장의 설득으로 정상작업을 했다. 소요사태가 일어나지 않도록 예방한 은성광업소 김호건 지부장의 능력이 객관적으로 인정되었다. 장성 소요사태는 사장이 아홉 차례 대화 끝에 악수를 했다는 기사가 사보 1987년 8·9월호에 게재되었다.

이즈음 대한석탄공사 산하에서 발생한 소요사태를 객관적으로 평가하면, 소요사태가 발생되지 않도록 하는 것이 최선의 상책이고, 짧은 기간에 종식시킨 것은 차선의 중책이며, 아홉 차례나 대화 끝에 종식시킨 것은 하책이다. 종식시키지 못했다면 무책으로 평가할 가치도 없다.

소요사태는 이유 없이 일어나지 않는다. 평상시 광부들에게 신뢰받을 수 있도록 소통하며 고충을 해소하려고 노력했는지 경영자와 노사 대표자들은 깊이 반성할 일이다. 파업 소요사태가 발생하면 원인을 규명하고, 재발을 방지하여야 하나 그러지 못하면 또 다른 소요를 발생시키는 제공자가 된다.

9. 안전감독실장 시절

> 1986년 2월 10일부터 1993년 3월 31일, 50세-56세까지 2,605 일간 함백광업소 안전감독실장에 7년 1개월 재직했다.

　안전감독실장은 소장을 보좌하며 광산보안법상 안전관리업무를 감독하는 책임자로 광산보안법상 관리사항과 준수사항이 명시되어 있다. 관리사항은 ① 광산시설의 사용정지 수리개조 및 이전에 관한 사항 ② 광업 실시방법의 개선에 관한 사항 ③ 기타 보안상 필요한 사항이다. 준수사항은 ① 광산 내를 정기 또는 수시로 순시하여 광업상 사용하는 기계·기구 및 건설물·공작물 등의 시설과 화약류 기타 재료 동력 및 화약 취급상황을 조사할 것, ② 정기적으로 채광방법을 면밀히 검토하여 난굴 여부를 조사할 것, ③ 제1호 및 제2호의 조사를 한 때에는 조사한 사항을 조사부에 제30조 각호의 권고를 한 때에는 권고한 사항을 권고부에 각각 기재할 것으로 되어 있다.

　대한석탄공사에서 대형사고가 1977년 11월 16일 장성광업소에서 갱내 화재로 123명, 1979년 4월 14일 함백광업소에서 화약폭발로 82명의 사상자가 발생한 후 안전감독실장의 보직 요건을 과장급에서 부소장 경력자로 했다. 그 후 1979년 10월 27일 은성광업소에서 갱내 화재로 127명, 1981년 1월 6일 갱내출수로 8명의 사상자가 또 발생했다.

사내의 간부 보직은 규모가 더 큰 광산으로 순환 전보된다. 나는 나전광업소와 은성광업소의 부소장 경력자로 함백광업소의 안전감독실장으로 보직되었다. 보직되어 2년 정도 지나면 본사의 생산이사와 안전이사의 임기가 만료되어 퇴임하면 순환인사가 된다.

1986년 2월 10일 본사에서 함백광업소 안전감독실장 사령장을 받고 당일에 광업소에 도착하여 소장·생산·사무 부소장·안전감독실 이기학 감독주임·김대영 감독계장·박종철 감독계원·노무·기획·회계·지질과에 인사했다. 이날부터 식사는 객실에서 하고 기거는 내 숙소에서 했다.

1. 빈발하는 사고예방

작업현장 파악 대한석탄공사 산하에서 함백광업소는 수년간 매년 광산사고가 200여 명이 빈발하여 작업현장을 순회하며 파악하고, 종래에 시행해온 예방활동 기록에서 그 원인을 찾기로 했다. 안전감독 주임에게 부임하기 전 1980년부터 1985년까지 6년간에 대한석탄공사 산하 7개광업소별 생산량과 재해자 수, 재해 비용과 원가의 점유율 등을 조사시키고, 안전감독실에서 발행한 권고서와 검열 지적사항 처리내용을 정리시켰다. 현장순회를 할 때는 해당 소속담당과 기계·전기 감독계원을 대동했다.

첫날 방제갱 현장순회를 마치고 오후에 각 광업소별 사고발생 통계를 보니 함백광업소의 사고가 빈발한 사실을 확인했다. 현 소장이 재임하는 기간에도 마찬가지였다. 이튿째 자미갱 갱장에게 타 광업소보다 사고가 빈발하는 이유를 물으니 그 내용도 모르고 있었다. 안전감독 직원들은 3교대로 근무하고 있었으며, 교대시간에는 직원들과 같이 전날 각 소속의 순회 결과와 권고한 내용을 듣고 지시하며 논의하는 시간이었다. 이 시간에 사외 도급업체서 갱외에 버려진 폐석을 탄으로 위장하여 납품하며, 설계 변경을 조작하여 착복하거나 상납하는 등의 얘기가 나왔으나 감독업무와 관련이 있는 내용만 안전감독일지에 기록으로 남기라고 했다.

셋째 날 이목갱을 순회하다 사갱에 전용 인차를 방치하고 광차로 출퇴근시킨다는 보고받고 현장을 확인한 다음 갱장에게 전용 인차를 사용하도록 구두로 권고하고 을방부터 시정하라고 했다.

사무실에 오니 소장이 찾는다는 연락이 와서 입갱 복장으로 가서 부속실 담당에게 소장이 불렀느냐고 물으니 지금 들어가라고 했다. 소장은 소파에 앉아서 나를 보지도 않고 탁자만 내려다보며 오늘 어디 갔다 왔느냐고 물었다. 나는 이목갱에 다녀왔다고 했다. 사갱에 광차에 사람을 태워서 운행하지 말라고 했느냐고 물었다. 나는 그렇다고 했다. 그때 소장은 얼굴을 들고 당신은 생산을 방해하러 온 사람이냐며 소리쳤다. 나는 무슨 말씀이냐고 물었다. 소장은 광차를 타지 않고 사갱을 걸어서 어떻게 출퇴근을 하느냐며 또 소리쳤다. 사갱에 인차가 아닌 광차에 사람을 태우고 출퇴근시키라는 말이냐고 물으니 소장은 더 큰소리로 당장 종전대로 하라고 했다. 나는 그렇게 하지 못하겠다고 했다. 소장은 당장 지시대로 하라며 또 소리쳤다. 나는 "안전감독실장은 소장을 보좌하여 종사자들의 생명을 보호하도록 보안관리 직원에게 권고하는 직책이다. 대형사고의 원인인 중대한 위반사항을 발견하고도 묵인하라는 말이냐"고 물으니 당장 지시대로 하라며 소장이 또 소리쳤다.

1974년에 이 광산의 방제갱에서 광차 추락으로 5명이 동시에 순직하는 대형 운송사고의 원인이 사갱에 정규 인차를 타지 않고 탄차를 타고 출퇴근하는 것을 묵인한 관리자의 잘못인 줄 잘 알면서 또 그렇게 하라는 말이냐고 물으니 소장은 지시대로 하라며 소리쳤다.

사갱에 전용 인차를 방치하고 광차로 출퇴근시키는 사실을 알고 하는 말이냐며 물으니 소장은 깜짝 놀라며 사갱 전용 인차가 있다는 말이냐고 했다. 나는 확인해 보라고 말하고 어색하여 소장실을 나오니 부속실 담당과 서무계장과 안전감독 주임이 엿듣고 있다 놀라는 눈치였다.

장성광업소 안전감독실장 경력자로 이 광업소 소장으로 와서 그동안 사갱에 전용 인차를 방치하고 광차로 출퇴근시키는 사실도 모르고 호통치느냐고 말하려다 참았다.

이 사건으로 현 소장이 재임하는 기간에 사고가 빈발한 원인을 알 수 있었고, 안전감독 업무가 순탄하지 않을 것으로 예상했다. 특히 밀고하고 밀고 받는 조직의 풍토와 확인도 하지 않고 호통치는 일로 그간에 소장을 신임했던 마음을 싹 버리게 되었고, 의도적인 길들이기라고 단정했다.

부임 당시 본사에서 사령장을 받으러 온 과장이 소장이 전과는 다르게 할 거라고 했다. 나는 그게 무슨 말이냐고 물으니 소장이 벼르고 있다고 했다. 나는 누구를 벼른다는 말이냐 나를 벼른다는 말이냐고 물으니 그렇다고 했다. 나는 웃기는 얘기하지 말라고 전해라, 자기 맡은 일을 하는데 무엇을 벼른다는 말이냐며 일축했었는데 그 이유를 알았다.

전임지인 은성광업소에 부임했을 때 소장에게 했던 말을 기억하며 소장은 알아보지도 못하고 방치한 적폐를 개혁하고 창안한 공적을 모난 돌로 만들어 모함하며 직위로 제압하는 행태는 위경사승봉락채탄법의 범주에 머무르며 내는 소리쯤으로 지나쳤다.

1974년 3월 12일 방제갱에서 광차 추락사고로 5명이 사망하는 대형사고의 책임자인 전임 갱장이 인책 전보되고, 그 후임으로 부임한 나의 예하에서 근무하던 부갱장이 이목갱장이 되어 대형사고의 원인을 발견하고 자기를 도와준 것도 모르고 소장이 호통치게 만들어 적잖이 실망했다.

계획대로 미륵갱 사외 도급 선탄과·공무과·자재과 순회를 마쳤다. 현장은 사고가 특별히 빈발할 이유가 없었고, 일부 개선할 부분을 사고 빈발의 원인으로 단정할 수 없어 사고예방 활동에 문제가 있다고 판단했다.

〈표 9-1〉 석공 산하 각 광업소별 사고자 및 비중(1985년)

구분			장성	도계	함백	화순	은성	나전	영월	전체
생산	톤(천)		2,220	1,104	620	500	302	216	93	5,055
	비중(%)		43.9	21.8	12.3	9.9	6.0	4.3	1.8	100
재해 구분	전체	사고자 수	343	196	190	62	76	43	20	923
		백만 톤당	154	177	306.3	124	251	199	214	183
	요 관찰 부위 재해	요부	23	12	6	8	0	0	0	51
		척추부	0	0	11	3	4	5	0	23
		두부	14	7	13	3	3	3	2	45
		계	37	19	30	14	7	8	2	109
		비중(%)	31	16	25	13	6	7	2	100
	요 관찰부위 재해자 중 외상과 목격자가 없는 경우 사고위장 의심									

〈표 9-2〉 함백과 석공 민영탄광 사망자 (1985년)

구분	함백	석공	민영전체	동원	삼탄	대성	강원	경동
명/100만 톤	8.1	7.5	8.2	4.2	4.6	3.7	6.7	5.7

예방활동 기록 오전에는 작업장 현장을 순회하며 확인하고 오후에는 사고예방 활동 기록을 파악했다. 내가 부임한 1986년을 기준으로 부임하기 전 6년간 대한석탄공사 산하 장성·도계·함백·화순·은성·나전·영월 7개 광업소의 사고통계와 관련자료를 본사의 안전감독부와 송무과로부터 받아 함백광업소의 사고통계와 비교했다.

함백광업소의 석탄생산량은 석공 전체 생산량의 12.3퍼센트인데 사고자의 점유율은 타 광업소보다 높게 나타났다. 백만 톤당 사고자는 광업소 전체 평균이 183명인데 함백광업소는 306.3명으로 훨씬 높았다. 민영탄광과 비교해 보면 〈표 9-2〉와 같이 함백광업소는 백만톤당 사망자수도 8.1명으로 석공 평균 7.5명보다 높았고, 민영 전체 8.2명 수준이었다. 사고로 인한 원가부담도 〈표 9-3〉과 같이 전체 평균은 6.7퍼센트인데 함백은 9퍼센트로 가장 높았다.

〈표 9-3〉 사고가 경영에 미치는 영향 (1985년)

구분	장성	도계	함백	화순	은성	나전	영월	평균
톤당(원)	2,288	2,608	3,597	2,037	2,075	2,229	2,522	2,483
원가율	6	7	9	6	5	5	6	6.7

〈표 9-4〉 원인별 (전체) 사고자 (1985년)

구 분	원 인 별	재해사수	구성비(%)
대형 재해분야	인차.화재.가스.출수	0	0
고빈도 재해분야	낙반.붕락	68	30.6
	운반	64	33.2
	계	127	65.8
기타 재해	화약.발파	0	0
	전석	16	8.3
	기계.전기	10	5.2
	추락.전도	9	4.7
	기타	31	16.5
	계	66	34.2
합 계		193	100

1985년에 발생된 재해를 원인별로 보면 〈표 9-4〉와 같이 대형사고는 없고 고빈도 사고가 65.8퍼센트이고, 기타 사고가 34.2퍼센트였다. 고빈도 사고인 낙반·붕락이 30.6퍼센트, 운반이 33.2퍼센트다. 요인별 사고발생

내역을 보면 〈표 9-5〉와 같이 인적하자로 99.4퍼센트가 발생하였다. 예방이 가능한 사고가 대부분이며, 특히 인적 하자의 사고는 작업방법이 인력에 의존하기 때문이지만 전체 사고를 감소시키기 위한 특단의 예방대책이 요구되었다.

〈표 9-5〉 요인별 휴업 사고자 (1980-1985년)

구 분		1980	1981	1982	1983	1984	1985	계	년 평균	비중 (%)
인적 하자	부주의	90	67	61	72	78	95	463	77.17	67.0
	지시위반	46	37	12	7	1	0	103	17.17	14.9
	관리소홀	2	7	23	10	4	2	48	8.00	7.0
	시설 미비 갱도	0	0	0	6	6	2	14	1.33	2.0
	시설 미비 시설	22	17	12	6	1	1	59	9.83	8.6
불 가 항 력		0	2	2	0	0	0	4	1.00	0.6
합 계		160	130	110	101	90	100	691	115.17	100

〈표 9-6〉 재해예방활동 (1985-1986년)

구 분		1985년	1986년	증감률(%)	비고
보안규정 위반자 단속건수	관리직원	20	2085	10,325	관리활동미흡
	감독직원	254	492	93	
	계	274	2577	840	
보안규정 위반자 징계건수	재해귀책	32	33	3	징계수과다
	규정위반	39	47	20	
	목표초과	22	34	55	
	계	93	114	22	
안전신고시상 건수 및 금액	신고건수	412	694	68	참여독려미흡
	시상건수	143	480	225	
	시상금액	300만원	662만원	221	
전체재해와 단속건수 대비	전체재해(A)	193	126	-35	단속관리미흡
	단속건수(B)	274	2577	619	
	B/A	142	2045	1,340	

사고를 예방하기 위한 활동을 보면 〈표 9-6〉과 같이 1985년의 경우 안전규정 위반자 적발건수가 총 274건 중에 관리부서의 단속건수는 20건으

로 이는 당년에 발생된 사고자는 193명의 10.36퍼센트에 불과했다. 사고발생은 인적 사고의 경우 동일한 사고가 반복하면 상해가 없는 경우가 300회, 경상의 경우가 29회, 중상의 경우가 1회 발생한다고 보고되었다. 관리자가 작업현장 순회 중에 발견된 규정 위반자를 단속하지 않는다는 결론으로 안전관리의 문제를 알 수 있었다.

안전신고제도는 종사자들을 안전요원화하여 사고를 예방하는 목적이다. 〈표 9-6〉과 같이 재적종사자는 1900여 명인데 안전신고는 연간 412명으로 참여가 저조했다. 안전교육은 〈표 9-7〉과 같으나 교육의 효과를 계량할 수 없어 사고예방에 기여하는 교육으로 개선해야 한다고 판단했다.

〈표 9-7〉 교육내용 (1985년)

구분	교육 내용	주기 및 시간	장소, 내용, 강사
자체교육	구호대(특수, 일반, 구호반) 30명	반기 1일	감독실, 장비사용법, 실장
	위험 작업자	반기 8시간	강당, 재해사례 중심, 실장
	직종 변경자	수시 8시간	감독실, 보안규정, 주임
	재취업자	수시 8시간	소속장, 보안규정, 갱과장
	취업 전	매일 약 10분	소속장, 임의선정, 갱과장
	예방활동에 필요한 내용	필요시	취업장, 주요보안사항, 실장
위탁교육	구호대(특수구호반)	년 1회	광업진흥공사, 태백지도소
	보안관리 감독자 관리자	2년마다	위와 같음
	보안계원 감독 관리	5년마다	위와 같음
	직접부 화약류 취급자	수시	위와 같음

감독 기능을 정상으로 관리한 내용 함백광업소가 타 광업소보다 작업조건이 좋은 을종 탄광인데 사고는 수년간 계속 더 많이 발생되었다. 외상과 목격자가 없는 의심부위 사고자가 특히 많았다. 예방이 가능한 사고가 반복하여 발생되고 있다는 사실을 교육을 통하여 인식시켰다. 사고예방 대책으로 안전관리이론의 4대원칙인 예방 가능의 원칙에서 대책 선정의 3E

정책으로 분류하여 검토했다. 교육적인 대책은 그 효과를 계측할 수 없고 기술적인 대책은 별도로 관리한 실적이 없으며, 독려적인 대책은 보안규정 위반자 단속과 귀책자 및 감소목표 초과자의 징계와 안전신고 시상을 하였는데 그중에 규정 위반자를 단속한 수와 안전신고 건수도 재적인원에 비하여 적었다. 이러한 상태를 방치하면 나도 종사자의 소중한 인명을 한 해에 200여 명씩 사상시키고 사고로 인한 손실로 이 광산을 폐광으로 이어지게 하는 범죄자가 되어야 했다.

사고가 빈발하는 책임은 광업소 경영책임자인 소장에게 있고, 인사권자인 사장의 책임도 더 크다고 판단했다. 그 이유는 인적 하자로 유사한 사고가 반복하여 발생되는 것을 방임한 소장과 이를 관리하는 안전관리자인 생산 부소장과 안전감독자인 안전감독실장을 최근 6년간 규모가 더 큰 광산으로 순환 전보했기 때문이다.

안전감독 기능을 정상화시키는 방법으로 첫째, 보안관리감독 직원의 개인별 보안규정 위반자 단속 실적을 매주 단위 집계하고 위반자 개인별로 관리하며 그 기록을 유지하여 사고발생과 연계하여 독려했다. 둘째, 안전교육을 통하여 다른 광업소보다 작업여건이 좋은 을종 탄광인데 사고가 유독 빈발한 사실을 인식시키고 모든 사고는 예방이 가능하며 발생하는 원인을 찾아 예방활동에 적극 참여하도록 했다. 셋째, 발생된 사고는 목격자와 같이 현장조사를 하고 요부·척추·머리부위 사고자로 외상과 목격자가 없으면 요양 중에도 추적 관리했다. 넷째, 권고서의 권고상대를 계장급 이하에서 갱 과장급 이상으로 격상하며, 건별 권고에서 전체 대상 권고로 확대시켜 시정효과를 극대화했다.

보안감독 업무의 기본은 산업안전 관리론에서 하인리히(H. W. Heinrich)의

사고예방대책의 5단계와 4원칙과 대책 선정의 3E정책으로 했다. 모든 사고는 예방이 가능하며 발생하는 원인과 계기가 있으며, 예방이 가능하다고 인식시키며, 3E정책인 교육적·기술적·독려적인 대책을 실행하면서 지속적으로 추진했다. 보안 기능이 마비된 이 광산을 변화시키는 과정에서 저항을 예상했으나 종사자의 소중한 생명과 신체를 보호하고, 이 광산의 경영을 정상화시키겠다는 나의 의지는 모든 저항을 제압하는 힘이 되었다.

하인리히(H. W. Heinrich)의 재해예방 대책의 5단계
1. 조직 (Organization) 2. 사실의 발견 (Fact Finding)
3. 분석 (Analysis) 4. 시정방법의 선정 (Selection)
5. 시정책의 선정(Adaption of Remedy)

재해예방의 4원칙
1. 예방 가능의 원칙 2. 손실 우연의 원칙
3. 원인 계기의 원칙 4. 대책 선정의 원칙

대책 선정의 3E 정책
1. 교육적(Education) 2. 기술적(Enginering)
3. 규제적(Enforcement)

교육적인 대책(Education) 보안교육은 인간존중과 건전경영을 실현하여 산업평화를 성취하는 것이 목적이다. 재해로 인한 손실을 예방하는 지식과 기능작업 방법을 개선하고 작업자에게 안심감을 부여하여 기업의 신뢰감을 갖게 한다. 교육은 자체교육과 대외 위탁교육으로 크게 구분되어 있는데 자체교육은 기획과 주관으로 했다. 구호대, 위험 작업자, 직종 변경

자, 재취업자 교육으로 구분하여 시행하고 있었다.

나는 교육효과를 극대화하고자 소속 장 중심으로 매일 취업 전에 전체 교육을 시행하고, 반장은 작업조별 특성에 맞는 교육을 시행하며, 교육 근거를 보안일지에 기록하게 하였다. 그리고 관리자가 현장을 순회할 때 작업현장의 상황에 맞는 현장교육을 하고 그 내용을 숙지하게 하며, 감독계원은 순회할 때 당일에 교육받은 내용의 숙지 정도를 파악하여 계수로 평가 공개했다. 정기 집체교육은 매분기에 1회 4시간씩 시행하며, 내용은 아래와 같은 방향으로 했다. 첫째, 발생된 사고의 사례를 중심으로 토의하여 원인을 분석하고 대책을 선정하여 사고는 안전수칙만 지키면 예방이 가능하다는 자신감을 부여하고 경제적 손실도 감소시킨다는 긍지를 부여했다. 둘째, 보안 관리감독을 정상으로 하는 이유와 시행 전후의 사고감소 효과를 계수로 확인시켜 사고예방 활동을 지속적으로 추진하고 참여하는 계기로 활용했다. 특히 1973년 3월 12일에 방제갱에서 광차 추락 운반사고로 5명이 순직하는 대형사고와 1979년 4월 14일에 자미갱 입구에서 화약폭발로 26명이 순직(82명 사상)한 대형사고의 발생원인이 관리소홀과 규정 위반이라는 사례를 들어 교육에 참여하도록 독려했다.

기술적인 대책(Enginering) 대다수의 사고가 작업현장에서 발생되기 때문에 작업방법에서 사고가 발생하는 원인과 대상을 파악하여 개선 실적을 정기적으로 점검하여 안전도를 향상시키는 목적으로 시행했다. 점검대상은 대형사고 분야와 고빈도 사고 분야로 구분했다. 대형 재해 분야는 화재방지 기기실 내화 구조 33개소, 전기시설 건식화 52개소, 갱내 소화설비 37개소, 정격 휴즈 32개소, 인차 재해방지는 권양기 안전장치 30항목, 인차 안전장치 30항목, 출수 재해예방 개소는 특수 관리지정 4개소, 선진천 공기 3개소, 고갱도 인접 7개소, 상부 갱도 유지 4개소, 가스재해방지는 신 채탄 감속기비방폭형 12개소, 국부 선풍기 위치적정 8개소, 풍도 설치 가 행갱도 7개 편, 가연성 가스 점검기 확보 7개소, 화약운반 재해방지는 화 약저장소에서부터 청경 탑승과 전용차 사용 임시보관소에서 전용차 사용 취급소까지 운반 인차 편승 여부, 막장 보관함 구분 보관 및 시건장치 (자 물쇠 잠금장치)와 관리자 취급 여부 등이며, 고빈도 사고 분야의 낙반붕락 은 작업별로 채탄·굴진·보갱으로 구분하여 각 작업 개소마다 채탄은 채준 작업 개소에는 선수장치 시공, 막장막이 사용, 각주 지지대 사용, 절, 벽권 시공, 보수작업개소는 선수장치시공, 비상파이프 설치, 꺽쇠 사용, 케이빙 작업개소는 장병 흡바 비치 사용, 대피소 2중 설치와 후방정리 탄중 갱도 관리는 분기점 겹지주 시공, 상하내 목적시공, 탄중갱도에 지주 일련번호 표식, 인도 획일 시공, 타주 및 판장시공 등이다.

굴진은 막장별로 무지주하 작업금지, 철재 선수 장치 사용, 절장 및 벽 권 시공, 대기공차와 간격 유지, 철재 지주 지지대 사용, 로커 쇼벨 발판 사용 등이고, 보갱 개소는 선수장치 시공, 철재 지주 지지대 사용, 케이블 덮개 사용, 지주시공용 발판 사용 등이다.

운반분야는 안전장구 사용, 수압 운반 개소에 갈고리 사용, 정지목 사 용, 정지봉 사용, 정지장치 사용 등이며, 주요 분기점에는 갈고리 정지, 목 정지, 봉 비치 사용 등이며, 갱도규격 협소 개소에는 예지장치 설치와 승 입구에는 가변 슈트 설치 등이며, 전차 및 축전차는 안전장치로 경종장치, 제동장치, 라이트 레바 분리 휴대, 전지 덮개 사용 등을 관리·감독 직원 합동으로 검열했다.

독려와 규제적인 대책(Enforcement) 보안관리 감독기능을 정상으로 활동시키는 대책을 추진했다. 발생된 전체 사고가 예방이 가능하며 부주의와 관리소홀 등 인적 하자로 인한 사고가 98퍼센트를 점유하고 있어 규제 및 독려 대책을 시행하게 되었다. 따라서 보안 감독관리 직원들의 관리감독 기능을 정상적으로 가동시키고 종사자들이 안전수칙을 이행하도록 규제하고 독려하는 대책으로 선정했다.

사고예방 실적을 기록으로 관리 보안 감독관리 직원이 작업현장을 순회할 때 안전수칙 위반자가 발견되면 즉석에서 시인서를 발부하고, 2회 위반자는 경고장을 발부하며, 3회 위반자는 각서를 받고, 안전규정 준수서신을 가정으로 발송하며 상습 위반자는 징계 회부했다. 매주 단위로 위반자별 단속 내용을 통보받아 관리 직원과 위반자 개인별로 집계하여 매 월 단위로 안전대책회의에 공개하여 독려했다. 사고가 발생하면 단속 실적과 위반 회수를 연계하여 독려했다. 단속 실적이 저조하던 관리자들도 사고가 발생하면 문책이 두려워서 안전규정 위반자 단속을 활발하게 했다. 독려 대책의 시행은 반대도 많았으나 그때마다 나는 사고를 예방할 대안을 제시하라고 요구하고 대안 없는 반대는 거절하며 추진했다. 그래도 반대하면 독려와 규제로 사고가 감소된 실적을 제시해서 반대와 비판을 제압시켜 마침내 이해와 협조자세로 변화시켰다.

예방활동 독려 사고예방 활동에 전 종사자를 보안요원으로 참여시키는 방법으로 안전신고를 독려했다. 신고된 내용을 신속히 조치하고 우수 신고로 채택된 내용은 다음 달 초에 취업회에 나가서 직접 시상하여 참여를 독려했다. 가족간담회를 개최하여 가족들의 호소를 녹화하여 보안교육에

활용하고 가정통신으로 안전수칙 준수가 가정의 평화를 위한 첫걸음임을 강조하며 직장에서는 재해추방 궐기대회를 했다. 사고예방 활동과 단속활동 처리내역 〈표 9-8〉〈9-9〉와 같다.

〈표 9-8〉 재해예방활동 활성화 시행 공문

공문근거		처리내역	
시행번호	기안일자	공문제목	건수
안전 371-75	1987.06.09	경고장 및 각서징구	45
안전 371-81	1987.06.18	위와 같음	115
안전 371-100	1987.07.16	위와 같음	30
안전 371-104	1987.07.21	위와 같음	18
안전 371-112	1987.08.06	위와 같음	16
안전 371-140	1987.07.21	상습위반자 가정통신문 발송	3
안전 371-148	1987.10.10	경고장 및 가정통신문 발송	92
안전 371-168	1987.11.09	위와 같음	17
안전 371-169	1987.11.09	경고장 및 각서징구	35
안전 371-124	1989.09.03	위와 같음	27
안전 370-51	1990.09.15	경고장 및 가정통신문 발송	9
		경고장발부	18

〈표 9-9〉 단속활동 처리내역

구 분	문서 번호	기안일	기안자
제 목	기안일	기안자	
광산보안 확보를 위한 보안규정 위반자 단속 처리 강화. 내용: 보안규정 위반자 시인서 각서 경고장 가정통신문원안과 징계 등 구체적인 안전 독려 내용임	안전 863-69	1987. 05. 30	주 임 이기학
재해예방을 위한 활동 강화. 내용: 소속별 규정 위반자 단속실적. 규정위반 내용 분석자료. 관리자별 단속실적. 개인별 규정위반 기록 양식	안전 370-66	1989. 12. 30	주 임 이기학

사고발생현장 합동조사 사고가 발생한 현장에는 내 지휘로 소속 장·담당 반장·감독계원·목격자 합동으로 조사하여 발생원인과 대책, 귀책자를 규명하고 사고인정 여부를 결정했다.

사고위장 의심자 추적 관리 외상이 없고 목격자도 없으며, 요 관찰부위인 머리·척추·허리 사고자는 보상금 사취하려는 기도자로 보고 요양 중에도 추적하여 관리했다. 부속병원에 입원 요양자 중에 야간에 무단외출하여 유흥업소에서 음주하며 안전관리·감독 직원들을 비웃고 다닌다고 했다. 병원장을 찾아가서 외상이 없고 골절도 없는데 어떻게 진단이 나오며 입원까지 시키느냐고 물으니 의사의 입장에서 본인이 통증을 호소하면 의증으로 진단할 수밖에 없고 움직일 수 없다고 하니 입원시켜 관찰하며 치료한다고 했다. 의증 진단을 받고 입원한 경우 정상적으로 보행하거나 자전거를 타고 사생활을 자유롭게 할 수 있느냐고 물으니 정상으로 활동할 수 없고 절대 안정해야 된다고 했다.

병실을 찾아가서 입원 중인 환자들을 위문하고 사무실로 돌아왔다. 교대 근무시간에 직원회의를 소집하여 야간근무 직원에게 현장순회를 하지 말고 병원 입원실을 찾아가서 침대에 없는 환자의 명단을 작성하도록 지시했다. 이튿날 직원들과 병실에 없는 입원환자의 명단을 놓고 사고경위를 대조한 결과 외상과 목격자가 없이 통증을 호소하는 사고자로 확인되어 보상금 사취를 기도하는 행위자로 판단했다. 다음 날 병원장에게 통보하고, 해당 갱 과장에게도 통보했다. 그 후 위장사고의 수법이 진화하여 정상으로 작업을 마치고 퇴근했는데 타 지역의 병원에 가서 입원하는 사례가 발생하였다. 움직일 수 없다는 환자가 지근에 있는 부속병원을 두고 타 지역인 영월까지 가서 입원했다는 사실은 사고위장을 스스로 노출시킨 결과로 해당 소속장과 협의하여 경찰에 정식으로 사고조사를 의뢰하기로 결정했다. 이 소식을 전해 들은 가족이 찾아와서 이곳 부속병원으로 전원할 테니 경찰조사만은 받지 않도록 해 달라고 요청하며 이상이 없다고 하면 회사의 조치를 따르겠다고 했다. 소속장과 협의하라고 했다. 결국 보상금을 사취할 목적으로 사고를 위장한 사실로 판명되었다.

위험 작업현장 입회 시정 관리자가 현장을 순회하다 보안상 위험한 개소가 발견되면 입회하여 위험한 상황을 조치하는 제도다. 특히 갱도 도중 보수 개소에서 갱도가 붕괴되어 많은 작업자들이 매몰되고 작업이 중단되는 사례를 예방하는 목적이다. 이 취약개소 입회시정 제도로 탄중갱도 도중 붕괴사고가 현격히 감소되었다. 이 방법은 내가 반장 때 직접 실천했던 경험으로 탄중갱도 도중붕괴로 순직하는 사고에 이어 운반갱도에서 탈선 복구작업을 하다가 대퇴부가 절단되는 사고가 발생하였다. 연이은 중대사고 이후 막장 순회를 마치고 발파용구와 화약자루를 짊어지고 그날의 최고 위험작업인 도중보수 작업 개소에서 입회하고 있다가 천공을 마친 개소에서 화약을 신청하면 그 개소에 가서 장약하여 발파작업을 해 주고 다시 보수 개소에 와서 입회했다. 그때 나는 위험 개소에 입회하다 갱도가 붕괴되면 작업자들과 같이 죽을 각오로 했다. 죽음을 각오하고 싸우면 살고 살겠다고 피하면 죽는다는 말을 생각했다.

권고대상을 격상하고 감독직원이 현장을 순회하다 발견된 취약사항을 담당계장에게 권고했다. 이러한 권고 방식은 발견된 개소 외에도 다른 개소에도 유사한 사례가 있는데 발견된 개소만 권고하는 것은 불합리하며 권고건수만 증가하는 결과를 가져왔다. 권고대상을 갱 과장급으로 격상하여 전체 대상 권고로 확대하여 유사한 위험사항도 시정하도록 하며 사고 예방을 위한 기술개선을 지휘하는 권한이 있는 직위로 했다.

외부 규제를 예방활동으로 본사에서 사고 빈발에 대한 책임자로 나를 지목하여 문책하려고 조사를 왔었고, 동력자원부에서는 특수관리 광산으로 지정되어 관리를 받고 있었다. 그 이유는 사고가 다른 광산보다 유난히 많이 발생했기 때문이다. 나는 이 외부의 규제를 사고예방 활동의 동력으로 활용하여 취업회마다 찾아가서 광업소의 처한 입장과 분위기를 알리고 안전규정 위반자 단속을 더 활발하게 추진했다.

사고 빈발의 책임자로 조사를 받고 본사에서 사고 빈발의 책임자로 나를 지목하여 조사를 왔다. 나는 사고를 감소시킨 실적으로 대응하고 사고예방 활동의 동력으로 활용했다. 본사 안전감독부에서 1987년 3월에 사고 빈발 원인을 조사하려 과장과 2명이 왔다. 부임한 지 1년만이다. 조사대상은 안전감독실장인 나를 표적으로 왔다. 조사반은 지난 3년간 재해 발생과 감독활동 내용을 요구했다. 나는 연도별 사고발생 대장과 권고서 처리부를 제출했다. 조사반은 검열 결과 지적사항 조치내역을 요구하여, 동력자원부 영서출장소, 본사 안전감독부, 소 자체 검열 결과 지적사항 처리 대장을 제출했다.

당일 오전에는 제출한 자료를 중심으로 조사를 받았다. 오후에 사고발생 대장을 보며 사고 빈발에 대한 원인을 물었다. 나는 내가 부임하기 전에 사고가 빈발한 원인은 알 수 없고 부임한 이후에는 사고가 감소되었다고 했다. 조사반은 나에게 부임하기 전에 사고가 빈발한 원인을 진술하라고 요구했다. 내가 근무하지도 않았는데 그 원인은 알 수 없고 당시에 근무한 사람들이 사내에 재직하고 있으니 당사자에게 직접 진술을 받으라고 했다. 반장은 난처한 표정을 지으며 분위기가 어색해졌다. 이번 조사를 받는 광업소가 어디어디냐고 물으니 함백뿐이라고 했다. 누구의 지시냐고 물으니 상부의 지시라고 했다. 내가 본사 감독과장으로 재직할 때 경험으로 보아 사장의 지시라고 판단하고 나를 표적한 조사냐고 다시 물으니 머뭇거리며 대답하지 않았다.

내가 조사의 표적임을 알고 재해통계를 보이며 "부임한 이후 1년간 사고건수는 전년보다 절반 수준으로 감소되었다. 전임자들이 재직할 때 빈발한 사고의 원인을 진술하라고 하면 전임자들의 재직 기간과 사고자 수를 명시하여 제출할 수 있으나 그러한 진술은 이번 조사의 의도와 분위기로 보아 도움이 되겠느냐"며 의표를 질렀다. 부임한 이후인 1986년을 포함하여 6년간 석공산하 각 광업소별 연도별 사고자 현황을 보이며 지난 1년간 함백광업소의 사고가 절반으로 감소되었음을 설명하며, "지나간 책임을 따질 것 아니라 사고를 절반 수준으로 감소시킨 이유를 알아서 전소에 확산시켜 사고를 예방하는 일이 순서라고 생각한다"고 했다. 조사반장은 입장이 난처하여 더 이상의 진술을 요구하지 않았다.

다음 날은 작심하고 오전에 지나간 6년간 각 소별 사고자 수와 지수를 다시 보이며 함백광업소의 사고가 절반으로 감소되었는데 표적조사의 부당함을 강력히 비판했다. 또 본사가 사고예방을 위하여 아무런 지원도 해주지 않았지만 주어진 여건에서 감독 기능을 정상으로 관리하여 사고를 획기적으로 감소시켰는데 사기를 높여 주지는 못할망정 열심히 일하는 사람을 표적으로 괴롭히는 조사를 하니 이러한 조사를 지시한 사람이 조사의 대상이라고 강한 어조로 말하고, 내가 지금 한 말 그대로 복명하라 했다. 나는 이 조사를 받을 대상이 아닌 것 같으니 본사에 보고하여 지침을 받아서 알아서 하라고 일방적으로 통보하고 조사실을 나와서 작업복을 갈아입고 입갱하여 현장순회를 갔다. 조사반은 그날 오후에 귀경했고, 그 후 아무런 연락이나 조치가 없었다.

정부에서 특수관리 광산으로 지정받고 1987년 초에 본사로부터 사고 빈발 책임자 조사를 받던 시기에 동력자원부로부터 운반사고 빈발 특수 관리 광산으로 지정되었다. 운반사고는 사갱에서 운행하는 권양기와 수평갱도에서 운행하는 전차와 축전차가 탄차와 공차를 반출입하며 견인하고 분이하며 연결하는 작업과 탈선 복구 과정에서 발생한다. 특수관리 광산으로 지정된 후 1986년 동자부 상반기에 검열 때 검열관 2명이 운반사고발생 원인을 집중적으로 조사했다. 운반사고는 전년인 1985년에 64명으로 전체 사고의 33.3퍼센트였으며, 1986년에 44명으로 34.9퍼센트로 전년도보다 29명이 감소되었다. 운반사고의 구성비는 1.7퍼센트 증가되어 전체사고자 수는 1985년도에 193명인데 1986년에 126명으로 67명이 감소되어 무난히 검열을 마쳤다.

노동조합의 거듭 요구를 이해시키고 안전관리 기능을 정상으로 하느라 안전관리자와 규정 위반자 개인별로 관리하여 사고가 감소되고 있었다. 1986년 7월 8일 노동조합 기술 부지부장님이 와서 보안규정 위반자 단속을 중지하라고 요구하며, 조합원들이 노동조합에 와서 항의하며 실장의 여론이 좋지 않다고 했다. 당시 지부장은 방제갱에서 부갱장으로 같이 근무했으며 부지부장 두 사람은 다른 갱 작업반장 출신으로 합리적인 사람으로 알고 있었기에 오늘의 조언이 고마웠다. 그러나 규정 위반자를 단속하는 과정에서 단속하는 관리자나 단속당하는 종사자들이 싫어하여 노조의 저항을 예상하고 있었다. 나는 발생된 모든 사고가 예방이 가능한데 보안 규정을 지키지 않아 반복해서 발생되며 실제 피해는 작업자라는 사실을 강조했으나 규정 위반자 단속을 중지하라고 거듭 요구했다. 나는 보안 규정 위반자 단속을 하지 않고 사고를 예방할 방안을 제안해 주면 그대로 시행하여 사고가 감소되면 그 방법대로 시행하겠으며, 사고가 감소되지 않으면 내가 하는 일에 간여하지 말라고 했다.

부지부장은 대안을 제시하지 못했다. 사고를 예방할 대안도 없이 일부 종사자들이 항의한다고 해서 규정 위반자 단속을 하지 않을 수 없으니 앞으로 노동조합을 찾아와서 또 항의하면 대안을 받아 종합하여 다시 얘기하자며 돌려 보냈다.

7월 10일 노동조합 사무 부지부장과 총무부장이 와서 규정 위반자 단속을 중지하라고 했다. 나는 지난번 기술부 지부장이 왔을 때와 같이 "사고 빈발로 무고한 종사자만 사상되고 경제적 손실로 광업소 경영에 큰 부담이 되고 있다. 본사에서 사고를 빈발시킨 책임자 조사를 하려 오고 동력자원부에서는 특수관리 광산으로 지정되는 등 심각한 분위기다. 종사자의 인명보호와 회사의 경영을 위해서 보안규정 위반자 단속을 하지 않을 수 없다"고 말했다.

부지부장은 화를 내면서 "다른 실장들은 그렇게 하지 않았는데 당신은 유독 노조말도 안 듣고 단속하느냐"며 고성으로 항의했다. 나는 내가 부임하기 전 6년간의 소별 사고발생 내역과 부임 후 매월 단위로 감독활동 실적과 재해감소 내역표를 내놓으며 "지난 6년간 함백광업소가 석공 전체 광업소 중에서 사고가 가장 많이 발생했고 적자도 많다. 그러나 내가 부임하여 안전관리직원의 기강을 확립하고 예방활동을 독려한 결과 전년 동기와 대비하여 사고가 절반으로 줄었다. 그러면 나도 지나간 소장이나 실장같이 1년에 200여 명의 종사자를 사상시키고 경영을 부실하게 하는 무능하고 무책임한 범법행위를 하는 실장이 되라는 말이냐"고 언성을 높였다. 또 "종사자의 권익을 보호하는 조직의 책임자인 당신은 부당한 여론만 듣고 사고를 예방하여 소중한 생명을 보호하고자 개인적으로 욕을 먹으며 최선의 노력을 다하고 있는 감독직원도 판별하지 못하느냐. 규정 위반자 단속을 하지 않고 사고를 예방하는 방법을 제시하라고 요구하며, 종사자의 권익을 보호하는 것이 어떠한 일인지 분간하라"고 했다.

7월 21일 지부장이 와서 보안규정 위반자 단속을 중지해 달라고 요구했다. 나는 지난번 부지부장이 교대로 왔을 때 했던 말을 반복하며 거절했다. 지부장은 화를 내며 고성으로 삿대질을 하며 당신이 없을 때도 함백 광업소가 잘 굴러 갔다고 소리치며 항의했다. 나는 작심하고 "좋다. 무엇이 잘되었느냐? 해마다 무고한 종사자를 200여 명씩 사상시킨 것이 잘된 것이냐? 나는 규정 위반자 단속을 하면서 불공정한 행위나 편파적으로 하지 않았다. 오직 종사자의 소중한 생명을 보호하고 이 광산을 위하여 전임자들이 하지 못한 일을 광산보안법과 안전관리 규정대로 사고예방 활동을 하고 있을 뿐이다. 이러한 내가 못마땅하면 본사에 가서 사장에게 전보시켜 달라고 건의하라. 특히 인사 보직과 관련하여 금품을 받거나 서류를 변조하여 공금을 횡령하고 업자와 결탁하여 사손을 끼치고 축재한 일도 없다. 개인적으로 비난을 감수하며 사고를 예방하려고 노력하는 것도 모르는 당신들과 갈등하기 싫다. 그리고 사고를 예방할 방법이 있으면 가리켜 달라"며 억양을 높였다. 지부장은 실장이 부임하기 전에도 광산이 잘 돌아 갔다는 말은 화가 나서 한 말이니 이해해 달라고 했다.

나는 "조금만 참아 달라, 보안규정 준수가 생활화되면 사고가 획기적으로 감소되어 종사자들도 이해하게 될 테니 정착되어 가는 이 시기가 아주 중요하다. 사고를 완전히 추방할 방도는 없으나 감소시킬 자신은 있다. 그간에 발생된 모든 사고가 예방이 가능한데 보안규정을 지키지 않아 반복하여 발생되고 있다는 사실로 실제 작업하는 종사자만 피해를 당하지 않느냐? 우리가 방제갱에 같이 근무할 때 사고를 획기적으로 감소시킨 사례를 잘 알고 있지 않느냐?"며 협조해 달라고 하니 지부장은 알겠다며 같이 노력해 보겠다고 했다. 노동조합 지부장의 이해로 예방활동을 활발하게 추진한 결과 사고발생은 부임 전보다 절반으로 계속 감소되었다.

분장 외의 업무 지시로 시련을 받고 현장순회를 마치고 감독대책을 수립하여 본격적인 감독활동을 추진하고 있는 3월 초에 소장은 분장 업무가 아닌 기능공 교육계획을 만들라고 지시했다. 나는 직감적으로 1주일 전에 이목사갱에서 광차를 타고 출퇴근시키는 것을 구두로 권고한 일을 호통치다 정규 인차가 있다는 말에 어색했던 일과 내가 고졸 출신이니 행정능력을 시험하여 기를 꺾으려는 것이라고 생각했다.

교육계획은 안전관리부서의 고유한 업무인데 안전감독실의 업무분장에도 없는 일을 왜 지시하느냐고 반문하니 할 사람이 없다고 했다. 나는 무슨 말이냐 생산 부소장과 기획과장 모두가 대학을 나온 정규 간부인데 사람이 없다는 게 말이 되느냐고 하니 할 만한 사람이 없다고 했다.

"능력이 없으면 가르쳐 가며 시키든지 인사권자인 소장이 적임자로 교체하면 되지 않느냐. 자기업무도 처리하지 못하는 무능력자를 자리만 채워놓고 사람이 없다는 게 말이 되느냐. 남의 고유 업무를 내가 하면 그 사람들의 입장은 어떻게 되느냐며 못하겠다"고 완강히 거절했다. 소장은 내가 실력이 모자라서 거절한다고 판단했는지 회유하는 자세로 적당한 사람이 없으니 도와 달라고 했다.

안전관리에 부적한 사람을 배치해 놓고 분장 외의 업무를 시키는 소장에게 문제가 더 많다며 의도적으로 더 완강하게 거절했다. 소장은 사정하듯이 또 도와 달라 했다. 나는 이때 소장의 의도가 가방끈 시험이라고 확신하고 할 만한 사람이 없다면 내 요구를 들어 달라고 했다. 소장은 좋다고 했다. 첫째, 감독계원 2명에게 전담시킬 테니 감독업무를 소홀히 했다고 문책하지 말라는 억지 요구를 하니 소장은 좋다 했다. 둘째, 국내 탄광의 교육실태를 파악하기 위하여 계장급 2명을 출장 승인해 달라고 하니 소장은 역시 좋다 했다. 셋째, 교육계획 보고가 다소 시간이 지연되어도 이해해 달라고 했다. 소장은 또 좋다 했다. 나의 억지 요구를 선선하게 들어주는 소장의 본 의도가 가방끈 시험이라고 확신했다.

남의 관장 업무를 한다는 오해를 받지 않으려고 교육업무를 관장하는 담당 간부인 보안관리자인 생산 부소장과 보안관리자 대리인 기획과장을 개별로 찾아가서 기능공 교육계획을 맡게 된 경위를 말해 주어도 별다른 반응이 없기로 조직적인 길들이기라고 판단했다.

나는 직원회의에서 기능공 교육계획을 맡게 된 경위를 설명하고 출장갈 김대영·장영수 계장을 지명하고 이들이 담당하던 구역의 업무를 겸직으로 배치했다. 출장 가서 조사할 내용을 설명하고 출장 후 돌아와서 종합하기 쉽도록 양식을 만들어 주었다. 교육방법 외에 교육효과와 문제점과 금후 개선방향 등도 파악하도록 했다. 두 사람이 한조가 되어 출장일수에 구애받지 말고 태백에 가서 훈련원과 장성광업소, 삼척의 도계광업소, 정선의 고한 정암광업소와 사북 사북광업소로 출발시키며 매일 오후에 진행사항을 연락하라고 지시했다. 그 자리에서 해당 광업소의 교육담당자에게 교육계획을 참고하고자 하니 직원들이 방문하면 협조해 달라고 했다.

그 후 국내에서 생산 규모가 가장 큰 탄광 기능공 교육자료를 종합하여 내용별로 비교하여 정리하고, 내가 장성광업소에서 최고 기능보유자가 되기까지의 과정도 포함시켰다. 이렇게 함백광업소의 채탄 기능공 교육계획이 소장의 지시를 받고 2주 만에 8절지 35장으로 보고했다. 교육계획의 요지는 각 갱에서 1명씩 차출하여 4명을 4주간 기획과 교육담당 주관으로 이론과 실기로 교육하는 내용이다.

세부 교육내용은 ① 작업 전에 주변 지주의 안전점검 요령 ② 선수장치 및 막장막이와 주변지주 보강법 ③ 사용할 자재의 확보 ④ 지주 마름법 지주 조립과 보강법 ⑤ 사용할 장비와 공구의 사용과 관리취급 방법 ⑥ 구조파이프의 사용요령과 붕락매몰 재해에서 막장과 대화방법, 인명피해 확인, 붕락범위 확인요령 ⑦ 인공호흡 구급요령 등 기초적인 계획을 출장 다녀온 김대영 계장이 보고했다. 보고가 끝나자 소장은 웃으면서 이제까지 많은 보고를 받았지만 그중에서 제일 잘된 보고라며 칭찬했다. 보고할 때 참석한 이기학 안전감독 주임과 직원들이 좋아했다. 나의 행정력을 직원들 앞에서 공개적으로 인정받는 결과가 되었다.

모든 보고는 보고받는 사람의 입장에서 생각하고 작성해야 되며, 보고 내용과 목적을 간결하고 함축성 있게 하여 신속히 파악할 수 있어야 한다. 나는 표현력은 부족하지만 보고의 핵심을 전달할 최소한의 능력은 있었다. 이러한 능력은 갱장과 본사 기사와 과장, 광업소 부소장으로 간부생활 12년의 경력과 대외교육에서 터득한 실력이다. 특히 본사에서 안전감독부에 재직하는 2년여 동안 각 광업소에서 빈번히 발생하는 중대사고의 상황과 원인 및 금후 예방대책을 임원 및 사장과 정부에 보고하며 문장을 간결하고 함축성 있게 표현해야 한다. 나는 이 모든 것을 사내에서 자타가 인정하는 침착하고 치밀하며 학구적인 이주락 부장에게 배웠다.

어느 날 본사에서 부장과 1층 복도에서 고광도 사장을 만나서 인사하니 멈칫 서면서 무슨 일이 있느냐고 물었다. 부장이 아무 일도 없습니다라고 대답하니 사장은 너희 둘이 오는 것만 보아도 가슴이 덜컹한다고 했다. 사장의 마음을 이해했다. 순직사고와 인명 무피해 붕락 매몰사고가 1년에 30건 이상 발생하니 그때마다 부장과 둘이서 사장실에 가서 보고하는 직책이고 보니 짐작되는 일이다.

가방끈 시험이 끝났나 했는데 또 기능공 양성교육을 하라고 했다. 나는 교육주관은 업무분장대로 해야 한다고 주장하여 결국 기획과 안전계에서 주관하고 실기교육에는 내가 참여하기로 결정했다. 1차 교육이 끝날 무렵에 갱장들의 인원부족과 노동조합의 반대로 중단되었다. 시련과 칭찬을 받은 교육계획이 이렇게 중단되어 현실파악과 미래예측 등 많은 생각을 하게 했다.

사표 강요에 감사를 요구하고 3월 상순에 소장이 찾는다는 연락을 받고 갔다. 출입문 쪽 소파에 앉으니 소장은 얼굴도 들지 않고 탁자만 보며 다짜고짜 사표를 내라고 했다. 왜 사표를 내라고 하느냐고 물으니 본사에서 그런다고 했다. 본사 누가 사표를 내라고 하느냐고 물으니 본사의 지시라고 했다. 나는 누구냐 사장인가 본부장인가 존칭없이 물었다. 소장은 말할 수 없다고 했다. 그러면 사표를 내라고 하는 이유는 무엇이냐고 물었다.

한참을 기다려도 소장은 말하지 않기로 나는 업무추진 능력이 부족하여 사고를 빈발시켰다거나, 공금을 횡령하고 유용했거나, 하청업자에게 설계 변경을 해주고 착복하고 상납했다거나, 갱외에 버려진 경석을 탄으로 위장하여 납품하는 걸 묵인하는 등 무슨 잘못이 있는지 사유를 밝히라고 했다. 그래도 소장은 말하지 않았다.

나는 이 기회에 공개적으로 감사를 받아서 부정부패와 무능에서 자유로움을 명확히 하고, 부당한 강압의 행태가 재발하지 않도록 해야겠다고 결심하고 소장에게 감사를 요구했다. 감사를 받아서 잘못이 있으면 응분의 조치를 받겠으니 본사 감사를 해 달라고 큰소리로 요구했다. 계속해서 직위로 부당하게 괴롭히면 나는 정부 감사를 요청하겠다고 말하고 문을 박차고 나왔다. 부임한 지 불과 30여 일 사이에 3번째의 시련이다. 그간의 분위기로 보아 의도된 시련으로 생각하고 의연하게 근무했다. 그 후 사표 강요 행태는 재발하지 않았다.

구족신통사건 1986년 8월 11일, 안전대책회의에서 소장이 갱 입구마다 '동 구족세통 해(東 具足細通 海)'라는 한자를 돌기둥에 새겨서 세우라고 지시했다. 그게 무슨 뜻이냐고 물으니 일이 잘되라는 말이라 했다. 그런게 어느 책에 있느냐고 물으니 알 필요가 없으니 시키는 대로 하라고 힘주어 말했다.

소장의 지시에도 갱장 4사람 중에 전봉현 자미갱장은 장로교회 장로의 직분을 내세워 끝내 세우지 않았고, 방제·이목·미륵 갱장은 세웠다. 그런데 지역에서 개신교 목사님들이 소장을 찾아와서 철거를 요구했으나 거절했었는데 불과 얼마 지나지 않아 안전대책회의에서 소장이 돌기둥을 철거하라고 했다. 그 후 노동조합 지부장님이 내방에 와서 본사에서 시끄러웠다고 하기에 나는 구족세통이 무슨 뜻이냐고 물으니 동국대학교 교수에게 알아보니 구족세통(具足細通)이 아니고 구족신통(具足神通)이라고 했다. 신(神)자인지 세(細)자인지도 모르고 지시를 한 것이다. 사람이 해야 할 일에 마음을 합쳐 합리적으로 최선을 다 하지 않고 갱 입구마다 돌기둥에 글을 새겨서 세우기만 하면 당신이 신이라면 그 소망을 들어줄까라는 말을 하고 싶었지만 만류하지 못한 내가 부끄러웠다.

그 이듬해 여름 무더위에 형제들과 경상북도 봉화군 소천면 청옥산에서 복들이를 하고 열목어가 서식하는 대현리 백천동 현불사 경내에서 계곡물 샤워장에서 더위를 씻고 나오다 석축 아래 돌기둥에 구족신통(具足神通)이라고 새겨진 글을 보고 법문(法文)의 하나일 것이라 짐작했다.

매몰사고 구조 1986년 자미갱 상1편 채탄승 도중이 붕괴되어 작업자 1명이 매몰되었다. 구조작업은 붕괴된 지주 밑에 지주를 세우며 매몰자의 위치까지 진행해야 하는데 구조작업자가 지시를 듣지 않고 붕괴된 탄만 계속 빼고 있어 교체시켰다.

교체되어 내려간 구조작업자가 붕락된 탄만 빼면 되는데 안전실장이 일을 어렵게 지시하여 구조되지 않는다고 불평했다. 이 말을 들은 노조지부장이 구조작업장에 헐떡이며 올라와서 그냥 그대로 빼라고 했다. 나는 매몰자가 붕락된 갱도의 바닥에 있는데 도중에서 위에 탄만 빼면 어떻게 구조되느냐고 물으니 그래도 빼야 한고 했다. 어처구니없는 말에 구조작업자들도 머뭇거렸다. 지부장이 내려가고 소장이 올라와서도 또 빼라고 했다. 구조대는 지부장과 소장의 말을 듣고 작업하게 되어 나는 구조작업 현장을 떠나 운반갱도로 내려갔다.

긴박한 구조작업이 황당한 지시로 허비되고 있어 내 피를 마르게 했다. 구조작업은 한 치의 진전도 없이 붕락된 탄만 계속 광차에 받아내고 있었다. 나는 소장과 지부장에게 갱도 바닥에 매몰되어 있는데 도중에서 탄을 계속 빼면 어떻게 구조되는지 말해 달라고 했다. 구조작업 지시에 따르지 않고 책임 회피하는 기능공의 말을 믿지 말고 막장으로 진행해야 한다고 하니 아무런 말이 없었다.

구조현장에 올라가서 구조대를 교체시키고, 서두르지 말고 차분히 막장으로 진행하도록 지시했다. 지주를 세우고 살장을 밀어 박고 다음 살장이 들어갈 자리를 만들고 또 살장을 박으며 막장으로 지주 두 틀을 진행하고 갱도 바닥에 매몰된 사망자의 시신을 구조했다.

구조작업자들이 진작 안전실장님의 지시대로 했으면 벌써 끝났을 일을 구조작업 기능도 없는 자의 말에 지부장과 소장이 놀아나서 시간을 허비하고 힘만 들게 했다며 큰소리로 불평했다.

채탄 기능공도 아는 상식적인 구조작업인데 구조작업 지휘자의 말도 듣지 않고, 매몰자를 탄무더기 밑에 짓눌러 시신을 훼손시킨 일은 무엇을 얻기 위한 것이던 황당한 지시였다. 시신이 훼손된 경위를 유족들이 알고 더 애통할 것을 생각하니 아찔했다. 잠시 주변을 안정시키고 구조 경위를 함구하라고 입단속을 시켰다. 진실을 영원히 감출 수는 없겠지만 당시에는 그렇게 할 수밖에 없었다.

이 사고가 발생한 다음 날 사장이 장성광업소 순시를 하고 함백광업소로 온다고 예고된 날이었다. 내가 갱장 때 사고발생을 예지하는 표식인 안전캘린더를 창안하여 새마음취업회로 전 종사자가 안전요원이 되게 하여 비상근무를 시행하여 사고를 예방한 날로 "내빈이 왔거나 온다고 한 전후일"이라고 밝힌 날이다. 나는 점술가나 예언가도 아니다. 대형사고가 발생의 인책인사의 후임으로 보직되어, 발생된 사고를 분석하여 사고발생을 예지하였는데 이렇게 적중한 것은 합리적인 통계의 결과였다.

2. 평화롭게 종식시킨 파업사태

1987년 8월 6일, 오후 3시 40분경 함백광업소에서 파업소요가 시작되었다. 나는 사태가 발생한 6일만인 8월 11일 오전 7시 30분에 간부들과 같이 소요사태 현장에 나가서 파업을 평화적으로 종식시켰다.

파업소요의 발단은 새골아파트에 관리직원과 작업직원들이 같이 거주하며 평상시 이웃으로 지나는 사이였다. 7월 31일과 8월 1일 하절기 연휴때 지급받은 급여와 상여금 및 인센티브를 농협 창구에서 이용했는데, 작업직원 부인들이 수령금액과 휴가일수가 반장보다 적다며 차별대우라고 불평하였다. 휴가를 마치고 돌아와서 당일 을방 출근자들이 통근 버스에서 차별대우 문제를 성토하다 중앙욕장에서 작업복을 갈아입지 않고 소동을 벌이자 뒤이어 온 출근자들과 합세하여 확산되었다.

소요가 계속되자 가족들이 소요사태 현장 주변에 가마솥을 걸어놓고 밤낮 없이 교대로 식사를 제공하고 막걸리와 소주 등 주류가 공급되었다. 농성장에는 데모가가 합창으로 퍼지고 야간에는 장작불을 피워서 대낮같이 밝았다. 영동선 상하행선 열차가 지나가면 함성은 더 커지고 열차의 승객들도 창밖으로 손을 흔들었다. 소요가 발생한 2일 요구사항과 참여호소문에 "누구를 위한 노동조합인가!" "현 집행부의 만행을 규탄한다!"라는 유인물이 배포되고 참여인원이 늘어났다.

소요가 시작된 후 간부들은 농성장에 얼씬도 못하고 눈치만 살피며 각소속에 대기하다 근무시간이 끝나면 본사무실의 부소장실과 각 과장들 사무실에 모여 철야를 하고 있었으며, 노동조합 지부장도 간부들과 같이 있었다. 소장은 가족들이 음식물을 끓이는 가마솥에 불도 지피고 마늘도 까며 이야기를 주고받고 있었다. 급기야 대한석탄공사 노동조합 위원장과 전국광산노동조합 위원장이 와서도 소요현장에 나가지 못하고 돌아갔다. 생산 부소장은 본사로부터 소요사태를 해산시키지 못한다고 추궁을 받고 안절부절했다. 노사문제 담당인 소장과 사무 부소장을 제쳐 두고 생산 부소장에게 추궁하는 이유를 알 수 없었다.

사태가 발생된 지 5일째 밤 18:10 야간에 간부회의가 개최되었으나 소요사태를 해산할 대책과 지시도 없이 끝이 났다. 소장은 방관하고 생산 부소장만 추궁을 받고 간부들에게 절박함을 호소했다. 당시 전국적으로 확산되는 소요사태는 폭력적 불상사가 연일 보도되는 공포스런 분위기였다.

나는 나전과 은성광업소의 부소장 경력자로 소장 다음의 직위에 있으면서 소요사태를 보고만 있을 수 없어 종식시키기로 결심했다. 생산 부소장에게 내가 소요사태를 종식시켜 볼 테니 협조해 주겠느냐고 하니 흔쾌히 따르겠다고 했다. 다른 간부들도 동의했다.

19시 30분 부소장실에서 내 주재로 사무 부소장을 포함하여 전 간부회의를 했다. 우리는 함백광업소의 종업원들을 올바로 인도하고, 회사의 경영손실을 막을 책임이 있는 간부로 소요가 일어난 지 5일이 끝나는 밤이다. 그동안 우리는 소요를 해산시키려고 시도해 보지도 못했고 농성장 근처에는 얼씬도 못했다. 내가 소요사태를 해산시키고자 앞장설 테니 내 지시를 대로 하겠느냐고 물으니 전 간부들이 따르겠다고 했다.

나는 갱 과장 책임으로 해당소속 계장급 전원에게 내일 아침 7시 30분까지 농성장 앞으로 집합하도록 전달하라고 지시하고, 교통수단은 개인별로 알아서 하라고 했다. 그때 소장이 문을 열고 나오며 나에게 저 사람 왜 저러지라고 했다. 나는 이 소요사태를 이대로 보기만 하면 누가 해산시켜 주느냐, 소장이 해산시키지 못하니 내가 종식시켜 보겠으니 지켜보기나 하라고 했다. 소장은 아무런 말이 없었다.

간부들은 내일 아침 7시까지 이 자리로 집합하되 이 사실은 비밀이라고 말하고 회의를 끝냈다. 간부들이 어쩌려고 그러는지 알고 싶어 하는 눈치였지만 내일 아침 시간을 꼭 지키라고만 했다.

소요가 시작되고 6일째인 1987년 8월 11일 7시, 나는 평상시 입갱 복장에 안전모를 쓰고 왼쪽 팔에 보안감독자 완장을 걸고 대기하고 있었다. 간부 전원이 부소장실에 모였다. 내가 농성장으로 앞장서 갈 테니 간부들은 내 뒤를 따라 와서 중앙욕장 건물 벽을 등지고 소요현장을 보며 횡대로 대기하다가 내가 단상에 올라가서 군중을 향하여 해산을 유도하며 동의를 구하면 여러분은 큰소리로 옳소 하며 박수를 치라고 했다.

간부들과 같이 소요현장에 갔다. 소장도 간부들 맨 뒤에 따라왔다. 나는 단상에 올라가서 군중을 단상 앞으로 모이게 하고 내 소개를 했다.

"나는 이 광업소의 안전감독실장이다. 이 광산에 와서 안전규정 위반자를 단속한다고 많은 원성을 받고 있으나 이 사태를 방관할 수 없어 목숨을 걸고 나왔다. 나는 이번 소요사태가 발생한 원인을 제공한 사람도 아니고 노사담당 책임자도 아니다. 다만 여러분을 올바로 인도하고 일터의 피해를 줄여야겠다는 책임으로 이 자리에 섰다. 나는 여러분과 같은 채탄 보조공과 기능공 경력이 있으며, 10년 전 이 광업소의 방제갱장으로 와서 만 5

년간 재직했다. 그때 어떻게 일했는지 여러분은 잘 알고 있을 것이다. 나는 여러분을 일시적으로 속이거나 회유할 생각도 없고 그렇게 할 줄도 모른다. 이번 소요로 여러분들의 요구사항이 모두 건의되어 그중에서 광업소 자체로 해결할 것은 빨리 조치하겠지만 예산이나 제도의 개선 등 본사와 정부에서 조치할 일은 시간이 필요하다. 모든 문제가 당장에 다 이루어질 수 없듯이 여러분의 건의사항도 마찬가지다. 그런데 이렇게 소요만 계속하면 피해만 늘어나고 소요의 책임도 더 커진다. 나는 이 광산보다 생산 규모가 몇 배 더 크고 흑자 광산인 장성탄광에서 18년간 근무하면서 소요사태를 몇 번 경험했다. 그 소요사태도 결국은 끝이 났고 절차를 무시한 소요에 대한 문책이 있었다. 이 소요도 언젠가는 끝이 난다. 이 정도에서 끝내지 않으면 그 책임을 누가 감당하나? 여러분에게 진심으로 호소한다. 소요를 끝내고 일하면서 결과를 기다리자. 내 말이 여러분의 생각과 다르거나 틀렸다고 생각하는 사람은 이 자리에서 공개적으로 대화를 하자"고 했으나 아무도 말하지 않았다.

　나는 긴장하며 군중을 살피다 다른 의견이 없으면 소요를 끝내고 일하면서 결과를 기다리자, 내 말에 동의하는 사람은 박수를 쳐 달라고 하니 간부들과 계장들이 옳소 하며 박수를 쳤다. 박수를 진정시키고 소요는 이 시간으로 끝내고 그동안의 피로를 풀 겸 오늘은 푹 쉬고 내일부터 정상으로 돌아가자, 내말에 동의하는 사람은 한 번 더 박수를 쳐 달라고 또 요구하니 간부들과 계장들이 더 큰소리로 옳소 하며 박수를 치자 소요군중들도 따라서 옳소라고 크게 소리치며 박수를 쳤다. 박수를 진정시키고 현수막과 선전구호와 가마솥과 책상·의자·깔판 등을 철거하여 소요현장의 흔적을 말끔히 정리했다. 소요사태가 발생하고 6일째 불과 10여 분에 소요군중들을 이해시켜 통근차로 8시경 전원 귀가시켰다.

8월 17일, 간부회의를 했다. 소장은 소요사태 종식에 대하여 나에게 따로 말이 없었다. 20일 간부회의에서 사장은 사태 종식에 대한 언급도 없이 유사시 소장에게만 일임하라는 등을 지시했다. 간부들은 소요사태를 강 건너 불 보듯이 하라는 말인지 묻고 싶었으나 참았다.

함백소요가 종식되고 7일에 도계, 10일에 장성·나전광업소로 소요가 확산되었으나 화순광업소와 은성광업소는 노동조합 지부장의 설득으로 정상으로 생산을 했다. 장성광업소의 소요사태는 사장이 아홉 차례 대화 끝에 화합의 악수를 했다고 사보 1987년 8·9월호 2–5면에 게재되었다.

1987년 8월 28일, 장성광업소에서 파업 소요가 계속되고 있을 때 본사에서 유선으로 장성광업소의 소요사태가 폭력적으로 확산되지 않도록 친족 후배인 김흔동 씨를 찾아가서 활동을 제지시키라고 했다. 퇴근 후 21시 10분 태백산 단골식당에서 식사를 하며 소요상황을 듣고 폭력을 주도하지 않고 있다는 말을 듣고 왔다. 다음 날 본사에 보고하고 장성 소장과 사무부소장에게도 유선으로 통보했다. 그 후 8월 31일 15시경 본사에서 장성광업소에 또 가서 만나 보라고 했다. 나는 전화가 왔는데 미행을 당하고 있어 불쾌해 한다고 하며 내가 장성광업소에 재직하고 있을 때 동향이나 동문 선후배라고 특별히 보살펴준 일도 없고 모두가 자력으로 현 위치에 있으며, 설사 소요를 주동한다 해도 자기의 직분과 생존을 위해 한다면 만류하는 데 한계가 있다고 했다.

1990년 초에도 장성광업소에서 파업소요 때 기술차장이 설득했으나 소요는 계속되었다. 출장 갔던 소장이 급히 와서 설득시켜도 해산하지 않았다. 4일째 채탄 보조공 신윤호 씨가 군중 앞에 나가서 우리의 요구가 신문에 보도되었다며 사설을 읽어 주고 파업을 중단하고 일하면서 기다리자고 제안하여 군중이 해산하는 현장에 나도 있었다.

3. 수범사례 발표

보직되어 가는 곳마다 난제와 적폐를 개혁하고 창안한 실적이 있고, 안전감독실장에 보직된 지 5년이 지났다. 그간에 간부급 순환보직 인사도 4번 있었으며, 사장이 3번이나 바뀌어도 나는 붙박이로 남아 있었다.

1990년 9월 26일, 태백훈련원에서 갱장회의가 있으니 수범사례를 발표하라고 본사에서 연락이 왔다. 갱장으로 근무한 지 11년이나 지나서 그때의 일을 발표하라고 했다.

이 무렵에 누군가가 현금을 상납하는 방법을 자세히 말해 주었지만 한귀로 듣고 한귀로 흘려 버렸다. 진급을 위해서 현금을 상납해야 하는 관행이 싫었다.

일을 잘한다며 공개적인 칭찬을 받기도 했지만 결국 순환보직은 되지 않았다.

회의 및 보고 광업소의 안전감독자로 참석하는 회의는 다음과 같다.

[간부회의] 광업소의 모든 회의는 소장이 주재하며 간부회의는 매월 2주째 금요일, 안전증산 대책회의는 매월 4주 금요일, 안전위원회의(안전관리감독부서와 노동조합 대표가 참여)는 매월 1회 있었다.

[티타임] 매주 화, 금요일(안전감독실장과 부소장)에 했다.

[안전감독실장 회의] 본사 주관으로 매년 반기별로 1년에 두 번 했다. 회의와 보고서의 내용을 이 책의 자료에 많이 인용했다.

[업무보고] 매년 초에 전년도 업무추진 실적과 신년도 업무추진 계획을 소장에게 보고하고, 소장이 바뀌면 업무현황을 보고한다. 안전감독실장으로 7년 1개월 재직하는 동안에 소장이 다섯 차례나 바뀌었다.

〈표 9-10〉과 같이 함백광업소의 사고발생자수는 부임 전 매년 200여 명이었으나 1986년 부임 후 안전감독 기능을 정상으로 관리하여 100명 선으로 반감시켰다. 나전광업소의 사고자수는 진경사계단식장벽채탄법이 확

〈표 9-10〉 석공 산하 광업소별 사고발생자

구분		1983	1984	1985	1986	1987	1988	1989	비고
장성	재해자	348	297	343	353	331	330	380	
	지수	100	85.3	98.5	101.4	95.1	94	109	
도계	재해자	140	190	196	173	140	152	175	
	지수	100	135.7	140	123.5	100	108.5	125	
함백	재해자	210	200	193	126	110	88	109	안전기능 정상으로 지속 감소
	지수	100	95.24	91.9	60	52.3	41.9	51.9	
화순	재해자	40	64	62	90	86	100	122	
	지수	100	160	155	225	215	250	305	
은성	재해자	58	56	76	69	77	72	87	
	지수	100	96.5	131	118.9	132.7	124.1	108.7	
나전	재해자	47	53	43	32	41	25	16	진경사계단식장벽채탄법 확산
	지수	100	112.7	41.4	68	87.2	53.1	34	
영월	재해자	13	15	13	4	13	10	11	
	지수	100	115.3	100	30.7	100	76.9	84.6	
성주	재해자	27							
	지수	100							
계	재해자	885	881	933	862	809	780	908	
	지수	100	99.5	105.4	97.4	91.4	88.1	102.6	

산되어 전체 사고의 30퍼센트인 붕락사가 근절되어 계속 감소했다.

산업현장의 평화 수년간 매년 2백여 명의 사상자가 발생하는 보안상 문제의 광산에 안전감독자로 부임하여 사고 피해자는 가장 낮은 사람인 탄부라는 사실을 인식시키고 감독 기능을 정상으로 관리했다. 사고예방 활동을 기록으로 유지하고, 교육을 통하여 참여의 계기와 성취의 보람을 갖도록 했으며, 기술개선과 안전규정 준수하도록 규제하고 독려했다. 그 결과 사고는 획기적으로 감소되었다. 아무런 지원과 격려도 없이 핍박과 시련을 받으며 사고를 감소시킨 직원들의 노고에 감사했다.

회식을 하면 한우 불고기에 상급자는 무전 취식의 전통으로 직원들의 경제적 부담이 컸다. 나는 추렴을 하는 회식에만 참여했다. 비용부담이 적은 요식업체를 물색하던 중 신동면 소재지 부근에 보리밥집이 있다는 말을 듣고 8명이 저녁 식사를 하러 갔다. 처음에 메밀 부침개와 파전에 고소한 참기름 냄새가 풍기고 된장·풋고추가 나오고 표주박을 띄운 동동주 항아리가 나왔다. 출출한 뱃속으로 부침개와 동동주가 한 순배 두 순배 잘도 넘어갔다. 이어서 양푼이같이 큼직한 그릇에 꽁보리밥과 싱싱한 야채와 보글보글 끓는 된장찌개에 빨간 고추장이 나왔다. 회식이 포식이 되었다. 한우 불고기 회식비의 3분의 1 값으로 직원들이 좋아했다. 식사 후 차담 중에서 자주 회식하자는 제안이 나왔다. 나도 좋다고 했다. 보리밥집은 안전감독실 단골이 되어 매주 회식을 하며 평상시 말하지 못한 응어리도 풀며 부드러운 분위기가 되었다.

안전감독실장으로 1986년 2월부터 1993년 3월까지 7년 1개월 재직하며 사고를 반감시켰고, 파업 소요를 평화적으로 종식시켰다.

재임 7년간에 658명의 사고를 감소시켜 평화를 실현하였고, 경제적으로 계산하면 7년간 총 227억 3,700만 원, 연평균 32억 4,800만 원의 직접 손실을 감소시켰다. 직접 손실과 간접 손실의 비는 1:4로 합이 5로 경영개선 효과는 위 금액의 5배다.

〈표 9-11〉 재임기간 동기대비 사고자수 감소 효과

구분	부임 전(A) 6년간	부임 후(B) 6년간	대비	1992년 포함 (86-92)	산출 근거
	1980-1985	1986-1991	(B-A)		
사고자 수	1,191명	627명	564명 감소	658명 감소	(1991년도 산재보험료 2,356,645천원+보상금 1,064,388)/재해자 수 99명 =34,556천원
감소효과	감소 사고자 (658명) 건당 평균비용(34백원) =22,737백만원/(07년=3,248백만원)				

〈표 9-12〉 부임 전후 재해발생 현황 (재해자 수)

구분		부임 전		부임 후					
재해자 수	250								
	225	*							
	200		*						
	175								
	150			*					
	125				*		*		
	100					*		*	*
연 도		1984	1985	1986	1987	1988	1989	1990	1991
전 체 재 해		202	193	126	110	88	109	95	99
지 수		100	96	62	54	44	54	47	49
100만 톤당 재해자 수		327.4	306.3	200	176	149.2	196	228	

* 1992년 12월 31일 정년휴가 발령으로 1992년 실적 미기함.

사고가 빈발하는 보안상 문제의 광산에서 "힘없고 보잘것없는 가장 낮은 탄부들의 소중한 생명을 지켜주어 인간존중을 실현하고, 경제적으로 건전경영에 기여하여 산업평화를 실현하였다." 이렇게 위대한 일에 참여한 동지들은 다음과 같다.

채광직: 박만석, 조창복, 이기학, 김대영, 장영수, 김재철, 김동석,
　　　김명준, 엄경섭, 전광웅, 김남수, 박종철, 정성교, 장영덕, 김중구
기계직: 오선태, 유시길
전기직: 이옥락, 장우순

4. 명장에 선정되고

함백광업소 한갑용 소장의 추천으로, 1992년 10월 7일(수) 광업자원 분야 광산 보안직종 명장(名匠)에 선정되었다. 당시 이연택 노동부장관으로부터 명장증서를 수여받았다.

명장제도는 1991년도 명장 우수지도자 보도를 보고 알았다. 함백광업소가 소재한 정선군 신동읍에 문의한 결과 읍장이 발송한 공문이 1992년 4월 23일 노무과에 접수되었으나 공람시키지 않고 관리부장 전결로 처리된 사실을 5월 중순이 지나서 알았다. 접수기간은 5월 23일로 촉박했다.

신청서류를 준비하기 전에 첫째, 내가 광업 분야에 종사

대한민국 명장패와 훈장, 1992

하며 광업 발전에 기여한 공적은 무엇인가? 둘째, 나는 광업자원 분야에서 최고 수준의 기능을 보유하고 있는가? 셋째, 나는 장인정신이 투철하고 직업윤리 의식이 확고한 직업인인가? 위의 세 가지를 인정받을 객관적 근거 자료가 있는가? 생각했다.

명장 선정 신청서 작성과 제출에 김대영 주임과 장영수 계장의 노고가 많았다. 감사하며 보답하지 못해서 지금도 미안하게 생각하고 있다.

에필로그

    탄부로 취업하여, 아홉 번의 직위와 열두 직책에 종사하며 그때마다 닥치는 일에 얽매여 업계의 상위직과 후한 대우의 전직 권유도 마다하고 바보같이, 가장 낮고, 보잘것없는, '탄부가 되어, 탄부들과, 탄부를 위여' 이들의 소중한 생명을 지켜주고, 잘살고자 하는 소망을 이루게 하며, 생업의 주인이 되게 했다. 나는 탄을 밟고 채탄하는 '진경사계단식장벽채탄법'을 창안하여 붕락의 근원을 영구히 제거해 인명사고를 예방하고 건전경영을 실현했다. 광산사고 발생을 예지하는 안전캘린더를 창안하여 광산사고를 예방하는 등 역사적인 일을 실현했다.

    1956년 3월 31일, 18세에 고등학교 3학년 학생 신분으로 대한석탄공사 산하 장성광업소 금천갱에 탄부인 채탄 보조공으로 입사(사번 1574)하여 기능공을 보조하며 일을 시작했다. 1957년 10월 27일, 기능공에 선임되어 채탄 막장에 지주시공과 위험한 붕락작업을 했다. 1959년 5월 16일, 반장에 등용되어 사갱 굴진에 참여하여 월간 238미터로 동양기록을 갱신했고, 하층탄 개발에 참여하여 정상 채탄으로 성공시켰다. 괴탄층 채탄작업을 주관하여 하층에서 능률을 8.3톤/공, 본층에서 15톤/공을 기록했다.

1966년 10월 22일, 계장에 보직되어 첸 컨베이어 운반과 수직 슈트 사용, 모노레일 운반, 원통 슈트로 유탄 작업을 익혔다. 굴진계장 때 표준시공 완전굴진을 실행하고, 구조용 통신장치와 탈선 복구기를 개발했다. 1972년 11월 13일, 부갱장에 보직되어 막장에 비상자재를 비치시켜 구조작업 시간을 단축하고, 반복 지장의 근원을 개선했으며, 막장에 개인도구 보관함을 비치하여 불편을 해소하였다. 탄중갱도에 철재 지주를 최초로 사용했다. 관리직의 근무실적 자기평가제를 시행하여 공정한 인사의 근거로 하고 자기 실적과 경쟁하게 했다. 경영개선 제안에 선정되었다.

1974년 7월 1일, 갱장에 보직되어 광산 사고발생을 예지하는 표식인 안전캘린더를 창안하여 새마음취업회로 모두가 안전요원이 되게 하여 비상근무로 사고를 예방했다. 작업조별 일도급을 갱 전체 월도급으로 개혁하여 비리와 비능률 요인을 근절시켜 증산을 하며 노임을 크게 향상시켰다. 인력관리를 생산적으로 운용하고, 기술개선과, 새마을사업으로 안전을 확보하고 소득을 향상시켰다. 위의 사례를 1976년 제1회 사업소장회의서 발표했으며, 새마을경진대회에서 2회 3개 부문 연속 수상했다. 기술훈련소 관리자교육에서 2회 발표했다.

1979년 7월 6일, 본사 안전감독부 안전감독과 안전감독 기사를 거쳐 과장에 보직되어 사고예방 실적을 객관적으로 평가하여 선의의 경쟁으로 안전도를 향상시켰다. 연구논문 「재해가 경영에 미치는 영향」을 발표했고, 갱내 침수방지 사례를 사보에 발표했다.

1981년 9월 18일, 나전광업소 부소장에 보직되어 진경사계단식장벽채탄법을 창안하여 붕락사고의 근원을 근절시켜 인간존중과 건전경영을 실현했다. 이 채탄법을 1982년 『대한광산학회』지에 발표했다. 야간작업을 폐지하여 삶의 질을 개선시켰으며, 도급 작업을 갱 단위 월도급으로 개혁했다. 막장막이 장치를 개발했고, 실기교육장을 설치하여 기능을 양성했다. 증산기반 완성과 생산성 향상 등을 사보에 발표했다.

1984년 11월 22일, 은성광업소 부소장에 보직되어 협탄층 개발을 소 내에서 최초로 성공시켜 에너지 자원을 확보했다. 흑자경영의 전기를 마련했다고 사보에 발표했다. 누대 병목 구간을 확장하여 자유통행시켰고, 통기 수갱 건설로 막장작업 환경을 개선하고, 인력작업 기계화로 인간답게 작업하도록 했다.

1986년 2월 10일, 함백광업소 안전감독실장에 보직되어 수년간 200여 명이 사상하는 빈발사고를 100명 선으로 반감시켜 재직기간에 658명의 인명을 보호하고, 경영을 개선했다. 1987년 8월 11일 장기파업 소요사태 때 공포의 소요현장에 직접 나가서 평화적으로 종식시켰다. 수범사례를 갱장회의에 초청되어 발표했다.

1992년 10월 7일, 광업자원 분야(광산보안 직종) 명장에 선정되었다.

1993년 3월 31일, 55세 정년으로 37년 13,506일 종사했다.

재직하는 동안에 대형 갱내 화재, 화약 폭발, 출수, 낙반, 붕락사고의 구조작업에 10회 참여하고 지휘했다.

채탄 막장에 매몰되었다 생환 구조되어 질식한 탄부를 심폐소생시켰고, 지주와 암반 사이에 허리가 끼여 절규하며 아들에게 유서를 쓰던 반장을 구출하였으며, 탄더미에 매몰되어서 팔에 상처를 내어 그 피로 수건에 유서를 쓰던 탄부를 구조했다.

사고를 미연에 방지하지 못한 담당 보안계원으로서 책임을 통탄하고 형사 피의자가 된 적이 있었으며, 구조작업을 지휘하는 책임자로 사망사고를 발생시켜 참회하였으며, 분묘 침하사건의 보안관리자로서 자괴감을 맛보았다.

가스에 중독되었다 구조되었고, 또 가스에 질식되었다 회생했으며, 탄괴가 간극으로 스치는 위기를 면했고, 밀폐된 통로에 갇혔다 탈출했으며, 갱도 붕괴로 발목까지 묻혔다 죽음을 면했다.

이러한 일들은 우연의 일치나 기적도 아니며 내 지혜도 아니다.

모두 주님의 구원이라 믿는다.

부모 조상님께 받은 은혜는 말로 다 표현할 수 없고 갚을 수도 없다. 사회생활을 하면서 받은 은혜도 이와 같다.

궁핍한 시절, 탄광에 취업과 결혼을 주선하여 주신 김호진 어른과 취업을 시켜주신 김태동 빙부님과 거처와 취업 편의를 돌봐주신 김한수 어른의 은혜는 천륜의 은혜에 못지않다.

유경석 님은 막장을 안내하다 가스에 중독된 나를 구조하여 주셨고, 기술자의 기초를 배우게 해주셨으며, 탄광을 경영하실 때 김인기 님과 중직을 권유하셨다. 최인재 님은 기술자로 성장하는 길을 마련해 주시고, 진로를 조언해 주셨다. 특히 "물리를 알아야 한다" "그 조건에 그 방법이 있다" "석탄공사는 자기가 하고 싶은 일을 할 수 있어 좋다고" 하신 큰 스승님이시다.

나인구 님은 부갱장과 갱장으로 보직시켜 주시어 창안과 개혁 등 큰일을 실현하는 장을 만들어 주셨다. 한진생 님은 장벽채탄용 철재 십자형 가축지주 제작을 지원해 주셨고, 기술자로 성장하는 데 많은 도움을 주셨다.

유한규 님은 중직을 수차에 걸쳐 권유하여 주셨고, 동생이 업무상 사고로 입건되었을 때 이채우 노무과장님과 석방을 주선하여 주셨다.

송재규 님은 기술을 익히고, 표준시공 완전굴진을 완성하는 기회를 주셨고, 협탄층 개발 성공에 이어 열악한 작업환경 개선과 기계화 채탄장비를 개발하는 기회를 주셨다. 빈발하는 사고를 반감하고 파업소요사태를 평화적으로 종식시키는 등 평화를 실현하는 장을 만들어 주셨다.

장석호 님은 막장 작업환경 개선과 인력작업 기계화를 지원해 주셨고, 인도네시아 유연 탄광에 중직을 권유하며 내 진로를 열어 주려 노력하신 분이다. 이분들의 은혜에 보답하지 못하여 빚을 지고 있다.

연보

○ 성명 : 金貞東 프란치스코 본관 安東金氏(後.新)
○ 생년월일 : 1938년 3월 27일 출생, 주민등록상(실제 1936. 10. 04)
　父 鍾字漢字 母 眞性李氏 女字玉字의 셋째 아들로 출생(出生順)
○ 원적 : 慶尙北道 奉化郡 明湖面 刀川里 378번지

○ 학력
- 1952. 3. 明湖國民學校 卒業
- 1955. 3. 明湖高等公民學校 卒業
- 1957. 3. 太白工業高等學校 鑛山科 卒業(3學年 1年 就業 卒業)

○ 탄부 경력
- 1956. 3. 31 장성광업소 금천갱 채탄 보조공
- 1957. 10. 27 금천갱 채탄 기능공
- 1959. 5. 10 금천갱 작업반장
- 1963. 12 사갱 굴진에 참여하여 238m/월로 동양기록 갱신
- 1965. 4. 금천갱 하층탄 개발에 참여 성공
- 1965. 12 금천갱 괴질 하층탄 능률 8.3톤/공 기록 주관

- 1966. 10 금천갱 괴질 본층탄 능률 15톤/공 기록 주관
- 1966. 10. 22 철암갱 채탄계장. 연층에 첸 컨베이어 운반
- 1970. 7. 10 철암갱 채탄법 개선계장. 승 갱도에 모노레일 운반
- 1971. 1. 20 철암갱 굴진계장. 표준시공 완전굴진, 구조장구 개발
- 1972. 11. 13 부갱장. 근무실적 자기평가제 시행, 우수제안에 선정
- 1974. 7. 1 함백광업소 방제갱장
- 1975. 5. 1 사고발생 예지표식 안전캘린더 창안
- 1975. 7 갱 전체 도급으로 개혁

    탄중 승 갱도 모노레일 운반 등 기술개선 다수
- 1979. 7. 6 본사 안전감독부 안전감독 기사
- 1980. 7. 17 감독과장, 안전과장 겸직
- 1980. 5. 1 기술연구소 채광기술부 보안연구실장 겸직
- 1980.   사고예방 실적 평가시행
- 1980. 10.   연구논문 및 침수방지대책 사보에 발표
- 1981. 9. 18 나전광업소 부소장
- 1982. 11.   진경사계단식장벽채탄법 창안 사보와 학회에 보고

    생산성 향상에 대한 전망 발표

    증산기반을 세우고 발표
- 1984. 11. 22 은성광업소 부소장
- 1985. 3.   협탄층 개발 성공, 자립경영 실현 사보에 발표
- 1986. 2. 10 함백광업소 안전감독실장
- 1987. 8. 11 장기 파업소요사태 평화적 종식, 빈발사고 반감

    수범사례 발표
- 1992. 10. 7 광업자원 분야 명장에 선정, 노동부장관 정연택
- 1993. 3. 30 정년퇴직 37년 근무

○ 수상(표창 및 감사장)

- 1963. 4. 20 생산 유공, 유홍수 총재 표창
- 1963.10. 2 생산 유공, 유홍수 총재 표창
- 1964. 2. 20 사갱 굴진 동양기록 갱신 유공, 하상용 총재 표창
- 1965. 5 하층개발 공로, 유경석 소장 표창
- 1966. 11. 1 10년 근속 공로, 하상용 총재 표창
- 1972. 5. 30 새마을사업 도로용지 희사, 신경식 봉화군수 감사장
- 1973. 11. 1 생산 유공, 장예준 상공부장관 표창
- 1974. 4. 22 경영개선 우수제안 공로, 김덕엽 사장 표창
- 1975. 11. 1 생산 유공, 이근양 사장 표창
- 1976. 11. 1 20년 근속 공로, 이훈섭 사장 표창
- 1976. 12 새마을사업 유공, 이훈섭 사장 표창
- 1976. 9. 17 도정협조, 박종성 강원도 지사 감사장
- 1977. 12. 30 생산 유공, 김순창 소장 표창
- 1977. 11 1 생산 유공, 상공부장관 표창
- 1978. 1. 새마을사업 유공, 김순창 소장 표창
- 1980. 10 연구논문 발표, 유공 고광도 사장 표창
- 1983. 3. 1 노사협조, 전승근 지부장 감사장
- 1984. 안전 유공, 고광도 사장 표창
- 1986. 3. 1 노사협조, 김호건 지부장 감사장
- 1986. 12. 30 안전 유공, 정원민 사장 표창
- 1992. 10. 7 명장 선정, 정연택 노동부장관 명장 선정장
- 1992. 10. 7 기능개발 공로, 대통령 노태우 표창 (제85,480호)
- 1992. 12. 12 모교 발전 공로, 태고 최태규 총동창회장.
- 1992. 12. 12 모교 발전 공로, 태고 4회 동문회

- 1993. 사단법인 대한민국명장회 이사 연임

- 1993. 2. 4 삼일 프라자 근무

- 1994. 11. 29 자랑스러운 서울시민상, 서울특별시장 최병열

- 1995. 4. 24 기능장려상, 산업인력관리공단 이사장 김재석 표창

- 1997. 9. 19 주) 대명건영 근무.

- 1995. 5. 26 으뜸사원상, 대표이사 김정석 표창

- 2001. 3. 2 우수제안상, 대표이사 김정석 표창

- 2001. 10.26 자재관리상, 대표이사 김정석 표창

- 2003. 05. 26 으뜸사원상, 대표이사 김정석 표창